中文社会科学引文索引（CSSCI）来源集刊

中国人文社会科学期刊AMI综合评价核心集刊

珞珈管理评论

LUOJIA MANAGEMENT REVIEW

2023年卷 第5辑（总第50辑）

武汉大学经济与管理学院

WUHAN UNIVERSITY PRESS

武汉大学出版社

图书在版编目(CIP)数据

珞珈管理评论.2023 年卷.第 5 辑:总第 50 辑/武汉大学经济与管理学院.—武汉:武汉大学出版社,2023.9

ISBN 978-7-307-23888-6

Ⅰ.珞… Ⅱ.武… Ⅲ.企业管理—文集 Ⅳ.F272-53

中国国家版本馆 CIP 数据核字(2023)第 145433 号

责任编辑:范绪泉 责任校对:汪欣怡 版式设计:韩闻锦

出版发行:**武汉大学出版社** (430072 武昌 珞珈山)

(电子邮箱:cbs22@ whu.edu.cn 网址:www.wdp.com.cn)

印刷:武汉市天星美润设计印务有限公司

开本:880×1230 1/16 印张:12.75 字数:313 千字

版次:2023 年 9 月第 1 版 2023 年 9 月第 1 次印刷

ISBN 978-7-307-23888-6 定价:48.00 元

管理评论

LUOJIA MANAGEMENT REVIEW

中文社会科学引文索引（CSSCI）来源集刊
中国人文社会科学期刊AMI综合评价核心集刊

目 录

2023 年卷第 5 辑（总第 50 辑）

企业数字化与国际化扩张：基于新 OLI 范式的研究框架
······························· 李 梅 朱 韵 孙偲琬（1）

突破"卡脖子"技术：技术重组与跨界搜索对企业关键核心技术创新的影响
····························· 龚 红 常梦月 董 姗（24）

知识产权保护对企业数字化转型的影响和机制研究
····························· 刘学元 刘 琦 宋格璇（46）

主管的管理公民行为和组织公民行为对下属组织公民行为的影响
——社会信息加工视角的跨层研究
····················· 陈建安 金泽林 陈 武 陈明艳（73）

低债券票面利率会降低企业贷款成本吗
——基于替代性融资视角的分析
································· 林晚发 程梦冰（92）

税制改革与僵尸企业治理：来自增值税税率简并下调改革的证据
····················· 陈 冬 郭茜林 梁上坤 陆佳妮（119）

客户压力与审计质量
——基于业绩快报的实证证据
································· 赵良玉 刘芬芬（142）

连接宏观环境与微观企业行为：营销领域的进展与比较
································· 张三保 李坷歆（168）

CONTENTS

Enterprise Digitalization and International Expansion:
    Based on the New OLI Research Framework
    .... Li Mei　Zhu Yun　Sun Siwan(1)

Breaking through "Neck-jamming" Technology: The Impact of Technological Recombination
    and Boundary-spanning Search on KCT Innovation of Firms
    .... Gong Hong　Chang Mengyue　Dong Shan(24)

The Impact and Mechanism of Intellectual Property Protection on Manufacturers'
    Digital Transformation
    .... Liu Xueyuan　Liu Qi　Song Gexuan(46)

A Cross-level Empirical Study on Supervisor's MCB and OCB Impacting Subordinate's OCB
    from the Social Information Processing Perspective
    .... Chen Jianan　Jin Zelin　Chen Wu　Chen Mingyan(73)

Do Low Bond Coupon Rates Reduce Corporate Loan Costs?
    —An Analysis Based on Alternative Financing Perspective
    .... Lin Wanfa　Cheng Mengbing(92)

Tax Reform and Zombie Enterprises Governance:
    Evidence from VAT Rate Consolidation and Reduction Reform
    .... Chen Dong　Guo Xilin　Liang Shangkun　Lu Jiani(119)

Listed Company Pressure and Audit Failure
    —Empirical Research Based on Preliminary Earnings Estimate
    .... Zhao Liangyu　Liu Fenfen(142)

Bridging Macro Environment and Micro Firm Behavior:
    Research Progress in Marketing Area
    .... Zhang Sanbao　Li Kexin(168)

珞珈管理评论
2023 年卷第 5 辑（总第 50 辑）

Luojia Management Review
No. 5, 2023 (Sum. 50)

企业数字化与国际化扩张：
基于新 OLI 范式的研究框架*

● 李　梅　朱　韵　孙偲琬

（武汉大学经济与管理学院　武汉　430072）

【摘　要】 数字化是企业利用数字技术和信息改变商业运营的过程，数字化的发展促进了企业国际化扩张中各种资源和知识信息的获取和快速流动。数字全球化背景下的新国际商务理论——新 OLI 范式强调数字化可能促进企业开放式资源的获取、商业关系联结的建立以及对海内外各部门的协调整合从而推进和加速企业国际化扩张。基于此理论，以 2010—2019 年实施国际化扩张的中国制造业上市企业为研究样本，探讨企业数字化对国际化扩张的影响效果和作用渠道。研究发现，企业数字化对国际化扩张程度和国际化扩张速度均有促进作用，该结果在控制内生性以及一系列稳健性检验后同样成立。开放式资源获取、关系联结和协调整合是企业数字化影响国际化扩张的重要路径。异质性分析表明，企业的技术依赖性、研发投入、外部支持、资产情况和组织冗余是影响企业数字化对国际化扩张的促进作用的重要因素。该研究拓宽了数字全球化情境下企业国际化扩张战略研究的新思路，为我国制造业企业借助数字化转型重塑新时代下的国际竞争优势提供重要参考。

【关键词】 数字化　国际化扩张　新 OLI 范式

中图分类号：F272　　　　文献标识码：A

1. 引言

近年来，在欧美通过颁布《芯片法案》等政策对中国实施技术封锁、地缘政治民族主义抬头和新冠肺炎疫情冲击的动荡局势下，全球范围内人员和技术的空间流动严重受阻。我国"十四五"规划和 2035 远景目标纲要指出，要大力推动数字经济和实体经济深度融合；习近平总书记于 2022 年 1 月发

* 基金项目：国家自然科学基金面上项目"研发国际化对母公司创新绩效的影响机制：中介和调节效应分析"（项目批准号：71672133）；中央高校基本科研业务费专项资金、武汉大学自主科研项目"创新驱动的创业：机会、价值与激励机制"；国家留学基金（项目批准号：202206270091）。

通讯作者：李梅，E-mail：limeiwhu111@163.com。

表专题文章《不断做强做优做大我国数字经济》,同样强调"数字赋能传统产业转型升级";党的二十大再次明确要加快发展数字经济以增益实体经济发展,打造具有国际竞争力的数字产业集群。中国信通院公布 2021 年我国数字经济规模达 45.5 万亿元,与此同时,部分跨国企业的数字技术赋能国际化进程初显成效,例如 TCL 电子通过制定"人工智能×物联网"战略加速 5G 商业化进程,2021 年实现智屏全球市场占有率前三位。然而,同世界数字经济强国相比,我国数字经济"大而不强、快而不优"。埃森哲公布的中国 2022 年数字化转型成效显著的企业仅有 17%,表明从全局来看中国企业的数字化转型之路曲折。数字全球化时代,大数据、人工智能和云计算等信息技术的广泛应用使企业的商业模式和战略决策发生根本变化。作为企业的重要战略决策,国际化扩张战略无疑会受到数字化转型的影响(Banalieva & Dhanarag,2019)。制造业是我国经济发展的基石,也是数字化转型的主体。我国制造业企业开展数字化的成本高、周期长、难度大,对这类企业而言,如何借助数字技术加快国际化扩张,从而重塑新时代下的企业国际竞争优势是当下亟待解决的重要议题。

数字化包含两层含义,其一是指使技术数字化的"技术过程"(digitization),即将物理或者模拟的事物转化或表示为计算机系统可以处理的数字格式;其二是指将数字技术应用于组织、经济和社会以创造和分享价值(digitalization;Hervé et al.,2020)。本文的数字化是指企业将数字技术应用于组织流程和价值创造的过程。相较于业界蓬勃发展的数字化实践,国内学界对于数字化的理论和实证研究尚处于起步阶段(陈冬梅等,2020)。现有研究大多聚焦于数字化与企业绩效、企业创业、组织结构、治理模式等之间的关系(戚聿东等,2020),相对缺乏来自国际商务领域的研究。而在数字全球化背景下研究企业国际化战略的文献大多基于资源基础理论、组织学习理论、内部化理论等传统的战略管理和国际商务理论,关注数字化转型对企业出口质量(杜明威等,2022;魏昀妍等,2022;洪俊杰等,2022;易靖韬和王悦昊,2021)、出口竞争力(孟夏和董文婷,2022;陈凤兰等,2022)、对外直接投资(OFDI;李光勤和李潇格,2023)、国际竞争优势(邬爱其等,2021;Lee & Falahat,2019)的影响作用。然而,传统的国际商务理论难以完全解释数字全球化新常态下越来越多的数据、信息和知识的全球流动,学者们开始探索适用于数字全球化下的国际商务理论。数字全球化改变了国际商务领域的研究视角,通过以数字或虚拟的方式将组织、地点、空间和人联系起来,将以往研究仅包含地理位置层面的"位置分析"拓展至包含技术、社会、认知或制度层面的"空间分析"(Luo,2021)。Luo(2021)率先提出数字经济时代企业国际化的新 OLI 范式,指出企业通过数字技术应用可以获得三种新的竞争优势:开放式资源优势(open resource)、联结优势(linkage)和整合优势(integration),这些优势与传统 OLI 范式中的所有权优势(ownership)、区位优势(location)和内部化优势(internalization)相辅相成,共同推动企业的国际化进程。新 OLI 范式为数字全球化下企业的国际化战略行为提供了一个新的理论视角。

部分学者进一步探讨了数字化对企业国际化扩张的影响机制,主要认为数字化转型能够降低信息搜寻和跨境沟通等交易成本(易靖韬和王悦昊,2021)、加深企业与东道国上下游利益相关者的关联程度(Adomako et al.,2021)来推动国际化扩张;同时,数字化可以通过提升国际化学习能力以及国际网络能力(Neubert,2018)、组织敏捷性(Cheng et al.,2020)等来推动国际化扩张。然而,上述文献对影响机制的探讨多为案例分析和理论论述,缺乏实证研究支持。由于新 OLI 范式提出年限尚短,仅停留在理论分析阶段,本文试图基于此理论,探讨我国制造业企业数字化对国际化扩张的影响效果和具体机制，响应陈冬梅等（2020）和 Luo（2021）等学者"发展数字经济时代的战略管理理论和国际商务理论"的提议。

本文的创新点体现在三个方面：（1）基于新 OLI 范式研究企业数字化对国际化扩张程度和扩张速度的影响，发展了数字全球化背景下的新国际商务理论，是对数字经济时代企业国际化战略相关研究的有益补充；（2）首次为新 OLI 范式提供了来自中国制造业企业的经验证据，检验了数字全球化下跨国企业通过开放式资源优势、联结优势和整合优势实现国际化扩张和快速国际化的作用渠道，为我国制造业企业开展数字化转型和国际化战略提供了理论指导；（3）将数字化转型和国际化扩张纳入新 OLI 范式的研究框架，丰富了企业数字化转型经济后果的相关文献，拓宽了数字化转型的研究范畴。

2. 文献回顾与研究假设

2.1　企业数字化与国际化战略的相关研究

现有关于企业数字化的研究大多集中在数字化的影响因素、数字化转型的过程、机制、资源和能力（余典范等，2022），数字化对企业层面的运营、绩效、商业模式以及对行业层面的竞争形态带来的影响等方面（陈剑等，2020；吴江等，2021；柴宇曦等，2021；张国胜和杜鹏飞，2022；曾庆芬和廖宏涛，2023），有关企业数字化与国际化战略的文献相对较少，且主要集中于分析数字化转型对企业出口贸易、OFDI、国际竞争优势等的影响作用（杜明威等，2022；魏昀妍等，2022；洪俊杰等，2022；孟夏和董文婷，2022；李光勤和李潇格，2023；邬爱其等，2021）。部分学者率先探索了企业数字化与国际化扩张的关系，且大多认为数字化能够推动跨国企业的国际化进程（Cassetta et al.，2020；Hervé et al.，2020）。在此基础上，Westerlund（2020）研究了这一关系成立的边界条件，在承认数字化为中小企业提供了大量国际化机会的前提下，通过实证分析得出只有在企业具备相关关系网络能力和业务流程管理能力时，中小企业才能更好地利用数字化来推进国际化扩张。然而，也有学者基于信任的视角，发现由于现阶段数字平台普遍存在的数据安全与隐私问题，数字化带来的风险和威胁可能导致信息不对称，影响了国际化业务的开展（Mohamad et al.，2021）。现有研究也探索了企业数字化与国际化速度之间的关系，但大部分仍基于理论分析，缺少实证支持（Neubert，2018；Cheng et al.，2020；王益民等，2017）。例如，Lee 等（2019）采用文献研究法，总结出企业数字化与国际化速度之间受到创业导向、国际化知识、网络、营销能力、创新能力、学习能力的影响作用。Neubert（2018）基于企业资源与能力的视角，分析数字化通过提供市场情报以及分析软件的应用改善了企业学习和网络能力，提高决策效率，从而促进企业的快速国际化扩张。Autio 和 Zander（2016）基于交易成本理论，认为数字化削弱了区位专用性、纵向和横向资产专用性、跨境信息的不对称性，从而有利于精益企业的快速全球化。由此可见，上述对于企业数字化与国际化扩张的讨论仍基于传统的国际商务理论和战略管理理论分析数字全球化下企业国际化战略的发展态势，且研究结论尚存争议，尤其缺乏基于新国际商务理论深入剖析数字化如何影响国际化扩张程度和扩张速度的理论及实证研究。

2.2 研究假设

数字全球化强化了国家、企业和个人之间更深、更广、更复杂的联系，这种联系重新定义了企业国际化扩张的方式（Luo，2021）。由于我国企业数字化和国际化起步的时间均落后于发达国家，若想要在国际竞争愈发激烈的外部环境中实现"技术赶超"，势必要求企业在数字化转型与国际化扩张战略之间形成良性互动。根据本文的定义，数字化是企业利用数字技术和信息改变商业运营的过程，在企业实际经营中具体表现为企业采用数字技术和接入数字平台两个方面。基于新 OLI 范式，结合我国现实国情和相关研究，本文认为可以从以下三个方面来理解企业数字化对国际化扩张的影响：

（1）获取开放式资源，促进新型产品或服务、商业模式的诞生。数字化促进了对全球开放式资源的获取和利用，例如技术、分销渠道、关键组件等关键资源在跨国企业之间的交叉共享现象更加普遍（Luo，2021）。这类开放式资源有利于企业利用数字技术优化企业流程、创造新产品和服务（Lee et al.，2019）。而数字类的新型产品和服务因其技术化的特质在全球范围内具有一定的同质性，更容易突破各国之间的地理距离、心理距离的桎梏，从而有助于提升企业海外扩张战略的效率和效果。同时，物联网（IoT）、大数据以及人工智能（AI）等数字技术可以提升企业的自动化程度和数据分析能力，从而重塑传统的商业模式（詹晓宁和欧阳永福，2018）。这些基于数字技术的新型商业模式具有可复制性，使适用于国内的商业模式可以快速延伸到国外市场，而海外市场的廉价劳动力、较低的税率等政策支持以及更加丰富的产业链资源促进和加速了企业国际化扩张进程。

（2）加强企业在商业网络中的关系联结。数字平台的蓬勃发展促使全球商业生态系统的诞生（Luo，2021），这种新型依赖关系通过模糊传统的组织边界（柴宇曦等，2021）、改变关系网络中的供需关系、降低跨国沟通、协调和共享的成本、降低关系网络中各节点之间的心理距离，推动和加速企业国际化扩张的进程。以传统的企业价值链为例，数字技术已经应用于生产、运输、销售、服务等各个环节以及基础设施、人力资源管理、技术开发、采购等辅助活动（詹晓宁和欧阳永福，2018），不仅改变了供给端之间的互动和联结方式，更是突破了对需求端的利用——通过社交共享策略和虚拟社区策略，促进用户参与到企业的价值创造之中（Shaheer & Li，2020）。数字技术带来的具有创造性的供需互动方式和紧密的关系联结为企业开展海外业务创造了更多机会与资源，提高了企业国际化扩张效率和效果。

（3）增强企业海外各部门之间的协调整合。企业采用恰当的数字技术可以抑制复杂性，精简组织架构，协调整合分散在不同地理位置的企业及其利益相关者的运营，从而深化全球一体化战略开展（Luo，2021），而全球战略的成功往往需要企业具有较强的协调整合能力。一方面，数字技术提高了企业内部沟通和决策效率，减少跨国部门之间的信息不对称；另一方面，数字化组织架构促进了内部知识、人才的流动和共享，增强了内部连通性，提高企业运作效率，为企业进行扩大化、加速化的国际市场进入提供了组织基础。综上所述，本文认为数字化可以帮助企业通过获取开放式资源、促进商业网络中的关系联结和增强海外各部门之间的协调整合来推动企业国际化扩张。基于此，提出假设：

H1：企业数字化有利于推动企业的国际化扩张。

H2：企业数字化通过拓宽开放式资源获取渠道、加强企业在商业网络中的关系联结、增强企业

海外各部门之间的协调整合推动企业的国际化扩张。

3. 研究设计

3.1 样本选择

本文选取 2010—2019 年在沪深交易所、创业板上市且进行了海外直接投资的中国制造业企业为初始研究样本。进一步对样本进行如下筛选：剔除被标记为 ST、＊ST、PT 的企业样本；剔除关键变量缺失值较多且无法根据企业公开文件、第三方数据库等渠道进行补充的企业样本；剔除企业成立不超过 1 年的企业样本。数据来源于企业年报以及中国经济金融研究数据库（CSMAR）、中国研究数据服务平台（CNRDS），最终形成由 1207 家制造业上市企业组成的非平衡面板数据。

3.2 变量定义

3.2.1 被解释变量

国际化扩张，从国际化扩张程度和扩张速度两方面测度企业的国际化扩张。国际化扩张程度（Level），参考吴航和陈劲（2022）的方法，采用海外销售收入与总销售收入的比值测量。数据来源于 CSMAR、CNRDS 和企业年报。国际化扩张速度（Speed），借鉴 Batsakis 和 Mohr（2017）的方法，采用基于国际化深度的指标来测量。国际化深度由企业当年海外子公司的数量进行衡量，国际化扩张速度由国际化深度除以企业自首次进入国际市场以来所经历的年数进行衡量。数据来源于 CSMAR、CNRDS 和企业年报。

3.2.2 解释变量

本文借鉴戚聿东和蔡呈伟（2020）的方法，以企业年报中相关关键词的词频占比作为数字化（Digital）的测量指标。文本挖掘法可以通过分析关键词词频来反映主体对某样事物的重视和关注程度。依照这种方法，企业年报中对数字化相关关键词披露的频率越高，表明企业的数字化变革越积极、数字化尝试的水平也越高。数字化指标的具体构建方法如下：

（1）关键词的选取。通过 Python 爬虫和人工整理统计出中国制造业企业年报中经常涉及的数字化相关关键词，同时参考戚聿东和蔡呈伟（2020）的研究进行整合、补充，本文最终选取表 1 中的中国制造业企业数字化相关关键词形成词表①。

---

① 在文本分析的过程中，将中文、英文全称、英文缩写和英文大小写等不同形式的关键词人工整理为同一个关键词，避免因表述或格式问题引发的遗漏或重复计数。同时，剔除具有否定前缀的关键词计数，否定词汇包括"无、非、否、莫、别、不、没、没有、无须、无关、毫无、还没"。

表 1	中国制造业企业数字化关键词词表
关键词分类	关 键 词 名 称
人工智能技术	人工智能(AI)、商业智能(BI)、机器人、机器学习、商务智能、深度学习、智能识别、自然语言处理
区块链技术	区块链
云计算技术	工业云、云存储、云计算、云联网、云平台、物联网(loT)、万物互联
大数据技术	关系型数据库、数据赋能、数据可视化、数据清洗、数据挖掘、知识管理
数字技术应用	工业互联网、产业互联网、互联网+、数字城市、数字创意、数字鸿沟、数字化业务、数字化、网络安全、网络零售、新型智慧城市、数字技术(DT)、智能办公、智能技术、智能制造、智能终端、平台经济、生态协同、新型工业化、工业 4.0、企业识别系统(CIS)、集散控制系统(DCS)、企业管理系统(EAS)、电子设计自动化(EDA)、营销资源管理(EMR)、企业资源计划(ERP)、分布式系统基础架构(Hadoop)、基础设施即服务(IaaS)、平台即服务(PaaS)、软件即服务(SaaS)、制造执行管理系统(MES)、管理信息系统(MIS)、企业管理与电子商务平台(NC)、线上到线下(O2O)、办公自动化(OA)、产品生命周期管理系统(PLM)、机器人流程自动化(RPA)

(2)指标的处理。通过 Python 爬取得到企业每年每个数字化相关关键词的词频之后,将该企业当年所有关键词词频加总,再除以同行业(以制造业二级行业分类代码为分类依据)所有关键词总词频,以此作为数字化(Digital)的衡量指标。

3.2.3 控制变量

借鉴现有研究,选取企业规模(Size)、资产收益率(ROA)、国有企业虚拟变量(Ownership)、国际化经验(Experience)为控制变量。数据来源于 CSMAR、CNRDS 和企业年报。

所有变量的定义、测量方法和数据来源见表 2。

表 2			主要变量说明	
变量	变量符号	变量名称	变量定义	数据来源
被解释变量	Level	国际化扩张程度	海外销售收入/总销售收入	CSMAR、CNRDS、企业年报
	Speed	国际化扩张速度	海外子公司数量/(当期年份-首次进入国际市场年份)	
解释变量	Digital	企业数字化	企业数字化关键词词频/同行业数字化关键词总词频	Python 爬取企业年报关键词
控制变量	Size	企业规模	员工人数取对数	CSMAR、CNRDS、企业年报
	ROA	资产收益率	总资产净利率	
	Experience	国际化经验	海外子机构所涉东道国数量	
	Ownership	国有企业	是否国有企业,是取值为1,否则为0	

3.3 模型设定

参考袁淳等（2021）的研究，本文设定如下模型：

$$\text{International}_{it} = \alpha + \beta_1 \text{Digital}_{it} + \sum \beta_k \text{Controls}_{it} + \sum \text{Year} + \sum \text{Firm} + \varepsilon_{it} \qquad (1)$$

其中，$\text{International}_{it}$ 表示国际化扩张程度（Level）和国际化扩张速度（Speed）两个被解释变量，Digital_{it} 表示解释变量企业数字化，Controls_{it} 表示所有控制变量。模型中同时包含了时间固定效应和个体固定效应。

4. 实证结果及分析

4.1 描述性统计

表 3 列示了所有变量的描述性统计结果。被解释变量企业国际化扩张程度（Level）的均值为 0.28，国际化扩张速度（Speed）的均值为 1.26。解释变量企业数字化（Digital）的均值为 0.04，最大值和最小值分别为 0.909 和 0，同时 25% 分位数取值为 0，75% 分位数取值也仅为 0.026，表明我国制造业企业总体而言数字化转型进展缓慢，且差异巨大。各变量的 VIF 值均小于 2，远低于 10 的临界值，表明不存在严重的多重共线性问题。

表 3   描述性统计结果

变量	N	均值	标准差	最小值	p25	p50	p75	最大值
Level	3143	0.28	0.240	0.00002	0.088	0.210	0.434	0.998
Speed	3143	1.26	1.844	0.05	0.333	0.750	1.429	39
Digital	3143	0.04	0.111	0	0	0.002	0.026	0.909
Size	3143	8.12	1.115	4.357	7.298	8.017	8.811	12.139
ROA	3143	0.04	0.061	−0.690	0.015	0.040	0.072	0.331
Experience	3143	2.61	2.536	1	1	2	3	36
Ownership	3143	0.23	0.424	0				1

4.2 基准回归结果

表 4 列示了企业数字化与国际化扩张程度、国际化扩张速度之间关系的固定效应模型回归结果。所有的连续变量在回归之前均进行了标准化处理用以减少变量间单位不一致对回归结果造成的影响，

回归时采用公司层面的聚类稳健标准误。第(1)、(2)列仅纳入控制变量。第(3)、(4)列纳入控制变量及解释变量,企业数字化的系数分别为 0.362 和 0.951,均在 1% 水平显著,表明企业数字化与国际化扩张程度和速度之间均存在正相关关系,假设 H1 通过检验,即企业数字化有利于推动和加速企业的国际化进程。

表 4 基准回归结果

变量	Level	Speed	Level	Speed
	(1)	(2)	(3)	(4)
Size	-0.682***	-0.647***	-0.533***	-0.635***
	(-4.624)	(-8.514)	(-3.085)	(-8.355)
ROA	1.300***	1.958***	1.442***	1.932***
	(3.521)	(4.166)	(3.808)	(4.117)
Experience	0.130***	0.215***	0.075***	0.217***
	(9.483)	(12.046)	(9.201)	(12.140)
Ownership	1.003***	0.017	0.844***	0.012
	(2.715)	(0.067)	(2.986)	(0.048)
Digital			0.362***	0.951***
			(3.580)	(3.305)
Constant	5.192***	5.858***	4.334***	5.716***
	(5.696)	(9.732)	(4.074)	(9.491)
时间、个体固定效应	是	是	是	是
观测值	3143	3143	3143	3143
R^2	0.167	0.189	0.169	0.194

注:括号内为 t 值;*、**、***分别表示 10%、5%和 1%的显著水平,下同。

4.3 稳健性检验

4.3.1 替换解释变量

采用 CSMAR 中国数字经济研究数据库提供的上市公司数字化转型指标(Digital′)替换之前的关键词爬取,以克服数字化关键词的主观选择可能带来的影响。CSMAR 的上市公司数字化转型指标是基于全行业上市公司的年报,分析出人工智能技术、云计算技术、区块链技术、大数据技术和数字技术应用五个类别的企业数字化关键词,相对于基准回归中仅采用中国制造业的数字化关键词而言更具有普遍性。通过将样本企业当年所有关键词词频加总再除以同行业(以制造业二级行业分类代码为分类依据)所有关键词总词频，构建新的企业数字化变量。替换解释变量后的回归结果如表 5 所示，解释变量的回归结果与前文保持一致，表明研究结论具有一定的稳健性。

表 5　　　　　　　　　　　　　　　　　　替换解释变量

变量	Level	Speed
	（1）	（2）
Digital′	0. 007 ***	0. 989 ***
	(2. 752)	(5. 900)
常数项	5. 728 ***	5. 450 ***
	(3. 796)	(9. 053)
控制变量	是	是
时间、个体固定效应	是	是
观测值	3143	3143
R^2	0. 129	0. 165

4.3.2　替换被解释变量

企业的国际化扩张程度不仅可以采用海外销售收入与总销售收入的比值进行测量，还可以采用海外子公司数量与子公司总数量的比值进行测量(阎海峰等，2023)。替换被解释变量国际化扩张程度(Level′)后的回归结果如表 6 第(1)列所示。国际化扩张速度的测量方式替换为同时考虑国际化深度和广度两个指标进行测算。国际化广度由企业当年海外子公司所涉东道国或地区数量进行衡量，调整后的国际化扩张速度由国际化深度和广度的均值除以企业自首次进入国际市场以来所经历的年数进行衡量(Yi et al.，2021)。替换被解释变量国际化扩张速度(Speed′)后的回归结果如表 6 第(2)列所示，解释变量企业数字化的回归结果与前文保持一致。

表 6　　　　　　　　　　　　　　　　　　替换被解释变量

变量	Level′	Speed′
	（1）	（2）
Digital	0. 002 ***	1. 558 ***
	(10. 830)	(3. 920)
常数项	0. 145 ***	9. 800 ***
	(4. 252)	(11. 784)
控制变量	是	是
时间、个体固定效应	是	是
观测值	3143	3143
R^2	0. 461	0. 154

4.4 内生性处理

为了排除因被解释变量和解释变量之间可能存在的反向因果关系、样本选择偏差和遗漏变量等因素导致的内生性问题,本文采用滞后解释变量、Heckman 两步法和工具变量法重新回归。

4.4.1 滞后解释变量

数字化并非一个严格外生变量,国际化扩张速度快的企业可能需要更精准、及时的信息和信息处理系统,因此可能更倾向于采取数字技术和接入数字平台,所以研究结果可能存在反向因果导致的内生性问题。为了控制被解释变量国际化扩张可能对解释变量数字化产生的影响,本文利用滞后一期的主要变量重新估计模型,因为一般情况下第 $t-1$ 期的解释变量不会与第 t 期的随机扰动项相关,且第 t 期的国际化战略结果无法影响第 $t-1$ 期的数字化战略选择。滞后解释变量的回归结果如表 7 所示,在第(1)、(2)列中解释变量数字化的回归系数均显著为正,即在考虑内生性的情况下,实证结果仍得到支持。

表 7　　　　　　　　　　　　滞后解释变量的回归结果

变　　量	Level_{it}	Speed_{it}
	(1)	(2)
Digital_{it-1}	0.639 ***	0.463 *
	(9.932)	(1.847)
常数项	4.913 ***	3.008 ***
	(5.953)	(5.015)
控制变量	是	是
时间、个体固定效应	是	是
观测值	2613	2613
R^2	0.121	0.154

4.4.2 Heckman 两步法

前文中样本只包含开展了数字化转型的制造业企业,然而,企业是否进行数字化转型并非随机事件,而是企业管理者的自主性战略选择,仅将这部分企业纳入研究样本可能使实证结果存在样本选择偏差。本文使用 Heckman 两步法对模型进行重新估计。第一阶段,选取 2010—2019 年全部的制造业上市企业数据,以企业是否实施数字化战略(Digital_dummy)作为被解释变量,与控制变量一起构建 Probit 模型;另外,我国各个城市的数字化基础设施建设程度不同,即外部经济环境也会影响企业开展数字化战略,因此将各个城市的互联网宽带接入用户数(Digital_internet)这一相对外生同时与被解释变量数字化存在相关性的变量作为排他性约束变量纳入模型，并控制地区效应，进而计算出逆米尔斯比率(IMR)。第二阶段，将逆米尔斯比率(IMR)作为控制变量纳入回归模型，结果如表 8 所示。IMR 的回归系数在 1% 水平显著，表明内生性问题存在，在控制样本选择偏差之后，第(2)、(3)列解释变量数字化的回归系数均显著为正，结果保持稳健。

表 8   **Heckman 两步法回归结果**

变 量	第一阶段	第二阶段	
	Digital_dummy	Level	Speed
	(1)	(2)	(3)
Digital_internet	0.147***		
	(9.772)		
Digital		0.216**	0.910***
		(2.368)	(3.051)
常数项	−3.220***	−0.108	2.657***
	(−5.452)	(−0.350)	(2.790)
IMR		1.938***	3.106***
		(14.841)	(4.316)
控制变量	是	是	是
时间、个体固定效应	是	是	是
观测值	21254	3143	3143
Pseudo-R^2/R^2	0.043	0.035	0.233

4.4.3 工具变量法

为了降低可能存在的遗漏变量内生性问题对实证结果带来的干扰，使用工具变量法重新估计模型。选取企业 i 所在的制造业二级行业分类中当期数字化指标的平均值(计算过程中不包括企业 i 自身数字化的值)作为工具变量，主要原因是行业数字化均值代表了企业所在行业采用数字技术的平均水平，企业高于或低于平均水平都有可能促使企业采取暂缓或加快数字化战略的决策，以参与市场竞争、获得成本优势等，所以该变量满足工具变量的相关性要求；同时，行业数字化均值并不能直接作用于企业 i 的国际化扩张程度和国际化扩张速度两个被解释变量，所以该工具变量满足外生性要求。另外，工具变量的 Kleibergen-Paap rk LM 检验中 p 值为 0.000，表明不存在工具变量识别不足的问题；Kleibergen-Paap Wald rk F 检验中的 p 值为 0.000，排除弱工具变量的可能性；Sargan 检验的 p 值大于 0.1，即工具变量是外生的，以上结果表明工具变量的选择较为合理。表 9 是工具变量法的回归结果。第(1)、(2)列中解释变量数字化的回归系数均显著为正，表明考虑内生性之后的回归结果与前文保持一致。

表 9   工具变量法回归结果

变　　量	Level	Speed
	（1）	（2）
Digital	16. 002 ***	16. 834 ***
	(7. 120)	(8. 143)
常数项	−3. 048	3. 335 ***
	(−0. 458)	(3. 444)
控制变量	是	是
时间、个体固定效应	是	是
观测值	3143	3143
R^2	0. 021	0. 050

5. 进一步分析

5.1　机制分析

　　基于前文的理论分析，企业开展数字化转型可以通过促进企业开放式资源的获取、商业关系联结的建立以及对海内外各部门的协调整合从而推进和加速企业国际化扩张。为考察开放式资源、关系联结和协调整合在企业数字化和国际化扩张之间发挥作用的机制，本文采用逐步回归法进行检验。机制检验模型设定如下：

$$International_{it} = a_0 + a_1 Digital_{it} + \sum a_k Controls_{it} + \sum Year + \sum Firm + \varepsilon_{it} \qquad (2)$$

$$M_{it} = b_0 + b_1 Digital_{it} + \sum b_k Controls_{it} + \sum Year + \sum Firm + \varepsilon_{it} \qquad (3)$$

$$International_{it} = c_0 + c_1 Digital_{it} + c_2 M_{it} + \sum c_k Controls_{it} + \sum Year + \sum Firm + \varepsilon_{it} \qquad (4)$$

　　其中，M_{it} 代表开放式资源(OpenResource)、外部合作(Linkage)和协调整合能力(Integration)三个机制变量，其他变量含义见公式(1)。该部分数据均来源于 CSMAR。

5.1.1　开放式资源机制

　　由于开放式资源是数字经济发展到一定程度的新兴产物，目前学界尚未有使用二手数据测量开放式资源变量的相关文献。本文基于 Luo(2021)提出的开放式资源的理论内涵和外延，同时基于我国制造业企业二手数据的可得性，运用企业全要素生产率(TFP)间接测度企业数字化的开放式资源获取机制。企业通过数字化可以在全球更广阔的市场获取技术、渠道和专家人才等关键开放式资源，这类开放式资源有利于企业运用数字技术优化企业流程、降低企业成本、创造新产品或服务等，在这个过程中，企业资源配置效率和生产率得到提升(张万里等，2022)，从而推进和加速企业的国际化扩张。

企业 TFP 采用 LP 法进行计算，具体为使用企业主营业务收入作为产出变量、员工人数作为劳动变量、购买商品和接受劳务支付的现金作为中间投入变量、固定资产净值作为资本变量计算得出。数据来源于 CSMAR。开放式资源的作用机制检验结果如表 10 所示。第（1）至（3）列检验开放式资源在企业数字化和国际化扩张程度之间的机制作用。第（1）列为逐步回归法第一步，解释变量数字化的系数为 0.362，在 1% 水平显著，说明企业数字化对国际化扩张程度具有显著的正向影响，第一步检验通过。第（2）列为逐步回归法第二步，结果显示数字化的系数为 0.012，在 1% 水平显著，说明数字化有利于促进企业开放式资源的增加，第二步检验通过。第（3）列为逐步回归法第三步，结果显示机制检验变量开放式资源的系数为 0.104，在 1% 水平显著；同时解释变量数字化的系数为 0.011，在 1% 水平显著，且小于第（1）列中的系数 0.362，第三步检验通过。同时，Bootstrap 检验（自助抽样 1000 次）结果显示 95% 置信区间不包含 0，机制检验通过。综合上述结果可知，企业开展数字化转型可以通过增加开放式资源来推进国际化扩张。基于同样的分析步骤，综合第（4）至（6）列结果可知，企业数字化通过增加开放式资源加快了国际化扩张速度。

表 10　　　　　　　　　　　　　　　　　开放式资源机制分析

变量	国际化扩张程度			国际化扩张速度		
	Level	OpenResource	Level	Speed	OpenResource	Speed
	（1）	（2）	（3）	（4）	（5）	（6）
Digital	0.362***	0.012***	0.011***	0.951***	0.030***	0.818***
	(3.580)	(7.131)	(23.274)	(3.305)	(6.571)	(2.825)
OpenResource			0.104***			0.074***
			(4.436)			(8.254)
常数项	4.334***	37.292***	10.577***	5.716***	42.986***	8.650***
	(4.074)	(12.637)	(9.157)	(9.491)	(22.985)	(12.156)
控制变量	是	是	是	是	是	是
时间、个体固定效应	是	是	是	是	是	是
观测值	3143	3143	3143	3143	3143	3143
R^2	0.169	0.084	0.181	0.194	0.159	0.223
Bootstrap 检验	[0.007，0.024]			[0.005，0.071]		

5.1.2　关系联结机制

选取外部合作（Linkage）作为代理变量检验关系联结机制。外部合作是指企业与社会资本中的联盟企业、投资机构、高校及科研机构之间的合作关系（梁强等，2016）。数字技术打造了开放式共享、开放式创新的价值网络，促进了企业与利益相关者的交流，使其由以往的竞争关系转变为更侧重于合作共生关系(陈剑等,2020)。这种共享交互促进了企业与外部利益相关者的广泛接触和合作,帮助企业建立更高效更有价值的外部关系联结,而广泛高效的外部合作有利于企业提升国际化程度和实现快速国际化扩张(Zahoor & Al-Tabbaa,2021)。

借鉴梁强等(2016)的方法,根据企业外部合作的性质,将其分为商业合作、资本合作、技术创新合作三个方面。商业合作是指企业与商业联盟中主要参与者之间的合作互动,采用前五大客户销售额占总销售额的比例以及前五大供应商采购额占总采购额的比例之和进行测量。资本合作是指企业主要投资机构之间的合作互动,采用机构投资者的数量进行衡量。技术创新合作是指企业与外部企业的技术联盟以及高校、科研机构之间的技术合作,采用企业与外部实体共同联合申请的专利数进行衡量。最后,使用熵权法对上述指标进行赋权计算得到外部合作变量(Linkage)。关系联结的作用机制检验结果如表 11 所示,第(1)至(3)列结果显示,数字化的系数均显著为正;在第(3)列中,解释变量数字化的系数小于第(1)列(0.280 < 0.362),且机制检验变量外部合作的系数显著为正,表明逐步回归法检验通过。另外,Bootstrap 检验(自助抽样 1000 次)结果显示 95% 置信区间不包含 0。同理,第(4)至(6)列的结果也证实了关系联结对国际化扩张速度的机制作用。上述检验结果表明,企业可以通过数字化转型提升与外部利益相关者的关系联结,从而推进和加速国际化扩张。

表 11   **关系联结机制分析**

变量	国际化扩张程度			国际化扩张速度		
	Level	Linkage	Level	Speed	Linkage	Speed
	(1)	(2)	(3)	(4)	(5)	(6)
Digital	0.362***	0.018***	0.280***	0.951***	0.050***	0.834***
	(3.580)	(7.819)	(3.344)	(3.305)	(4.698)	(2.854)
Linkage			4.144***			2.552***
			(8.326)			(4.391)
常数项	4.334***	−0.053***	5.870***	5.716***	0.087***	5.520***
	(4.074)	(−42.805)	(62.881)	(9.491)	(3.831)	(8.954)
控制变量	是	是	是	是	是	是
时间、个体固定效应	是	是	是	是	是	是
观测值	3143	3143	3143	3143	3143	3143
R^2	0.169	0.148	0.183	0.194	0.154	0.204
Bootstrap 检验	[0.034, 0.161]			[0.104, 0.402]		

5.1.3 协调整合机制

选取协调整合能力(Integration)作为代理变量检验协调整合机制。根据 Teece 等(1997)的定义,协调整合能力是指企业在动荡的环境中灵活配置整合内部和外部资源、活动和技术的能力。对于跨国企业而言，这种协调整合能力更多地体现在企业管理者对全球范围内的子公司的跨国管理和运营层面。数字技术协助企业在全球范围建立了一种跨组织边界的协同和分享机制，通过高层管理人员和海外员工对数字技术的应用将企业内外部资源知识进行有效整合，可以高效促进内部业务流程和提升资源配置效率（Luo，2021），例如降低企业跨境运营成本、增加企业运营效率、优化质量控制策略等。企业协调整合能力的提高有利于促进企业在全球范围内的知识、人才流动，为企业进一步扩大和加速国际市场进入提供了稳健的组织结构支持。

企业跨国管理和经营的实施主体是高层管理者和从属于全球各地子公司的海外员工。具备海外背景的高管可以减少由于不同国家之间制度背景、社会文化的差异带来的跨国管理成本（李梅等，2022）；同时，企业通过海外劳务派遣或者接纳当地劳动者为正式员工的数量也能体现企业跨国管理的水平（范建亭和刘勇，2018）。因此，本文采用拥有海外教育或工作背景的高管人数占高管团队总人数的比例测量高管海外背景指标，采用海外员工人数占员工总人数的比例测量海外员工指标。最后，使用熵权法对这两个指标进行赋权计算得到协调整合能力变量（Integration）。协调整合的作用机制检验结果如表 12 所示，第（1）至（3）列结果显示，数字化的系数均显著为正；在第（3）列中，解释变量数字化的系数小于第（1）列（0.302 < 0.362），且机制检验变量协调整合能力的系数显著为正，表明逐步回归法检验通过。另外，Bootstrap 检验（自助抽样 1000 次）结果显示95% 置信区间不包含 0。同理，第（4）至（6）列的结果也符合逐步回归法的特征。通过上述检验结果可知，企业能够借助开展数字化转型来提高协调整合能力，进而推动国际化扩张和快速国际化。

表 12 协调整合机制分析

变量	国际化扩张程度			国际化扩张速度		
	Level	Integration	Level	Speed	Integration	Speed
	（1）	（2）	（3）	（4）	（5）	（6）
Digital	0.362***	2.371***	0.302***	0.951***	2.595***	0.866***
	（3.580）	（9.145）	（2.933）	（3.305）	（8.813）	（3.041）
Integration			0.330***			0.008*
			（33.872）			（1.832）
常数项	4.334***	6.279***	3.751***	5.716***	5.801***	5.855***
	（4.074）	（19.546）	（26.064）	（9.491）	（7.463）	（6.387）
控制变量	是	是	是	是	是	是
时间、个体固定效应	是	是	是	是	是	是
观测值	3143	3143	3143	3143	3143	3143
R^2	0.169	0.196	0.172	0.194	0.180	0.201
Bootstrap 检验	[0.012, 0.040]			[0.015, 0.335]		

5.2 异质性分析

（1）基于企业所属制造业细分行业的异质性分析。根据《国民经济行业分类》（GB/T 4754—2017）的制造业二级行业代码，可以按照技术水平的差异性将所有制造业细分行业划分为轻纺工业、资源加工工业以及机械、电子制造业三类。其中，机械、电子制造业包含计算机、电子器件、医疗设备等高精仪器制造，对于技术的依赖性较高；而轻纺工业、资源加工工业的企业对于技术的依赖性较低。因此，企业所属的制造业细分行业的技术水平差异性可能影响企业数字化与国际化扩张程度和速度之间的关系。本文将研究样本划分为机械、电子制造业组以及轻纺工业和资源加工工业组分别进行回归，结果见表 13。从中能够看到，企业数字化更有利于促进对于技术依赖性更高的行业企业的国际化扩张。

表 13　　　　　　　　　　　　　　基于制造业细分行业的异质性分析

变量	Level		Speed	
	机械、电子制造业	轻纺工业和资源加工工业	机械、电子制造业	轻纺工业和资源加工工业
	（1）	（2）	（3）	（4）
Digital	1.870***	0.850	2.751***	0.730
	(8.132)	(1.361)	(2.995)	(1.343)
常数项	2.176***	4.845***	7.513***	2.982***
	(7.017)	(8.309)	(8.302)	(4.311)
控制变量	是	是	是	是
时间、个体固定效应	是	是	是	是
观测值	1784	1359	1784	1359
R^2	0.015	0.017	0.085	0.093

（2）基于企业研发投入的异质性分析。数字化转型是企业利用数字技术改变其经营模式、组织流程和价值创造方式的过程，其实质是技术创新与应用，因此需要企业投入大量的研发资源予以持续性的支持。高水平的研发投入表明企业具有创新导向和长期战略思维，其自身的研发资源丰富、技术实力较强，更加重视数字化转型等创新活动的开展，也更有能力和意愿推进具有高风险和长回报周期特征的战略决策。对于跨国企业而言，高水平的研发投入为其通过数字化转型来提高海外市场开拓效率和效果提供了可持续性的技术支持。参考龚红和刘宇珊（2021）的研究，采用企业当年研发投入金额取对数测量研发投入指标，根据中位数划分为高、低研发投入两组进行回归，结果见表 14。在企业研发投入较高的情况下，企业数字化更能促进国际化扩张。

表 14　　　　　　　　　　　　　**基于企业研发投入的异质性分析**

变量	Level		Speed	
	高研发投入	低研发投入	高研发投入	低研发投入
	（1）	（2）	（3）	（4）
Digital	0.913 ***	−0.0003	0.949 **	−0.007
	(8.683)	(−1.109)	(2.342)	(−1.621)
常数项	5.789 ***	1.682 ***	7.085 ***	0.676
	(3.951)	(7.256)	(7.756)	(0.534)
控制变量	是	是	是	是
时间、个体固定效应	是	是	是	是
观测值	2292	851	2292	851
R^2	0.071	0.063	0.137	0.088

（3）基于企业外部支持的异质性分析。根据 Lee 等（2001）和梁强等（2016）的研究，外部支持反映了企业获取的来源于政府和金融机构的支持力度。在我国现行经济体制下，政府控制着关键资源的分配、税收优惠等重要政策信息，金融机构则掌握了企业的资金获取渠道。获得这两类机构的支持有利于缓解企业受到的监管压力和资金借贷压力，从而提高企业数字化对国际化扩张程度和速度的促进作用。参考梁强等（2016）的方法，使用政府补助测量政府支持，使用企业向银行贷款中信用贷款占全部贷款的比值以及担保贷款占全部贷款的比值之和来测量金融机构支持，然后使用熵权法计算出外部支持指标，根据中位数划分为高、低外部支持两个样本，回归结果如表 15 所示。在外部支持力度较高的情况下，企业数字化能够显著地促进国际化扩张。

表 15　　　　　　　　　　　　　**基于外部支持的异质性分析**

变量	Level		Speed	
	高外部支持	低外部支持	高外部支持	低外部支持
	（1）	（2）	（3）	（4）
Digital	2.854 ***	−0.730 ***	0.831 ***	0.898
	(5.129)	(−6.231)	(2.865)	(1.152)
常数项	−0.998 *	3.453 ***	4.846 ***	5.019 **
	(−1.663)	(9.640)	(7.942)	(2.286)
控制变量	是	是	是	是
时间、个体固定效应	是	是	是	是
观测值	679	2464	679	2464
R^2	0.054	0.036	0.106	0.099

(4)基于企业总资产的异质性分析。企业总资产是指企业拥有的全部资产的价值总和,包括流动资产、固定资产、无形资产、商业客户等各种形式的企业资源,反映了企业的现阶段财务实力和经营状况。一般而言,总资产更多的企业拥有更多的开放式资源获取渠道、更强的跨国商业网络联结和更高的资源整合能力,即相较于总资产较少的企业,这类企业更有能力和可能性同时开展数字化转型和国际化扩张这两类需要大量的前置资本和持续性资本投入的重要战略决策。本文将样本企业的总资产取对数,根据中位数划分为高、低资产企业两组样本分别进行回归。结果如表 16 所示,企业数字化能够显著地促进高资产企业的国际化扩张。

表 16 基于企业总资产的异质性分析

变量	Level		Speed	
	高资产企业	低资产企业	高资产企业	低资产企业
	(1)	(2)	(3)	(4)
Digital	3.654 ***	−0.446 ***	0.899 ***	1.532
	(3.507)	(−3.173)	(3.822)	(1.628)
常数项	−8.601 ***	3.544 ***	4.473 ***	8.318 ***
	(−7.721)	(2.705)	(8.809)	(3.478)
控制变量	是	是	是	是
时间、个体固定效应	是	是	是	是
观测值	654	2489	654	2489
R^2	0.010	0.017	0.090	0.180

(5)基于企业组织冗余的异质性分析。企业总资产反映了企业所拥有的资产总量,而组织冗余代表的是超出企业日常运营需求并随时能被企业调整或重组的内部资源。企业开展数字化转型面临着转型周期过长甚至转型失败的风险,而企业进行国际化扩张同样也面临海外市场进入失败、东道国反制等风险。在这种突发事件中,拥有更多组织冗余的企业有充足的周转资源应对内部或外部风险冲击,为企业开展数字化转型提供后备支持,同时也释放了部分资源供企业进行海外扩张。本文参考 Chen 等(2012)的方法,使用销售费用、财务费用和管理费用之和除以主营业务收入的比例测量已吸收冗余,使用流动比率和资产负债率测量未吸收冗余,然后将两个指标标准化后进行加总得到组织冗余指标,根据中位数划分为高、低组织冗余两组样本。结果见表 17,在组织冗余较高的情况下,企业数字化对国际化扩张的提升作用显著。

表 17	基于组织冗余的异质性分析			
变量	Level		Speed	
	高组织冗余	低组织冗余	高组织冗余	低组织冗余
	（1）	（2）	（3）	（4）
Digital	0.934 ***	-0.200 ***	0.966 **	0.763
	(5.294)	(-6.491)	(2.018)	(1.170)
常数项	6.271 ***	1.643 ***	6.266 ***	5.636 ***
	(3.497)	(7.340)	(5.642)	(6.512)
控制变量	是	是	是	是
时间、个体固定效应	是	是	是	是
观测值	1170	1973	1170	1973
R^2	0.034	0.014	0.141	0.095

6. 研究结论与启示

6.1 研究结论

本文基于数字全球化背景下的新国际商务理论——新 OLI 范式，以 2010—2019 年进行海外直接投资的中国制造业上市企业为样本，研究企业数字化与国际化扩张的关系，研究结果表明：数字化有利于推动我国制造业企业的国际化扩张、提高国际化速度；机制分析表明，企业开展数字化转型可以通过在全球市场获取开放式资源、加强企业在商业关系网络中与利益相关者之间的关系联结、促进全球各部门之间的协调整合来推动和加速国际化扩张；异质性分析表明，企业的技术依赖性、研发投入、外部支持、资产情况和组织冗余是影响企业数字化对国际化扩张的促进作用的重要因素。本文的实证研究为 Luo（2021）在数字全球化背景下提出的新国际商务理论提供了来自中国的经验支持。

6.2 管理启示

第一，我国制造业跨国企业要将数字化转型作为国际化进程中重要的一环。对于企业的国际化战略而言，数字化不仅仅是对企业决策流程上的效率改进，更多的是提供了企业进行国际化所需要的关键性资源和数字经济背景下的开放式资源。例如，企业可以通过嵌入数字平台与技术合作伙伴进行沟通来降低中小企业获取海外资源的门槛；对处于技术领先地位的企业而言，可以通过制定行业标准和共享技术知识巩固自身在市场上的话语权。另外，数字化所具备的民主性也使得在传统沟通网络中处于劣势地位的企业借助嵌入数字化网络来搜寻更多的信息和资源获取渠道。

第二，企业数字化转型过程中要主动寻求外部支持，广泛建立高质量的外部合作关系。对于采取国际化扩张战略的企业而言，数字化技术应用不仅仅作用于企业内部效率的提升，更有利于拓展企业与国内外利益相关者的关系网络、加强与社会资本之间的联系来帮助企业减少外来者劣势，从而快速进入海外市场。对于这类企业而言，需要重视关系网络的重要性，寻求政府的政策支持、金融机构的资金资助、合伙伙伴的资源共享、研究机构的创新合作、投资者的长期关注，这些对于企业采取或平稳或激进的国际化扩张战略都意义重大。

第三，企业数字化转型要通过充分发挥自身的协调整合能力来提升国际化扩张的效率和效果。企业数字化为高层管理者进行跨国经营提供了技术和流程支持，通过提高总部与海外各部门之间的沟通和决策效率降低管理成本。企业可以及时优化数字架构，对企业资源计划(ERP)、人力资本管理(HCM)、全球人才库(global talent bank)等内部管理系统进行升级。同时，注重企业员工数字技能和数字素养的提升，通过推进人才在全球范围内的学习、共享和协作实现高效和持续性的国际化扩张。

第四，企业需要根据自身特质制定合理的数字化转型和国际化扩张战略。本研究基于部分企业异质性因素展开了分析，发现企业数字化对国际化扩张的促进作用在具备技术依赖性程度更高、研发投入更多、外部支持力度更大、资产更充裕、组织冗余资源更丰富的特质的企业中表现得更加显著。我国制造业企业可以根据内外部资源情况，制定适合企业现阶段发展状况的数字化转型和国际化扩张战略。

6.3 研究局限和未来的研究方向

第一，未来研究可以进一步探索数字化影响国际化扩张的作用机制变量。现有关于数字化与国际化关系的作用机制研究仅限于理论探讨，本文基于新 OLI 范式初次开展了实证研究，但是囿于二手数据的可得性，本文只进行了初步探讨，未来可以尝试基于其他理论或实证研究方法构建新的机制变量，同时结合质性研究等方法深入探讨数字化对企业国际化扩张战略的影响机理。

第二，未来可探讨数字化产生的各种风险对国际化扩张的负面影响。目前研究大多探讨了数字化对企业国际化战略的积极效应，忽视了企业数字化进程中可能存在的数字金融风险、数字知识产权保护、网络信息安全等新型问题对国际化扩张的负面影响，未来研究可着眼于探索伴随数字化而产生的各项风险对企业国际化扩张的影响效果和机制。

◎ **参考文献**

[1]柴宇曦，张洪胜，马述忠. 数字经济时代国际商务理论研究：新进展与新发现[J]. 国外社会科学，2021(1).

[2]陈冬梅，王俐珍，陈安霓. 数字化与战略管理理论——回顾、挑战与展望[J]. 管理世界，2020，36(5).

[3]陈凤兰，武力超，戴翔．制造业数字化转型与出口贸易优化[J]．国际贸易问题，2022(12)．

[4]陈剑，黄朔，刘运辉．从赋能到使能——数字化环境下的企业运营管理[J]．管理世界，2020，36(2)．

[5]杜明威，耿景珠，崔岩．企业数字化转型与出口：来自中国上市公司的微观证据[J]．世界经济研究，2022(9)．

[6]范建亭，刘勇．国际化程度与绩效关系的中外企业差异——来自 500 强企业的经验证据[J]．管理科学学报，2018，21(6)．

[7]龚红，刘宇珊．政府非研发补贴、企业研发投入与创新可持续性——基于高科技企业的实证研究[J]．珞珈管理评论，2021(4)．

[8]洪俊杰，蒋慕超，张宸妍．数字化转型、创新与企业出口质量提升[J]．国际贸易问题，2022(3)．

[9]李光勤，李潇格．政府数字化与中国对外直接投资的区位选择[J]．国际商务，2023(1)．

[10]李梅，朱韵，赵乔，等．研发国际化、动态能力与企业创新绩效[J]．中国软科学，2022(6)．

[11]梁强，李新春，周莉．新创企业内部资源与外部关系的战略平衡——中国情境下的经验研究[J]．管理科学学报，2016，19(4)．

[12]孟夏，董文婷．企业数字化转型与出口竞争力提升——来自中国上市公司的证据[J]．国际贸易问题，2022(10)．

[13]戚聿东，蔡呈伟．数字化对制造业企业绩效的多重影响及其机理研究[J]．学习与探索，2020(7)．

[14]王益民，梁枢，赵志彬．国际化速度前沿研究述评：基于全过程视角的理论模型构建[J]．外国经济与管理，2017，39(9)．

[15]魏昀妍，龚星宇，柳春．数字化转型能否提升企业出口韧性[J]．国际贸易问题，2022(10)．

[16]邬爱其，刘一蕙，宋迪．跨境数字平台参与、国际化增值行为与企业国际竞争优势[J]．管理世界，2021，37(9)．

[17]吴江，陈婷，龚艺巍，等．企业数字化转型理论框架和研究展望[J]．管理学报，2021，18(12)．

[18]吴航，陈劲．国际化程度如何影响创新绩效：调节的中介模型[J]．科学学研究，2022(1)．

[19]阎海峰，钱嘉怡，雷玮．企业数字化水平对国际化速度的影响研究：基于 LLL 模型[J]．软科学，2023(1)．

[20]易靖韬，王悦昊．数字化转型对企业出口的影响研究[J]．中国软科学，2021(3)．

[21]袁淳，肖土盛，耿春晓．数字化转型与企业分工：专业化还是纵向一体化[J]．中国工业经济，2021(9)．

[22]余典范，王超，陈磊．政府补助、产业链协同与企业数字化[J]．经济管理，2022，44(5)．

[23]曾庆芬，廖宏涛．重污染企业数字化发展的减排效应研究[J]．江西社会科学，2023，43(1)．

[24]詹晓宁，欧阳永福．数字经济下全球投资的新趋势与中国利用外资的新战略[J]．管理世界，2018，34(3)．

[25]张国胜，杜鹏飞. 数字化转型对我国企业技术创新的影响：增量还是提质？[J]. 经济管理，2022，44(6).

[26]张万里，宣旸，张澄，等. 智能化能否提升企业全要素生产率和技术创新[J]. 科研管理，2022，43(12).

[27]Adomako, S., Amankwah-Amoah, J., Tarba, S. Y., et al. Perceived corruption, business process digitization, and SMEs' degree of internationalization in sub-Saharan Africa[J]. Journal of Business Research,2021,123.

[28]Autio, E., Zander, I. Lean internationalization[C]. Los Angeles, Academy of Management Annual Meeting Proceedings,2016.

[29]Banalieva,E.R.,Dhanaraj,C. Internalization theory for the digital economy[J]. Journal of International Business Studies,2019,50(8).

[30]Batsakis, G., Mohr, A. T. Revisiting the relationship between product diversification and internationalization process in the context of emerging market MNEs[J]. Journal of World Business, 2017,52(4).

[31]Cassetta,E., Monarca, U., Dileo, I., et al. The relationship between digital technologies and internationalisation:Evidence from Italian SMEs[J]. Industry and Innovation,2020,27(4).

[32]Chen,C., Huang Y., Lin, B. How firms innovate through R&D internationalization? An S-curve hypothesis[J]. Research Policy,2012,41(9).

[33]Cheng,C.,Zhong,H.,Cao,L. Facilitating speed of internationalization:The roles of business intelligence and organizational agility[J]. Journal of Business Research,2020,110.

[34]Hervé, A. E. L., Schmitt, C., Baldegger, R. Internationalization and digitalization:Applying digital technologies to the internationalization process of small and medium-sized enterprises[J]. Technology Innovation Management Review,2020,10(7).

[35]Lee, Y., Falahat, M., Sia, B., et al. Impact of digitalization on the speed of internationalization[J]. International Business Research,2019,12(4).

[36]Luo, Y. New OLI advantages in digital globalization[J]. International Business Review,2021,30(2).

[37]Mohamad,A.,Rizal,H. M.,Khalid,H.,et al. The role of trust in the digital interactive model for SME speed internationalisation[C]. New York,IEEE,2021.

[38]Neubert,M. The impact of digitalization on the speed of internationalization of lean global startups[J]. Technology Innovation Management Review,2018,8(5).

[39]Shaheer,N.A.,Li,S. The Cage around cyberspace? How digital innovations internationalize in a virtual world[J]. Journal of Business Venturing,2020,35(1).

[40]Teece, D. J., Pisano, G., Shuen, A. Dynamic capabilities and strategic management[J]. Strategic Management Journal,1997,18(7).

[41]Westerlund,M. Digitalization,internationalization and scaling of online SMEs[J]. Technology Innovation Management Review,2020,10(4).

［42］Yi，C.，Zhang，J.，Zhan，Y. Internationalization speed and subsidiary survival of EMNCs：The moderating roles of CEO international experience and state ownership［J］. Journal of Asian Economics，2021，77.

［43］Zahoor，N.，Al-Tabbaa，O. Post-entry internationalization speed of SMEs：The role of relational mechanisms and foreign market knowledge［J］. International Business Review，2021，30（1）.

Enterprise Digitalization and International Expansion: Based on the New OLI Research Framework

Li Mei　Zhu Yun　Sun Siwan

（School of Economics and Management, Wuhan University, Wuhan, 430072）

Abstract：Digitalization is the process by which firms use digital technology and information to transform their business operations. The development of digitalization has facilitated the acquisition and rapid flow of various resources and knowledge information for international expansion. Based on the new international business（IB）theory under the background of digital globalization, the new OLI advantages emphasizes that digitalization can promote the open resource advantage, linkage advantage, and integration advantage to promote and accelerate the firm's international expansion. Based on this theory, this paper takes the listed Chinese manufacturing firms that implemented international expansion from 2010 to 2019 as samples, explores the impact and channels of digitalization on international expansion and the speed of internationalization. The study found that digitalization has a positive effect on international expansion and the speed of internationalization, and the results are valid after controlling for endogeneity and conducting a series of robustness tests. Open resource, linkage and integration are important channels through which digitalization affects international expansion. Heterogeneity analysis shows that the company's technological dependence, R&D investment, external support, asset, and organizational slack are important factors that affect the positive effect of digitalization on international expansion. This study broadens the new ideas for research on international expansion strategies of firms under the context of digital globalization, providing important references for Chinese manufacturing enterprises to reshape their international competitive advantages in the new era through digital transformation.

Key words：Digitalization; International expansion; New OLI advantages

专业主编：陈立敏

珞珈 管理评论
2023 年卷第 5 辑（总第 50 辑）

Luojia Management Review
No. 5，2023（Sum. 50）

突破"卡脖子"技术：技术重组与跨界搜索对企业关键核心技术创新的影响[*]

● 龚　红[1,2,3]　常梦月[1]　董　姗[1]

（1　武汉大学经济与管理学院　武汉　430072；2　武汉大学战略性新兴产业研究中心　武汉　430072；
3　武汉大学中国产学研合作问题研究中心　武汉　430072）

【摘　要】在新一轮科技革命与全球经济新常态的百年未有之大变局下，我国企业正面临着由贸易之争转变为科技实力之争所带来的"卡脖子"技术困境。本研究以半导体芯片产业企业专利为研究样本，实证分析了技术重组与跨界搜索对企业关键核心技术创新的影响，以期助力突破"卡脖子"技术。研究发现：企业重组企业开发的技术有利于关键核心技术创新，但重组高校和科研院所开发的技术未能促进企业关键核心技术创新，说明企业吸收高校和科研院所知识的能力仍然较弱。进一步研究发现，跨界搜索在重组企业开发技术与关键核心技术创新之间起到了锦上添花的"助力效应"，但是在重组高校开发技术与关键核心技术创新之间起到了"放大效应"，即跨界搜索放大了高校开发技术的阻碍作用。本文结果表明，不同创新主体开发的技术对企业关键核心技术创新产生了截然不同的作用效果，对如何实现创新链良性耦合提供了微观证据，为后续"卡脖子"关键核心技术攻克提供了经验支持。

【关键词】"卡脖子"技术　技术重组　跨界搜索　关键核心技术创新

中图分类号：F270.3　　　文献标识码：A

1. 引言

当前，随着全球化竞争和国家间科技摩擦的加剧，如何尽快突破"卡脖子"技术、走出受制于人的困境已迫在眉睫。对此，习近平总书记指出，要"矢志不移自主创新，增强自主创新能力"。自主

---

[*]　基金项目：国家社会科学基金项目"'卡脖子'技术倒逼我国核心技术创新链优化的机制与对策研究"（项目批准号：21BGL266）。

通讯作者：龚红，E-mail：gonghong009@163.com。

创新主要有两种形式，一种是实现从 0 到 1 突破的最根本的创新，即原始创新，其具有首创性、突破性、带动性；另一种是基于已有技术进行重组改造，实现对现有技术的有效集成，进行消化吸收再创新，即集成创新或重组创新。在攻克"卡脖子"技术的时候，人们优先想到的是原始创新，而实现原始创新所需投入大、周期长，短时间内实现突破非常困难。事实上，我国有大量专利处于"沉睡"状态，例如我国高校专利授权量从 2000 年的 1548 件增加到了 2021 年的 268450 件，增长 170 余倍，而专利年均转化率却仅为 5.7%（教育部《高等学校科技统计资料汇编》），绝大部分专利处于"沉睡"状态。充分用好现有创新资源库，挖掘其潜在使用价值，是突破关键核心技术"卡脖子"的关键路径之一。

尽管关键核心技术的突破面临巨大困难，但在半导体芯片制造领域，也不乏重组现有技术并实现创新突破的案例。如上海华虹宏力半导体制造有限公司的"在半导体基底上同时生长单晶和多晶的方法"（CN103456608B），该发明专利对格芯公司等企业的创新成果进行技术重组，最终实现了芯片光刻刻蚀工艺的突破。再如深圳海思半导体有限公司的"一种芯片的同步方法及相关装置"（CN112817368A），该发明专利通过借鉴西门子、英特尔等公司的芯片技术，实现了多个芯片同步工作，弥补了我国微纳米芯片的短板。因此，企业积极搜索和重组现有知识和专利技术，实现"1+1＞2"的技术上突破，不仅在现实上更具可操作性，而且能为攻克"卡脖子"技术提供参考途径。

实现高质量关键核心技术创新对我国在半导体芯片领域的技术突破具有至关重要的意义，而国内关于芯片领域核心技术创新的相关文献仍较少。首先，当前国内研究主要从定性的角度为关键核心技术创新提供思路，而对关键核心技术创新的实证研究尚有不足。其次，目前对关键核心技术的识别和测度主要有专家经验法、单一指标识别法、指标体系法（罗立国和林文广，2018）。其中专家经验法依赖专家个人的经验智慧，具有较高主观性；单一指标识别法仅采用专利的某个指标（如专利前向引用次数）识别核心专利，这种方法过于片面而缺乏说服力；指标体系法克服了单一指标识别法的缺陷，能更客观准确地衡量一项专利的核心性。然而，现有研究多仅从专利技术视角对关键核心技术进行识别和测度，而忽视了企业主动搜索和重组现有技术的行为对其关键核心技术创新的影响差异。因此，在当前我国半导体芯片行业的关键核心技术亟待突破的情景下，本文以企业半导体基础元器件专利作为研究对象，综合使用熵值法和指标体系法对关键核心技术进行测度，具有现实意义。

重组外部技术是企业探索资源的重要驱动力，重组现有知识和技术对创新具有重要意义（Katila and Ahuja，2002；Savino et al.，2017）。知识基础理论认为，企业通过不断搜索知识要素，对现有知识和资源的良性组合与合理利用实现"重组创新"（陈静等，2021）。此外，在重组过程中，跨界搜索对创新绩效有显著促进作用（Rosenkopfand Nerkar，2001；Katila and Ahuja，2002）。企业获取外部知识是开发独特的资源和能力的重要途径，从而为企业创新提供基础。当技术复杂或具有异质性时，跨界搜索并不能在其中发挥有效作用，而在知识专业化和对现有技术具有路径依赖的背景下，跨界搜索成为企业在动态竞争环境下保持竞争优势的关键（Hawkins and Rezazade，2012）。专业化和路径依赖加速了知识边界的产生，阻碍了不同知识背景的融合，因此企业的外部关键资源的跨界搜索和创造性组合，为企业提供了异质性知识，更新现有知识库并弥补内部知识的不足，有利于企业把握外部市场变化，实现与外部环境的动态匹配，从而为其技术突破提供新思路（Wilhelm and Dolfsma，2018）。

关于技术搜索和重组对创新的影响研究，现有文献更多关注知识重组或技术重组与创新产出或绩效之间的相关关系，且研究结论存在较大差异。核心技术的创新需要同时深入到更窄的领域和以更广泛的视角对技术进行搜索和挖掘，此时企业的知识搜索和重组对关键核心技术创新究竟是何种作用机制尚待深入研究。其次，现有文献从知识基础特性(王泓略等，2020)、新旧程度(刘瑞明等，2021)、重组轨迹(罗蕾等，2020)等探讨重组技术在创新中的作用，而鲜有探讨重组不同创新主体开发的技术对企业核心技术创新的影响差异。事实上，企业搜索到的外部技术来自不同主体的创新成果，比如高校、科研院所、企业及不同主体间的合作，而不同主体的知识基础和研发侧重点不同，因此有必要探讨企业重组技术对其关键核心技术创新的影响差异。

创新主体是技术的重要来源，本文选择了不同的创新主体开发的专利技术作为研究对象。首先，大学、科研院所和企业都是技术开发过程的重要参与主体，是产学研合作的主力军。其次，大学和科研院所的专利在一定程度上表现了技术的异质性，因为大学和科研院所侧重于纯理论知识，反映了对基础研究的关注，而企业往往更关注经济绩效，其开发的技术更重视应用研究，联合研发则关注具体技术问题的解决和突破。因此，企业重组不同来源的技术对其关键核心技术创新的影响可能也存在差异。基于以上问题，本文立足于关键核心技术受制于人的半导体芯片制造产业，将被"卡脖子"的芯片领域的企业专利作为切入点，分析了企业重组来自不同知识主体的技术对关键核心技术突破的直接影响，并检验了企业跨界搜索行为的调节作用，旨在为实现关键核心技术创新生态系统的各个微观主体良性耦合，促进创新链和产业链精准对接，进而攻克"卡脖子"技术提供参考。

2. 理论基础与研究假设

2.1 "卡脖子"技术与关键核心技术

近些年来我国科技发展取得了举世瞩目的成就，但某些领域核心技术受制于人的局面还未从根本上改变，特别是在许多技术革命频发的基础性行业，核心技术仍然严重依赖外国(柳卸林和何郁冰，2011)，一些涉及国家经济安全与价值链关键地位的核心技术被发达国家列入对我国限制出口的清单，成为制约我国产业转型升级、迈向高质量发展的"卡脖子"技术。"卡脖子"技术与一般核心技术不同，其具有战略性，关系到整个产业链的安全以及国家科技安全与民生社会稳定。关键核心技术是指在一个系统、产业链或技术领域中起重要作用且不可或缺的技术，可以是技术点，可以是对某个领域起到至关重要作用的知识，其难度大、水平高，对整个产业链起着关键作用(陈劲等，2020)。也有学者提出，"卡脖子"技术的关键性不仅体现在技术层面，更集中表现在市场层面，特别是基于"高精特尖"技术产品的国际市场竞争。随着国际科技创新竞争日趋激烈，掌握了行业关键核心技术的跨国企业为获取超额利润，不仅会依靠其先发优势抢占市场，成为行业内"赢者通吃"的寡头垄断，还会对产生竞争威胁的他国技术和产品进行多方位打压，卡住他国高科技产品市场应用空间的"脖子"，进而使他国产业链在嵌入全球价值链的过程中面临断链风险(韩凤芹等，2021)。

关于"卡脖子"技术与关键核心技术的区分，中国科学院院长白春礼院士认为"卡脖子"技术依据攻克时期长短可以划分为两类：已经被限制亟待在较短时期内攻克的关键核心技术和关系未来发展需要长远布局的关键核心技术（张治河和苗欣苑，2020）。夏清华等（2020）基于研发活动对"卡脖子"技术归类，得出"卡脖子"技术既有归于基础研究也有归于应用研究，在基础科学主要集中于物理学和化学，而在应用研究主要集中于材料科学、机械工程和电子、通信与自动控制技术。汤志伟等（2021）从技术层面和经济层面对二者关系进行区分，认为在技术层面二者相同，在社会经济层面，"卡脖子"技术更具垄断性和威胁性。关于"卡脖子"技术和关键核心技术的识别研究，多集中于构建识别"卡脖子"技术的模型或知识框架。学者以芯片光刻技术为例构建了关键核心技术产学研协同创新机理系统框架（张贝贝等，2022）；利用专利引证数据构建引文网络，并通过局部向前搜索、局部向后搜索和关键路径三种不同的路径分析方法描述光刻技术知识扩散路径，对"卡脖子"光刻技术进行了实证研究（杨武等，2022）。

2.2 技术重组与关键核心技术创新

随着社会分工的细化以及日益增加的技术复杂性和跨学科性，创新活动所需资源变得日益复杂。特别是在我国迫切需要攻克"卡脖子"技术难题的情境下，单个主体往往面临"无米之炊"——创新知识和资源不足的窘境。因此，仅依赖自身知识库资源开展创新活动已不再是创新主体获取技术的必然首选途径，引入外部知识网络，对先前已存在知识或技术重组以寻求关键核心技术突破才是制胜法门（Dong and Yang，2019）。一方面，跨领域的技术重组是至关重要的，即企业需要对不同领域的外部技术知识进行广泛搜索，并不断进行重组以打破资源壁垒，实现技术和产品上的创新突破，为企业创造经济价值。另一方面，企业只有对某一个细分领域进行精深搜索和重组，才能将已有技术与新技术进行有效融合，最终找到突破性创新的机会（Kaplan and Vakili，2015）。

现有理论与学者研究均表明技术重组可能对关键核心技术创新具有重要作用。知识基础观认为，创新是企业不断搜索和重新组合知识要素的过程，通过对现有知识重新组合并利用，为企业带来技术产出从而实现技术创新（王泓略等，2020；罗蕾等，2020）。在研发创新的过程中，不同创新主体间的知识异质性特征会对技术创新突破产生影响（Schulze and Brojerdi，2012）。在核心技术突破的过程中，高校和科研院所、企业都是重要的参与主体，企业重组这些创新主体的技术对其关键核心技术创新突破可能具有重要的作用。鉴于此，本文根据不同组织背景的研发驱动因素的差异，将技术开发主体分为三大类：来自高校和科研院所开发的技术、来自企业开发的技术、联合研发技术，并探究其对企业关键核心技术创新的影响差异。

2.2.1 重组高校和科研院所开发的技术与关键核心技术创新

高校和科研院所都是新的科学技术知识的重要贡献者，其研究通常受"思想的火花"驱动，侧重于基础研究而非商业利益，与企业开发的技术相比具有较高的异质性和根本性。现有文献表明，异质性知识可以消除企业独自创新的核心刚性和思维瓶颈。由于来自大学和科研院所的知识、技术相较企业具有较高异质性，重组这类技术有助于企业打破独自创新的路径依赖（刘斐然等，2020），弥补内部技术资源缺陷（王泓略等，2020），从而提高其研发能力和技术创新效率，并将这些创新性成果转化为更具商业价值的技术(Jung,2020),进而开发新市场和开展更复杂的创新。大学和科研院所开发的技术往往关注于根本性和突破性的技术进步,这些技术往往更接近技术发展轨道的起源(Harrigan et al.,2017)。将高校和科研院所开发的技术作为技术创新的一种重要渠道融合到研发中,可以帮助企业理解技术起源并减少技术开发过程中的不确定性,在后续的技术开发中能够有效指导并推动实现技术创新突破。因此本文认为,重组高校和科研院所开发的技术可能有利于关键核心技术突破。

另一方面,企业更受市场需求驱动,而高校和科研院所开发的技术成果往往不直接适用于商用,专利的商业化是企业获取核心技术的关键(Nevens,1990)。根据前述高等学校科技统计资料,我国高校专利申请呈爆发式增长趋势,而专利的年均转化率却仅为 5.7%,说明大量专利存在质量跛脚的问题,因而并未有效促进后续技术重组创新。首先,关键核心技术"卡脖子"的突破不仅涉及技术创新问题,还包括市场创新(贺远琼等,2022)。由于技术层面的因素,在走向市场的过程中,大量高校和科研院所的专利与企业的研发重点背离而难以体现其市场价值。高校或科研院所的专利往往来源于科研项目,专利本身的转化动机不强,大多数专利商用化的成熟度不高,研究成果难以满足企业技术转化需求,加之高校和科研院所与社会上的企业存在一定距离,其研究成果往往缺乏转化的配套资金,因而很难得到市场的青睐和应用(李良成和魏双双,2016)。其次,在知识结构的层面上,高校和科研院所的研究理论与知识开发相较企业具有较高的知识异质性,这可能引发企业内部研发人员认知冲突,当企业吸收能力不足时还会增加知识交易的管理成本,削弱企业的创新效率,不利于企业开展突破性技术创新(吴言波等,2019)。最后,在创新绩效层面上,动态竞争的环境中企业若想保持持续的竞争优势,创新效率是企业塑造核心竞争力的关键。特别是在快速变化的高科技领域,企业迫于同行竞争者的快速反应和技术创新压力,为避免创新滞后而造成的竞争落后,可能会更加关注技术创新带来的短期财务绩效(王旭和褚旭,2021)。在有限资源的约束和从 0 到 1 突破性创新困难的条件下,重组高校和科研院所开发的技术可能需要漫长的周期以及大量的资源进行吸收、改进,无法在短期得到突破,最终陷入技术重组与财务绩效压力的矛盾之中,从而不利于企业的关键核心技术创新。综上所述,本文提出如下竞争性假设:

H1a:在实现从 0 到 1 突破性创新困难的情况下,重组高校和科研院所开发的技术有助于企业的关键核心技术创新。

H1b:在实现从 0 到 1 突破性创新困难的情况下,重组高校和科研院所开发的技术阻碍了企业的关键核心技术创新。

2.2.2 重组企业开发的技术与关键核心技术创新

现有文献指出企业间资源有效整合可以提高企业的创新效率从而开展突破性创新活动。首先,就企业技术创新驱动因素及其绩效而言,企业越来越与上下游企业甚至竞争企业进行紧密协作和资源整合,实现企业间的组合创新(Yan et al.,2020)。虽然企业技术之间存在较高的相关性,但这不意味着企业的技术是多余的,与高校和科研院所开发的技术相比,企业因知识相似性对企业双方技术有更深刻的理解,有利于其从事各种各样的探索性活动,或开发新兴的和开创性的技术(Yan et al.,2020)。其次,企业开发技术是一种有助于公司重组非冗余知识的战略。由于重组外界知识需要很大的搜索成本(Ahuja and Lampert，2001)，而企业之间的技术领域重叠可以提高公司从竞争对手那里识别非冗余知识的能力并降低搜索技术产生的成本，因而更有可能使企业研发出突破性的技术(Yan et al.，2020)。再次，企业开发的技术具有较高技术成熟度，重组企业开发的技术有利于企业实现研发与商业化的耦合和交互迭代，有利于企业提升其技术能力，更高效地吸收、整合该技术领域的知识和架构，从而攻克技术瓶颈并实现技术与市场精准对接，最终实现关键核心技术创新(谭劲松等，2022)。同时，关键核心技术的突破需要对技术的深入了解，也只有通过对该技术细分领域的精深搜索和重组，才能将已有技术与新技术进行有效融合，最终找到突破性创新的机会(Kaplan and Vakili，2015)。因此，基于企业的技术相似性、非冗余知识战略以及技术成熟度，我们认为重组企业开发的技术可能有利于关键核心技术创新和突破。

另一方面，现有研究也表明重组企业开发的技术不利于技术创新和突破。首先，企业在研发时往往对现有的知识池和现有技术进行操纵或改进，并倾向于在预定的技术框架范围内重组这些技术(Henderson and Clark，1990)。因此，企业往往集中在数量有限的领域和现有的技术轨迹中开展技术研发工作。虽然企业现有知识储量以及企业间合作对后续产出具有至关重要的影响，但对现有知识轨道的路径依赖可能会阻碍企业进行新的学习。由于专利价值呈现高度偏态分布，这可能导致技术重组方式用尽，从而抑制了企业技术创新(Ahuja and Lampert，2001)。其次，与高校和科研院所追求科学研究不同，企业开发的技术往往响应市场需求，其开发的创新型产品更关注经济价值或财务回报最大化(Jung，2020)。同时，企业为了保持竞争力往往不会将核心技术流向市场，因此，本文认为重组企业开发的技术也可能不利于关键核心技术创新和突破。综上所述，提出如下竞争性假设：

H2a：在实现从 0 到 1 突破性创新困难的情况下，重组企业开发的技术有助于企业的关键核心技术创新。

H2b：在实现从 0 到 1 突破性创新困难的情况下，重组企业开发的技术阻碍了企业的关键核心技术创新。

2.2.3　重组联合研发技术与关键核心技术创新

联合研发是企业、大学和科研院所等主体基于特定目的而进行的合作创新活动。通过协作，创新主体可以有效获取外部知识，扩大自身知识库并创造经济价值。首先，协作研发可以为企业提供更多的外部知识获取渠道，帮助企业通过内外部知识的高效整合促进新产品开发(Belderbos et al.，2018)。其次，企业通过引进并充分吸收联合研发的技术，可以弥补自主创新资源的不足，提升知识组合的效率，降低再匹配成本，进而助力企业研发出关键核心技术(王泓略等，2020)。由于"卡脖子"关键核心技术涉及多个领域，既有基础研究也有应用研究范畴(夏清华和乐毅，2020)，其依赖性大，需要构建上、中、下游研发伙伴协同合作的产业生态体系，而联合研发的技术具有综合性特点，企业在进行关键核心技术攻关时，重组此类技术更有利于激发研发人员的思想火花，帮助研发团队打通知识流动和多元互补的渠道，从而开发出更具综合性和突破性的技术。

另一方面，重组联合研发技术也可能对企业关键核心技术创新产生消极影响。首先，联合研发存在隐性协作成本。有学者指出联合研发中存在巨大的协作伙伴识别与沟通成本(刘斐然等，2020)，由于联合研发主体来自不同组织甚至不同行业，主体间存在较高异质性，若要产生高质量创新成果需要付出更多时间和持续的创新配合，这限制了联合研发的创新效率和创新绩效，重组这类技术成果可能无法有效促进企业内部新的知识产生（Grigoriou and Rothaermel，2017；王泓略等，2020）。其次，联合研发技术往往产生新的知识组合。尽管关键核心技术可能涉及多个知识领域，其突破往往需要深入更窄的领域进行挖掘和重组（Kaplan and Vakili，2015），而联合研发产生的新的知识组合涉及更为复杂的知识关系，这些知识元素对企业而言是陌生的，在重组联合研发技术时面临更大的学习难度，因此企业可能无法快速吸收多样化和复杂化的知识元素，无形中增加了技术重组的隐形成本，从而不利于开展关键核心技术研发。综上所述，提出如下竞争性假设：

H3a：在实现从 0 到 1 突破性创新困难的情况下，重组联合研发的技术有助于企业关键核心技术创新。

H3b：在实现从 0 到 1 突破性创新困难的情况下，重组联合研发的技术不利于企业关键核心技术创新。

2.3 跨界搜索的调节作用

在创新过程中，知识的搜索和获取对组织具有至关重要的战略价值，并影响其对这些知识的吸收和利用，因此企业通过不断搜索和重新组合现有知识来实现技术突破（Savino et al.，2017）。现有文献指出，组织的搜索活动可以基于现有专长或知识基础进行本地搜索，也可以跨越组织边界和知识基础进行跨界搜索（Jung，2020）。跨界搜索是指企业跨越现有组织边界从外部其他主体获取异质性知识资源的行为，主要来自组织、市场和技术这三个维度（Antons and Piller，2015），由于本文研究企业重组不同来源和知识特征的技术，故将范围缩小到技术边界来考察企业重组外部技术对关键核心技术创新的影响。跨技术边界搜索是指超越组织边界和认知基础，搜索与技术、生产工艺和方法等有关的新知识（Rosenkopf and Nerkar，2001）。企业通过跨越原有的技术边界，从外部获取大量互补性知识，与现有知识库形成互补，使企业摆脱原有的技术依赖陷阱，帮助企业在技术上实现突破和开发出全新的产品（Rosenkopf and Nerkar，2001；Katila and Ahuja，2002）。

本文考察了跨技术边界搜索对重组不同知识主体开发的技术与关键核心技术创新之间关系的影响。首先，企业开发的技术具有较高技术相关性和重叠性，而跨界搜索可使企业超越原有技术边界获得新重组。现有文献实证表明，技术知识跨界搜索促进了企业间的技术交换，从而增加了企业对内外部技术重组的可能性（Katila and Ahuja，2002）。即企业在熟悉的领域进行技术重组时，从外部技术领域吸收跨界知识对其技术开发起到良好的"互补"作用（Grigoriou and Rothaermel，2017），拓展了企业的技术来源，增加了企业具有更多技术组合的可能性，有利于打破企业原有的技术轨迹和核心刚性（Rosenkopf and Nerkar，2001；Jung，2020），因而更有可能实现关键核心技术突破。

其次，由于关键核心技术创新需要深入更窄的领域进行挖掘和重组（Kaplan and Vakili，2015），面临异质性和多样性的知识时，跨界搜索可能增加技术重组的不确定性风险。一方面，高校和科研院所开发的技术往往基于基础研究，但这些技术转化为商用的渠道并不通畅（夏清华和乐毅，2020），因而与企业的技术相比具有异质性。而跨界搜索增加了知识组合的复杂程度，企业在短期面对较大的学习难度，降低了技术创新效率（王泓略等，2020），从而使技术重组对关键核心技术创新具有负面作用。另一方面，尽管协作研发技术本身具有扩大知识库的效用，但联合研发技术基于多个研发主体，同时也意味着更多样和复杂的知识组合，企业的跨界搜索增加了其中的认知冲突风险，这无异于提高了知识管理和搜索成本(王泓略等，2020)，由于企业只具有有限的吸收能力，复杂的知识元素组合可能使企业难以吸收转化并与自身技术良性耦合，从而不利于企业进行关键核心技术创新。综上所述，本文提出假设：

H4a：企业跨界搜索负向调节重组大学和科研院所开发的技术与关键核心技术创新的关系。

H4b：企业跨界搜索正向调节重组企业开发的技术与关键核心技术创新的关系。

H4c：企业跨界搜索负向调节重组联合研发技术与关键核心技术创新的关系。

3. 研究设计

3.1 样本选取与数据收集

首先，在中美贸易战中，美国对我国某些行业实行技术封锁，例如华为、中兴等企业遭遇芯片制造困境，"缺芯"问题凸显，从而陷入"卡脖子"的困境，因此研究芯片行业的关键核心技术创新具有代表性及解决现实问题的典型性。其次，芯片领域的技术封锁多集中在电子信息产业上游技术(汤志伟等，2021)，这一方面反映出我国自主创新能力不足，另一方面也反映出电子信息产业的"卡脖子"技术关乎国家经济安全，在产品价值链中具有关键地位。同时，高质量专利是衡量企业能否实现"卡脖子"技术突破后经济效益最大化的最直接手段(杨武等，2022)，积极搜索高质量技术专利，不断迭代完善现有技术，对企业实现关键核心技术创新具有战略意义。因此，本文以产业链上游的基础元器件中的半导体芯片制造产业申请的专利为主要研究样本。

第一步搜集样本专利。首先，根据基础元器件的国际专利类别，选取了 IPC 分类号为 H01L 的专利数据；其次，由于在专利创新中，发明的创新性最高，在进行数据清洗时，筛选出专利类型为发明或授权发明的专利；再次，由于本文的研究对象是企业，剔除了法律状态为驳回和失效的专利，并筛选出当前申请人仅为企业的专利。

第二步搜集样本专利的后向引用专利。首先通过 Python 整理出每条样本专利的引用专利的公开号；随后将这些专利在专利数据库中进行检索，并根据当前专利申请人信息手动整理其发明人主体类别，根据专利分类号归纳出其所属技术领域；最后再利用 Python 计算出本文的相关变量指标。经过上述数据清洗和计算最终共得到 2003—2020 年企业申请的 5388 条有效发明样本专利以及 20979 条样本专利的后向引用专利，其中专利数据来自国家知识产权局专利数据库、智慧芽和佰腾网专利数据库。

3.2 变量选取及其测度

3.2.1 被解释变量

关键核心技术(KCT)，参考 Noh 等(2016)构建的技术核心特征测度模型，结合本文的数据特征，共选取了反映核心技术特征的 7 个专利指标建立核心特征指数。指标上，选取了科学关联度、技术累积度、权利要求数量、前向引证数量、专利合作范围、同族专利数量、同族专利被引证数量共 7 个指标。在方法上，运用熵值法对指标模型中的各指标进行赋权，通过合成指数法构建核心专利特征指数，参考现有文献基于指标得分排名百分比选取核心专利的方法（杨武和王爽，2021），本文筛选出排名前 5% 的专利设定为"关键核心技术"（KCT），并编码为 1，其他则编码为 0。其中，在计算指标比重时发现部分指标值为 0，所以在每一项比值后面均加 0.001 进行非负平移，避免后续取对数时出现无效数据。具体测度方法如下：

第一步：根据专利 7 个指标，构建一个 5388×7 的数据矩阵 M：

第二步：计算第 i 条专利的第 j 个指标的比重：

$$P_{ij} = \frac{X_{ij}}{\sum\limits_{i=1}^{5388} X_{ij}} + 0.001$$

第三步：根据每个指标的比重计算其熵值：

$$E_j = -k \sum_{i=1}^{5388} (P_{ij}) \times \ln(P_{ij}), \text{ 其中 } k = \frac{1}{\ln 5388}$$

第四步：根据熵值计算每个指标的权重：

$$W_j = \frac{1 - E_j}{\sum\limits_{j=1}^{7} (1 - E_j)}$$

第五步：根据合成指数法，计算出每条专利的核心特征指数：$CCI_i = \sum\limits_{j=1}^{7} (X_{ij} \times W_{ij})$

最后，将排名前 5% 的专利设定为关键核心技术（KCT）并编码为 1，其他则编码为 0。

根据上述测度方法，各指标含义以及熵值法所测度的指标权重如表 1 所示：

表 1　　　　　　　　　　　　　　**核心技术特征指数及指标权重**

测度指标	专利指标	指 标 解 释	权重
核心技术特征指数（KCI）	科学关联度	科学关联度指非专利文献引用数量，反映了专利的科研创新基础	0.71%
	技术累积度	技术积累度代表专利的后向引证数量	26.89%
	权利要求数量	权利要求数量反映专利内含的科研成果和保护范围	17.28%
	前向引证数量	前向引证数量代表了专利对后续创新的影响	14.27%
	专利合作范围	专利合作范围越广，突破现有技术壁垒的可能性越大	14.46%
	同族专利数量	同族专利数量体现了专利的市场扩散程度	16.70%
	同族专利被引证数量	同族专利被引证数量反映了专利家族的技术发散强度	9.69%

3.2.2 解释变量

重组技术（RT），本文借鉴 Ahuja 等（2001）的方法，使用专利的后向引用类别及其比例来衡量企业的重组行为。由于高校与科研院所在文献资源与科研氛围上存在差异，为了更精确展示变量相关性的影响，本文将大学与科研院所单独列示。本文在研究设计中将后向引用主体分为四类：（1）高校；（2）科研院所；（3）企业；（4）联合研发。在变量具体测度上，本文采取比例法对企业重组行为进行测度，即用每一个专利后向引用中来自研发主体 n 的数量占该专利的后向引用专利总数的比重测量"重组研发主体 n 开发的技术"。

3.2.3 调节变量

跨界搜索（CTS），基于知识类型边界划分，跨界搜索往往被分为技术知识跨界搜索与市场知识跨界搜索，本文从技术领域探讨企业的跨界搜索行为。专利的国际专利分类号（IPC）定义了该专利所属的技术领域，因此，为了检验跨界搜索对企业重组外部技术与关键核心技术创新之间关系的影响，本文将样本专利的后向引用是否属于电气基本元器件定义为企业在技术创新过程中是否进行了跨界搜索。参考现有研究（Kim et al.，2013），具体测量方法是根据企业搜索专利的 IPC 分类号，使用不包含 H01L 的专利与搜索专利总数的比值测量"跨界搜索"。

3.2.4 控制变量

为了控制企业重组现有技术的整体趋势，本文控制了样本专利后向引用专利的主体类型数量（variety）；由于科学研究成果有一部分来自出版物，如非专利文献，专利技术会引用这些非专利文献，本文使用样本专利后向引用的非专利文献的数量（nonpatent）来控制基础科学与技术创新之间的关联程度（杨武和王爽，2021）；考虑专利技术复杂度的影响，本文使用样本专利的发明人数（inventors）和样本专利与高校或科研院所合作研发（research_co）来控制技术创新资源的复杂程度（Jung，2020）；由于外部技术可能对创新的影响，本文考虑了重组技术的来源国，将后向引用专利中若引用了非中国大陆专利（foreigntech）则编码为 1，否则编码为 0，并且控制了专利后向引用的外源专利国家数量（foreignnum）（冯锋等，2011）。

3.3 模型选择

由于本文的被解释变量关键核心技术（KCT）为虚拟变量，自变量用连续变量测量，故本文采取 Logit 回归模型检验企业技术重组和跨界搜索对关键核心技术创新的影响。本文模型如下：

$$KCT = \alpha_0 + \alpha_1 RT_n + \alpha_2 CTS + \alpha_3 CTS \times RT_n + \sum \alpha_i controls + \varepsilon_i$$

其中，RT_n 为重组创新主体 n 的技术，是本文的核心解释变量，n 分别表示大学、科研院所、企业、联合研发主体。CTS 为跨界搜索，是本文的调节变量，使用每条样本专利跨技术边界搜索的比例测量。ε_i 是随机扰动项。

4. 实证分析

4.1 描述性统计

表 2 提供了变量的描述性统计结果。样本专利技术重组主体类型数量的平均值为 1.48，这说明重组技术已成为企业开发活动的一个重要渠道，但是企业在搜索外部技术时，并不会跨越多个知识主体，这可能是企业考虑到了重组成本。其次，后向引用的主体中，描述性统计结果表明重组大学和科研院所开发的技术均值都较低，分别为 0.03 和 0.02，而重组企业开发的技术均值为 0.62。在控制变量中，控制了样本专利属于协作研发的类型，本文发现与大学或科研院所合作开发的样本专利平均值较低，为 0.011，这说明目前在关键核心技术尚待突破的半导体芯片制造行业的技术中产学研合作尚较弱，这可能是知识异质性导致的，即企业更愿意与自身技术相关性更高的技术主体协作来降低知识多元化造成的不确定性和风险。最后，样本专利重组技术来自国外主体研发的国家数量平均值接近 1，最大值为 5，这说明外源性技术在半导体行业中具有不可忽视的作用。

本文检验了各变量之间的线性关系（未展示），方差膨胀因子 VIF 系数介于 1.0 ~ 3.67，平均值为 1.90，这说明变量之间不存在严重的多重共线性问题，可纳入回归方程进行回归分析。

表 2   **主要变量的描述性统计**

变量	变量描述	观测值	平均值	标准差	最小值	最大值
被解释变量						
KCT	关键核心技术	5388	0.0501	0.2182	0	1
解释变量						
RT_univer	重组大学开发的专利	5388	0.0293	0.0994	0	1
RT_insti	重组科研院所开发的专利	5388	0.0221	0.0868	0	1
RT_corp	重组企业开发的专利	5388	0.6213	0.3627	0	1
RT_coop	重组联合研发的专利	5388	0.0064	0.0417	0	1
调节变量						
CTS	跨界搜索	5388	0.5011	0.5000	0	1
控制变量						
variety	技术重组类型数量	5388	1.4777	0.9588	0	5
nonpatent	非专利文献引用数量	5388	0.0549	0.3359	0	7
inventors	专利发明人数	5388	3.2467	1.9938	1	12
research_co	专利与大学或科研院所合作研发	5388	0.0113	0.1058	0	1
foreigntech	是否后向引用外源专利	5388	0.6988	0.4588	0	1
foreignnum	后向引用外源专利国家数量	5388	0.9646	0.8116	0	5

4.2 回归结果

4.2.1 技术重组对关键核心技术创新的影响

本文使用 Logit 回归检验重组不同知识主体开发的技术对企业关键核心技术创新的影响，回归结果见表3。第(1)列仅包含了控制变量；第(2)至(5)列依次分别纳入来自大学、科研院所、企业、联合研发的数据；第(6)列是纳入所有变量后的回归结果。图1反映了技术重组与关键核心技术创新之间的关系趋势，与基础回归结果一致。

第(2)列和第(3)列显示重组大学和科研院所开发的技术对关键核心技术的影响系数为负且显著（$r = -1.925$，$p < 0.05$；$r = -1.946$，$p < 0.05$），假设 H1b 得到验证，即重组高校和科研院所开发的技术未能促进企业的关键核心技术创新。同时，与大学或科研院所联合研发技术专利对关键核心技术为显著的负向作用（$p < 0.05$）。这说明目前我国在关键核心技术"卡脖子"领域，企业吸收高校和科研院所知识的能力较弱，未能形成良性耦合。

第(4)列显示重组企业开发的技术对关键核心技术的影响系数为正且显著（$r = 0.676$，$p < 0.01$），假设 H2a 得到验证，即重组企业开发的技术有助于关键核心技术创新。这可能是因为知识相似性对企业双方技术有更深刻的理解，从企业获得的知识转化率较高，有利于企业开展探索性的创新活动，最终实现核心技术突破。

第(5)列重组联合研发的技术对关键核心技术的影响并不显著，假设 H3 没有得到验证，这可能是因为相关技术领域联合研发技术的"挤出效应"使得团队的创新成果较低。一方面，合作研发具有成果导向性，往往针对某一具体问题开发技术，不具有普遍性，导致这些技术对关键核心技术突破的作用甚微。另一方面，联合研发人员之间面临复杂的知识组合关系，加上协作研发存在交易成本和合作惯性，使得联合研发的技术并非最优质技术，因此企业在重组这类技术时对其关键核心技术创新不能起到显著的指导作用。

表3　　　　　　　　　　**重组不同主体开发的技术对关键核心技术创新的直接影响**

	(1)	(2)	(3)	(4)	(5)	(6)
Independent variable						
RT_univer		-1.925**				-2.129**
		(0.816)				(0.873)
RT_insti			-1.946**			-2.375**
			(0.947)			(1.090)
RT_corp				0.676***		0.486*
				(0.245)		(0.258)
RT_coop					-0.621	-1.480
					(1.443)	(1.470)

续表

	(1)	(2)	(3)	(4)	(5)	(6)
Control variable						
variety	−0.0949	0.0144	−0.0169	−0.0575	−0.0875	0.164
	(0.0921)	(0.105)	(0.0995)	(0.0944)	(0.0947)	(0.125)
nonpatent	3.263***	3.363***	3.289***	3.301***	3.263***	3.443***
	(0.161)	(0.167)	(0.163)	(0.163)	(0.161)	(0.173)
inventors	−0.0984**	−0.0989**	−0.0962**	−0.0920**	−0.0982**	−0.0912**
	(0.0389)	(0.0393)	(0.0387)	(0.0387)	(0.0389)	(0.0390)
research_co	−1.729***	−1.734***	−1.615**	−1.797***	−1.737***	−1.656**
	(0.643)	(0.657)	(0.665)	(0.648)	(0.642)	(0.683)
foreigntech	0.0783	−0.0217	0.00276	−0.245	0.0746	−0.355
	(0.269)	(0.276)	(0.270)	(0.276)	(0.269)	(0.281)
foreignnum	0.358***	0.337***	0.343***	0.381***	0.356***	0.330***
	(0.121)	(0.122)	(0.122)	(0.122)	(0.122)	(0.123)
Constant	−3.474***	−3.501***	−3.496***	−3.787***	−3.478***	−3.775***
	(0.192)	(0.192)	(0.194)	(0.241)	(0.192)	(0.239)
N	5388	5388	5388	5388	5388	5388
Pseudo R^2	0.2665	0.2689	0.2680	0.2697	0.2665	0.2735

注:括号内为标准误,∗ 代表 $p<0.1$,∗∗ 代表 $p<0.05$,∗∗∗ 代表 $p<0.01$。下同。

此外,本文还发现发明人数与关键核心技术创新之间存在显著的负相关关系($p<0.05$),这是因为技术研发涉及的人员越多,管理维系成本越高,这在无形中降低技术重组的效率,不利于技术创新。此外,外源性技术对关键核心技术创新的影响显著为正($p<0.01$),说明我国的半导体芯片产业实现创新突破仍依赖国外技术。

4.2.2 跨界搜索的调节作用

本文检验了跨界搜索对重组不同主体技术与关键核心技术创新之间关系的调节作用,纳入调节变量后的回归结果见表 4。结果发现,跨技术边界搜索对关键核心技术创新的影响大体上正向显著,说明跨越知识边界有利于融合不同知识背景,弥补了现有资源的不足,从而促进了创新主体的技术突破。技术重组与跨界搜索对关键核心技术的影响趋势如图 2 所示,与回归结果保持一致。

表 4 的第(1)列显示,重组大学的技术对关键核心技术创新的影响,交互关系为负向显著($r=−2.537$,$p<0.1$);第(2)列的结果表明重组科研院所开发的技术,交互项为负向作用但是不显著,因此假设 H4a 基本得到验证。这是因为大学和科研院所开发的技术对企业而言具有较高异质性,企业具有较高的学习成本,重组其开发的技术不利于关键核心技术创新,而跨界搜索使知识元素变得更加复杂,因而"放大"了其不利影响,加剧了大学和科研院所开发的技术对关键核心技术创新的阻碍作用。

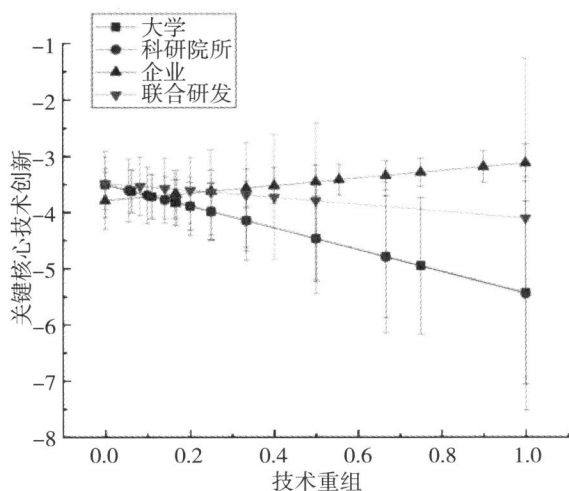

图 1 技术重组与关键核心技术创新关系

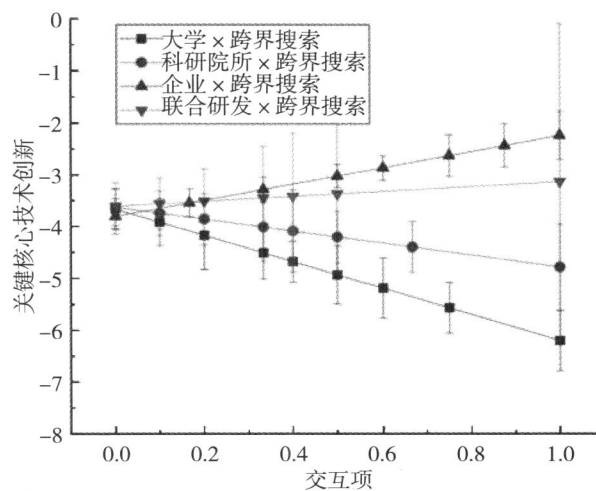

图 2 技术重组、跨界搜索与关键核心技术创新关系

第（3）列表明，重组企业开发的技术与跨界搜索的交互项正向显著（$r = 1.569$，$p < 0.05$），假设 H4b 得到支持。因为企业之间存在一定技术相关性，相较于高校和科研院所，企业更易理解企业开发的技术，重组企业开发的技术减少了不同知识主体间冲突，而跨界搜索有利于企业扩大现有知识库，在企业实现新知识领域和现有知识领域之间的良性耦合中起到了显著的推动作用，进而对关键核心技术突破起到"锦上添花"的作用。

第（4）列中，重组联合研发的技术与跨界搜索的交互项为正向但是不显著，假设 H4c 没有得到验证。这说明，在重组多主体研发的技术时进行跨领域技术的组合没有显著激发关键核心技术创新。尽管跨界搜索对关键核心技术创新有显著的促进作用，但由于联合研发存在的"挤出效应"——交易成本和合作惯性降低了团队的创新成果，联合研发技术对关键核心技术创新影响甚微。再加上研发人员的跨界搜索加剧了在不同技术领域间知识组合的复杂程度，这会削弱跨界搜索对关键核心技术创新的推动效果。

表 4　　　　　　　　　　**跨界搜索在技术重组与关键核心技术创新关系中的调节作用**

	（1）	（2）	（3）	（4）
Independent variable				
RT_univer	−0.212			
	(1.007)			
RT_insti		−1.152		
		(0.933)		
RT_corp			0.00656	
			(0.352)	
RT_coop				−0.990
				(4.032)

续表

	（1）	（2）	（3）	（4）
Moderator variable				
CTS	0.775 ***	0.707 ***	−0.560	0.711 ***
	(0.195)	(0.188)	(0.523)	(0.187)
RT_univer×CTS	−2.537 *			
	(1.347)			
RT_insti×CTS		−0.916		
		(1.691)		
RT_corp×CTS			1.569 **	
			(0.654)	
RT_coop×CTS				0.477
				(4.296)
Control variable				
variety	−0.100	−0.123	0.00249	−0.185
	(0.114)	(0.109)	(0.109)	(0.103)
nonpatent	3.417 ***	3.345 ***	3.398 ***	3.322 ***
	(0.168)	(0.165)	(0.167)	(0.163)
inventors	−0.0857 **	−0.0838 **	−0.0766 **	−0.0853 **
	(0.0396)	(0.0389)	(0.0390)	(0.0390)
research_co	−1.871 **	−1.656 *	−2.015 **	−1.695 **
	(0.684)	(0.699)	(0.687)	(0.700)
foreigntech	−0.180	−0.147	−0.254	−0.0940
	(0.277)	(0.270)	(0.285)	(0.271)
foreignnum	0.288 **	0.291 **	0.332 **	0.302 **
	(0.120)	(0.121)	(0.121)	(0.121)
Constant	−3.664 ***	−3.628 ***	−3.806 ***	−3.606 ***
	(0.207)	(0.205)	(0.240)	(0.200)
N	5388	5388	5388	5388
Pseudo R^2	0.2770	0.2750	0.2787	0.2739

4.3 稳健性检验

为了进一步检验实证结果的稳健性，本文通过重新计算被解释变量和更换实证模型进行稳健性分析。

稳健性检验 1 中，对被解释变量增加了样本专利年均被引用频次，以替换基础回归中同族专利被引用频次指标，并根据上述熵值法重新计算了核心技术，Logit 回归结果如表 5 所示。其中，第（1）列仅包含控制变量，第（2）至（5）列为重组不同知识主体的技术与关键核心技术创新之间关系的实证结果，第（6）至（9）列为纳入调节变量后的回归结果，可以发现与本文的主要结论保持一致。此外，在数据分析时我们发现样本专利核心指数得分较低，考虑到对关键核心技术编码的偏差，故在稳健性检验 2 中将专利的核心特征指数（KCI）作为被解释变量，并更换实证模型，采用 OLS 回归进行检验，回归结果如表 6 所示。总体上，稳健性检验结果没有改变上述回归结果。

表 5　　　　　　　　　　稳健性检验 1：替换关键核心技术测度指标

	（1）	（2）	（3）	（4）	（5）	（6）	（7）	（8）	（9）
Independent variable									
RT_univer		−1.376*				0.400			
		(0.783)				(0.948)			
RT_insti			−1.955**				−1.080		
			(0.884)				(0.870)		
RT_corp				0.880***				0.409	
				(0.276)				(0.357)	
RT_coop					0.153				−0.483
					(1.300)				(3.016)
Moderator variable									
CTS						0.466**	0.374**	−0.567	0.362**
						(0.181)	(0.172)	(0.487)	(0.172)
RT_univer×CTS						−3.069**			
						(1.296)			
RT_insti×CTS							−1.432		
							(1.666)		
RT_corp×CTS								1.167*	
								(0.609)	
RT_coop×CTS									0.867
									(3.246)
Control	Y	Y	Y	Y	Y	Y	Y	Y	Y
Constant	−3.965***	−3.987***	−3.993***	−4.459***	−3.964***	−4.116***	−4.073***	−4.427***	−4.031***
	(0.214)	(0.215)	(0.217)	(0.296)	(0.213)	(0.224)	(0.224)	(0.291)	(0.217)
N	5388	5388	5388	5388	5388	5388	5388	5388	5388
Pseudo R^2	0.2361	0.2376	0.2379	0.2407	0.2362	0.2419	0.2401	0.2442	0.2385

表6 稳健性检验2：更换实证模型

	(1)	(2)	(3)	(4)	(5)	(6)	(7)	(8)	(9)
Independent variable									
RT_univer		−0.046 ***				−0.007			
		(0.0124)				(0.0163)			
RT_insti			−0.037 ***				−0.021		
			(0.0138)				(0.0171)		
RT_corp				0.032 ***				0.018 ***	
				(0.0037)				(0.0046)	
RT_coop					0.022				0.056
					(0.0276)				(0.0436)
Moderator variable									
CTS						0.019 ***	0.017 ***	−0.018 **	0.018 ***
						(0.0027)	(0.0027)	(0.0076)	(0.0026)
RT_univer×CTS						−0.069 ***			
						(0.0223)			
RT_insti×CTS							−0.022		
							(0.0262)		
RT_corp×CTS								0.043 ***	
								(0.0095)	
RT_coop×CTS									−0.042
									(0.0547)
Control	Y	Y	Y	Y	Y	Y	Y	Y	Y
Constant	0.254 ***	0.253 ***	0.253 ***	0.243 ***	0.254 ***	0.250 ***	0.251 ***	0.243 ***	0.251 ***
	(0.0029)	(0.0029)	(0.0029)	(0.0031)	(0.0029)	(0.0029)	(0.0029)	(0.0031)	(0.0029)
N	5388	5388	5388	5388	5388	5388	5388	5388	5388
adj. R^2	0.421	0.422	0.422	0.429	0.421	0.428	0.426	0.435	0.426

5. 研究结论与讨论

5.1 结论

当前，创新已成为大国博弈的核心和经济发展的关键动能(龚红和彭玉瑶，2020)。长期以来，我国在高端芯片领域技术严重依赖进口，甚至成为制约我国发展的"瓶颈"，随着全球化竞争和科技摩擦加剧，我国已进入高端制造业关键核心技术突破的重要关口。面对发达国家对于我国高精尖前沿芯片技术的封锁，如何尽快突破"卡脖子"关键核心技术、走出受制于人的困境已迫在眉睫。由于在短期内实现从0到1的关键核心技术突破极为困难，而知识搜索和知识重组是创新的重要途径，将现有科学知识和技术融合以实现"1+1>2"的突破途径更具有现实意义。

本文的研究以知识基础理论为基础，企业所拥有的知识是维持其核心竞争力的战略性资源。知识来源有多种，不同创新主体的知识基础及其开发的技术各有不同，企业已无法在不断更新迭代的技术和快速变化的市场环境中"独善其身"，为了避免自身知识池枯竭，企业需要不断搜索挖掘外部知识甚至跨领域搜索技术为其创新注入新的血液，以寻求技术的突破。而关键核心技术的创新是当前半导体芯片行业生死攸关的重大问题，因此，本文以半导体芯片产业为研究样本，从专利技术层面明晰了企业重组来自不同创新主体开发的技术对企业关键核心技术创新的影响差异，并验证了跨界搜索在其中的调节效应，以期助力突破"卡脖子"关键核心技术。

本文的研究发现：(1)企业重组企业开发的技术有利于关键核心技术创新，但重组高校和科研院所开发的技术未能促进企业关键核心技术创新，企业吸收高校和科研院所知识的能力仍然较弱。进一步研究发现，跨界搜索在重组企业开发技术与关键核心技术创新之间起到了锦上添花的"助力效应"，但是在重组高校和科研院所开发技术与关键核心技术创新之间起到了"放大效应"，即跨界搜索放大了高校和科研院所开发技术的阻碍作用。(2)究其原因，可能是因为企业之间知识相似性对双方技术有更深刻的理解，有利于其从事各种各样的探索性活动，跨界搜索便有助于其尝试新兴的和开创性的技术，因此对关键核心技术突破有显著促进作用。而高校和科研院所的研究相对于企业具有较高的知识异质性，企业重组这类技术可能需要更漫长的周期进行吸收和改进，进行跨界搜索无异于会增加知识管理成本，削弱企业的创新效率，进而不利于关键核心技术的突破。(3)在半导体芯片制造领域，联合研发主体之间可能存在"貌合神离"的情形，其研发出的技术在创新性上并未达到"1+1>2"的效果，从而使重组联合研发的技术对关键核心技术创新的影响不显著，这可能是关键核心技术长期处于瓶颈难以突破的原因所在。

5.2 启示

(1)基础不牢，地动山摇。在技术层面上，"卡脖子"的根源在于基础研究薄弱，加强高校、科研院所和核心企业在芯片领域的基础研究任重道远。同时研究应以技术的应用作为牵引，从经济社会发展和国家安全面临的实际问题中提炼科学问题，加强对基础研究的投入，扎根关键核心技术的根技术和底层研究，弄通"卡脖子"技术的基础理论和技术原理。同时，当前我国大量的高校专利处于沉睡状态得不到有效利用，同时企业缺乏相关技术支持。虽然我国在不断探索各类新平台、新机制，仍缺乏专门针对"卡脖子"技术联合攻关的研究团队，因此，企业在重组使用高校或科研院所开发的技术时应当合理规划技术研究项目，避免不同知识主体间认知冲突的负面影响，以差异化精准满足研究团队中创新人员的个性化诉求(陈劲和朱子钦，2020)。

(2)在创新链层面上，创新离不开对外部知识和技术的搜索和利用，然而外部知识并非对技术创新具有绝对的促进作用，不同的知识来源对企业关键核心技术创新会产生截然不同的影响。企业作为技术应用的重要主体，在开发创新时应结合自身研发情况积极拓展搜索渠道，有的放矢地对外部现有知识或技术加以吸收，灵活运用现有创新成果，实现内外部知识有效整合，以此开展关键核心技术创新。同时，企业应当加强与高校或科研院所的联系，克服知识耦合"盲点"，实现知识有效互补，提高基础知识流向企业的效率，促进技术转化为其所用。此外，企业也应当积极发展与其他企业之间的合作关系，充分发挥企业家创新精神，在相同技术领域内共同向下深挖，实现关键核心技术的突破。通过创新生态系统成员之间的良性耦合，突破"卡脖子"技术。

5.3　不足与未来展望

本研究也存在不足。首先，在样本选择上，由于样本数量有限，且仅限于半导体芯片制造领域，单一产业可能限制了本文研究结论的普适性。其次，本文从技术层面开展实证研究，未来可从企业层面和跨行业开展进一步研究。最后，本文仅探讨了跨界搜索在技术重组与关键核心技术创新之间的作用，未来的研究可以考虑使用更广泛多样的数据，如市场层面和宏观政策层面进行差异化分析，并对重点企业开展调研，结合案例分析从而得出更具普遍性的结论。

◎ 参考文献

[1]陈劲，阳镇，朱子钦 . "十四五"时期"卡脖子"技术的破解：识别框架、战略转向与突破路径[J]. 改革，2020，33（12）.

[2]陈劲，朱子钦 . 关键核心技术"卡脖子"问题突破路径研究[J]. 创新科技，2020，20(7).

[3]陈静，曾德明，欧阳晓平 . 知识重组能力与高新技术企业绩效——冗余资源与创新开放度的调节效应分析[J]. 管理工程学报，2021，35(3).

[4]冯锋，马雷，张雷勇 . 外部技术来源视角下我国高技术产业创新绩效研究[J]. 中国科技论坛，2011，27(10).

[5]龚红，彭玉瑶 . 技术董事，CEO 开放性与企业创新可持续性——基于中国高科技上市公司的实证研究[J]. 珞珈管理评论，2020，33(2).

[6]韩凤芹，史卫，陈亚平 . 以大战略观统领关键核心技术攻关[J]. 宏观经济研究，2021 (3).

[7]李传超，杨蕙馨 . 技术轨道视角下中国全球创新价值链嵌入位置研究[J]. 江西财经大学学报，2021(4).

[8]李良成，魏双双 . 基于专利商业化困境的政策分析[J]. 科技管理研究，2016，36(19).

[9]刘斐然，胡立君，范小群 . 产学研合作对企业创新质量的影响研究[J]. 经济管理，2020，42(10).

[10]刘瑞明，金田林，葛晶，等 . 唤醒"沉睡"的科技成果：中国科技成果转化的困境与出路[J]. 西北大学学报(哲学社会科学版)，2021，51(4).

[11]柳卸林，何郁冰 . 基础研究是中国产业核心技术创新的源泉[J]. 中国软科学，2011 (4).

[12]罗蕾，刘凤朝，张淑慧．知识搜索节奏、知识重用轨迹与企业创新绩效[J]．科学学研究，2020，38(9)．

[13]罗立国，林文广．核心专利挖掘指标研究——以新能源汽车装置领域为例[J]．科技管理研究，2018，38(18)．

[14]贾根良，李家瑞．美国中小科技企业创新对我国的启示[J]．江西社会科学，2021，41(1)．

[15]宋立丰，区钰贤，王静等．基于重大科技工程的"卡脖子"技术突破机制研究[J]．科学学研究，2022，40(11)．

[16]汤志伟，李昱璇，张龙鹏．中美贸易摩擦背景下"卡脖子"技术识别方法与突破路径——以电子信息产业为例[J]．科技进步与对策，2021，38(1)．

[17]王泓略，曾德明，陈培帧．企业知识重组对技术创新绩效的影响：知识基础关系特征的调节作用[J]．南开管理评论，2020，23(1)．

[18]王旭，褚旭．制造业企业绿色技术创新的同群效应研究——基于多层次情境的参照作用[J]．南开管理评论，2022，25(2)．

[19]吴言波，邵云飞，殷俊杰．战略联盟知识异质性对焦点企业突破性创新的影响研究[J]．管理学报，2019，16(4)．

[20]夏清华，乐毅．"卡脖子"技术究竟属于基础研究还是应用研究？[J]．科技中国，2020(10)．

[21]杨武，陈培，David，G．光刻机产业技术扩散与技术动态演化——对"卡脖子"技术的启示[J]．中国科技论坛，2022(9)．

[22]杨武，王爽．特征分析视角下核心技术动态趋势识别——以光刻技术为例[J]．情报杂志，2021，40(12)．

[23]张贝贝，李存金，尹西明．关键核心技术产学研协同创新机理研究——以芯片光刻技术为例[J]．科技进步与对策，2023，40(1)．

[24]张琳，果春山，孙毅，贾敬敦．数字经济核心产业创新能力研究与评价[J]．科学管理研究，2022，40(5)．

[25]张蕴萍，董超，栾菁．数字经济推动经济高质量发展的作用机制研究——基于省级面板数据的证据[J]．济南大学学报(社会科学版)，2021(5)．

[26]张治河，苗欣苑．"卡脖子"关键核心技术的甄选机制研究[J]．陕西师范大学学报(哲学社会科学版)，2020，49(6)．

[27]Ahuja，G．，Lampert，C．M．Entrepreneurship in the large corporation：A longitudinal study of how established firms create breakthrough inventions[J]．Strategic Management Journal，2001，22(6)．

[28]Antons，D．，Piller，F．T．Opening the black box of "not invented here"：Attitudes，decision biases，and behavioral consequences[J]．Academy of Management Perspectives，2015，29(2)．

[29]Belderbos，R．，Gilsing，V．，Lokshin，B．，et al．The antecedents of new R&D collaborations with different partner types：On the dynamics of past R&D collaboration and innovative performance[J]．Long Range Planning，2018，51(2)．

［30］Dong, J. Q., Yang, C. H. Information technology and innovation outcomes: Is knowledge recombination the missing link? ［J］. European Journal of Information Systems, 2019, 28(6).

［31］Grigoriou, K., Rothaermel, F. T. Organizing for knowledge generation: internal knowledge networks and the contingent effect of external knowledge sourcing［J］. Strategic Management Journal, 2017, 38(2).

［32］Harrigan, K. R., Di Guardo, M. C., Marku, E., et al. Using a distance measure to operationalise patent originality［J］. Technology Analysis & Strategic Management, 2017, 29(9).

［33］Hawkins, M. A., Rezazade, M. H. Knowledge boundary spanning process: Synthesizing four spanning mechanisms［J］. Management Decision, 2012, 50(10).

［34］Henderson, R. M., Clark, K. B. Architectural innovation: The reconfiguration of existing product technologies and the failure of established firms［J］. Administrative Science Quarterly, 1990, 35(1).

［35］Jung, H. J. Recombination sources and breakthrough inventions: University-developed technology versus firm-developed technology［J］. Journal of Technology Transfer, 2020, 45(4).

［36］Kaplan, S., Vakili, K. The double-edged sword of recombination in breakthrough innovation［J］. Strategic Management Journal, 2015, 36(10).

［37］Katila, R., Ahuja, G. Something old, something new: A longitudinal study of search behavior and new product introduction［J］. Academy of Management Journal, 2002, 45(6).

［38］Kim, S. K., Arthurs, J. D., Sahaym, A., et al. Search behavior of the diversified firm: The impact of fit on innovation［J］. Strategic Management Journal, 2013, 34(8).

［39］Nevens, T. M. Commercializing technology: What the best companies do［J］. Planning Review, 1990, 18(6).

［40］Noh, H., Song, Y. K., Lee, S. Identifying emerging core technologies for the future: Case study of patents published by leading telecommunication organizations［J］. Telecommunications Policy, 2016, 40(10).

［41］Rosenkopf, L., Nerkar, A. Beyond local search: Boundary-spanning, exploration, and impact in the optical disk industry［J］. Strategic Management Journal, 2001, 22(4).

［42］Savino, T., Petruzzelli, A. M., Albino, V. Search and recombination process to innovate: A review of the empirical evidence and a research agenda［J］. International Journal of Management Reviews, 2017, 19(1).

［43］Schulze, A., Brojerdi, G. J. C. The effect of the distance between partners' knowledge components on collaborative innovation［J］. European Management Review, 2012, 9(2).

［44］Wilhelm, M., Dolfsma, W. Managing knowledge boundaries for open innovation: Lessons from the automotive industry［J］. International Journal of Operations & Production Management, 2018, 38(1).

［45］Yan, Y., Dong, J. Q., Faems, D. Not every coopetitor is the same: The impact of technological, market and geographical overlap with coopetitors on firms' breakthrough inventions［J］. Long Range Planning, 2020, 53(1).

Breaking through "Neck-jamming" Technology: The Impact of Technological Recombination and Boundary-spanning Search on KCT Innovation of Firms

Gong Hong[1,2,3]　Chang Mengyue[1]　Dong Shan[1]

(1 School of Economics and Management, Wuhan University, Wuhan, 430072;

2 Research Center of Strategic Emerging Industries, Wuhan University, Wuhan, 430072;

3 Research Center for China Industry-University-Research Institute Collaboration, Wuhan University, Wuhan, 430072)

Abstract: Under the unprecedented changes of new round of technological revolution and the new state of global economy, firms in China are facing "neck-jamming" technology dilemma brought by the transformation of the competition of trade into technology strength. Our study empirically analyzed the impact of technology recombination and boundary-spanning search on the KCT innovation of focal enterprises in order to promote the breakthrough of "neck-jamming" technology, taking the patents of semiconductor chip as the research sample. We found that recombining firm-developed technology has positive effect on KCT innovation, while recombining university- and institute- developed technology has opposite effect. Further results indicated that the boundary-spanning search played a "booster effect" between the firm-developed technology recombination and KCT innovation, but played a "magnifying effect" between the university-developed technology recombination and KCT innovation. The results showed that the technologies developed by different innovation entities have different effects on the KCT innovation, which provides micro evidence on how to achieve benign coupling of innovation chain as well as empirical support for the subsequent "neck-jamming" KCT breakthrough.

Key words: "Neck-jamming" technology; Technology recombination; Boundary-spanning search; Key core technological innovation

专业主编：陈立敏

珞珈 管理评论
2023 年卷第 5 辑（总第 50 辑）

Luojia Management Review
No. 5，2023（Sum. 50）

知识产权保护对企业数字化转型的影响和机制研究[*]

● 刘学元[1,2,3]　刘　琦[3]　宋格璇[3]

（1　武汉大学中国企业家研究中心　武汉　430072；

2　武汉大学中国产学研合作问题研究中心　武汉　430072；

3　武汉大学经济与管理学院　武汉　430072）

【摘　要】 加快建设"数字中国"、推动企业数字化转型是数字经济时代提出的发展要求。然而，当前我国制造企业面临经济体量大但发展不均衡的严峻挑战。本文以 2010—2020 年中国沪深 A 股上市制造企业为研究对象，探究知识产权保护对企业数字化转型的作用路径，并根据不同企业性质进行了一致性分析。结果表明，知识产权保护水平对数字化转型具有显著的促进作用，这种影响在激烈的市场竞争中将被放大；同时，知识产权保护还可以借助创新激励和信息优化两种渠道发挥作用；异质性分析的结果也表明知识产权保护的治理作用在非国有企业和成长型企业中更为显著。本文的研究结论可以为地方政府的政策制定以及企业的内部治理战略提供可行性的建议。

【关键词】 数字化转型　知识产权保护　市场竞争　创新激励　信息优化

中图分类号：F274　　　文献标识码：A

1. 引言

党的二十大报告指出，当前科技革命和产业变革深入发展。在此形势下，习近平总书记多次强调，加快数字中国建设，就是要适应我国发展新的历史方位，全面贯彻新发展理念，以信息化培育新动能，用新动能推动新发展，以新发展创造新辉煌。加快建设数字中国和网络强国，微观经济主体有必要拥抱政策支持，把握数字化转型的发展机会（杨德明和刘泳文，2018）。数字经济的发展产生了很多正向的"溢出效应"，已有研究证实了数字化发展对企业价值（杨德明等，2018；吴非等，

_____

* 基金项目：国家社会科学基金资助项目"新形势下我国制造企业创新发展的转型升级路径与对策研究"（项目批准号：20BGL104）。

通讯作者：刘学元，E-mail：x. liu@ whu. edu. cn。

2021a；曾皓，2022）、区域发展（韩先锋等，2019）、社会效益（周云波等，2023）等的积极作用。然而，当前我国企业整体数字转型指数得分较低，2021年平均分仅为54分，可见我国多数企业仍停留在数字化的初级或中级阶段（埃森哲《中国企业数字转型指数》）。尤其是制造业，作为我国经济体量最大的行业，当前我国制造业数字化转型程度普遍很低，且存在严重的发展不平衡。总的来说，当前我国数字化转型进程较缓慢的主要原因有以下两点：（1）从转型意愿的角度来看——不愿转，企业数字化转型是一个投资周期长、回报较慢的项目，这可能与管理层的私人收益相冲突，管理层可能对数字化转型抱有不情愿的态度；（2）从转型能力的角度来看——不会转，当前我国企业普遍面临数字基建不足问题，缺乏转型必要的生产要素（曾皓，2022）。因此，要发挥数字化发展的积极影响，提升企业数字化转型水平势在必行。

已有研究从不同视角揭示了数字化转型的驱动因素：在组织赋能层面上，适于变革的组织文化、技术储备（Verhoef et al.，2021）等；在个人特征层面上，投资者的监督作用（王新光，2022；向海凌等，2023）、所有者特征（Corvello，2023）等。但这些文献大多关注企业内部的治理机制，对外部治理机制的关注较少（Verhoef et al.，2021；曾皓，2022）。少有的外部治理机制文献已经证实法律制度环境（凌鸿程等，2022）、政府财政补助（吴非等，2021b）等宏观调控手段对数字化转型的影响，但鲜有文献关注"知识产权保护—数字化转型"这一路径。

理论上来讲，知识产权保护作为一种外部治理机制，可以倒逼企业规范行为（王伦等，2022），刺激企业更多地通过申请专利来保护创新成果，缓解"企业—投资者"间的信息不对称（李莉等，2014），从而缓解企业在数字化转型过程中面对的融资约束问题；同时还可以引导企业的战略方向，通过强化管理者创新意愿来缓解委托代理问题，促使企业更加关注创新活动和高科技人才引进（庄子银，2021）。遗憾的是，尽管部分研究考察了知识产权保护水平在数字化转型中的作用，但都是将其看作一种边界条件，并未将知识产权保护作为一种外部治理机制，明确揭示其对数字化转型的作用机制（赵宸宇，2021；庄子银，2021；庞瑞芝，2021）。

进一步，知识产权保护更多的是作为一种制度保障，为企业数字化转型提供了有利条件。但不可忽视的是，微观层面的一些因素仍然是组织出现重大动态变化的重要原因（Scuotto et al.，2021）。内部控制人，尤其是管理者对数字化项目的投资意愿受到多重因素制约。因此本文不禁思考，仅仅是有效的外部制度保障就可以充分地调动管理者的数字化转型意愿吗？即便是最优秀的管理者，在缺少更多的外部约束时也可能会倾向于选择风险低、回报快的投资项目，以享受"安静生活"（Bertrand，2003；Baghdadi，2018；Lin et al.，2021），这无疑会对企业的长期效益产生不良影响。因此，需要更多的外部约束或外部激励来强化管理者的数字化转型意愿。已有研究表明，在高度竞争的市场环境中，管理者会倾向于投资更加冒险的项目，以维持企业的竞争地位（Yung et al.，2020；Jung et al.，2021；曾皓，2022）。竞争动力学的观点也为我们理解市场竞争对企业管理决策的影响提供了关键视角，即在动态竞争环境中，企业会监测竞争对手的行为，并按照感知到的威胁信号调整企业的战略方向（Chen，2017）。这意味着市场这只"看不见的手"可能会强化政府宏观调控的效果，然而遗憾的是，市场手段和制度环境间的互补或替代作用还未在文献中得到充分的探讨。

最后，本文试图揭示知识产权保护在不同条件下的作用差异，并结合产权性质、企业演变阶段等进行了异质性分析，结果表明政策的制定要因地制宜、因时制宜，以兼顾不同企业的发展需求。

本文的主要研究贡献有以下四点:第一,本文将知识产权保护这一正式制度纳入企业数字化转型驱动因素的分析框架,并揭示了"知识产权保护—数字化转型"的作用"黑箱",丰富了已有的关于数字化转型驱动因素的文献。第二,本文揭示了市场这只"看不见的手"如何与知识产权保护等政府宏观调控手段相互作用。本文的结论可以启示未来的研究进一步探究不同的外部治理机制间的相互作用,以及它们的组合对数字化转型的影响。第三,本文发现知识产权保护的效果具有异质性,即存在产权性质和演变阶段性质,这可以为政府制定有关政策提供方向和经验证据。第四,本文的进一步研究揭示了知识产权保护对委托代理问题的积极作用,以及其与非正式制度的相互作用,丰富了相关文献,并为未来的研究提供了新的视角。

2. 理论分析与研究假设

2.1 知识产权保护与数字化转型

知识产权保护水平一定程度上反映了一个地区的创新环境的包容度、风险性和规范性。作为正式制度的重要一环,知识产权保护力度有助于引导和规范一个企业的战略决策和行为(王伦等,2022)。已有研究表明,知识产权保护作为一种重要的外部治理机制,可以帮助企业克服外部性问题(Arrow,1962)、委托代理问题(Desai et al.,2002)、信息不对称问题(李莉等,2014;周泽将等,2022)。其中,外部性问题是指核心企业很难阻止其他企业使用自己的知识产权,导致企业的权利受到侵害,从而弱化企业的创新动力(Arrow,1962);信息不对称也会在一定程度上影响企业的投资决策判断(李莉等,2014)。这些问题导致的高风险是产生委托代理成本的重要来源,从而阻碍管理者推动企业数字化转型的意愿。基于此,本文将知识产权保护对企业数字化转型的主要影响归纳为以下两个方面:

首先,创新激励效应,知识产权保护的"独占性"可以帮助企业缓解外部性问题,降低企业技术创新被模仿的风险(Teece,1986;王伦等,2022)。而数字经济下的侵权行为发生速度更快、取证更加复杂(赵宸宇,2021),这使得数字化背景下企业对知识产权保护的要求更高。同时,数字技术的发展打破了现有的竞争格局,标准化的数据、知识会降低行业进入壁垒(Verhoef,2021),一旦这类数据和知识被其他企业窃取或模仿,企业间的竞争将会加剧,使得企业的数字化转型激励不足(柏培文等,2021)。在知识产权保护力度更高的地区,实施数字化发展战略的企业不用再担心专利被侵权的概率,"竞争效应"的缓解也坚定了企业的数字化转型决心(吴超鹏等,2016;赵宸宇,2021)。因此,良好的知识产权保护环境会强化企业数字化转型的意愿,加强高新技术人才和研发人员的引进,同时刺激企业增强研发投入(庄子银,2021)。反之,当知识产权保护薄弱时,致力于实现数字化转型的企业可能会因为担心侵权行为而降低产品、服务、商业模式的创新概率,甚至阻碍数字化转型进程。此外,知识产权保护也可以确保企业在开放式背景下的创新获益,因此企业对数字化平台提供的外部创新资源的需求更高,进而加快其数字化基础设施建设(庞瑞芝等,2022)。良好的制度环境可以约束开放式创新环境下的道德风险行为(王伦等,2022),因而企业更愿意和其他组织开展合作研发活动，形成知识联盟。

其次，信息优化效应。当知识产权保护力度较低时，企业内部控制人为了保证专利等核心机密不被泄露，不愿意将企业的研发信息向外部投资人公开，这在一定程度上反而加剧了企业的融资约束问题。而当企业面临的知识产权保护水平较高时，相应的对知识产权的模仿、侵占等行为就会得到控制，从而提升社会信任水平，企业愿意通过申请专利来保护企业的无形资产，并向相关主体披露必要的研发信息，从而缓解信息不对称问题，增强企业在资本市场上的吸引力（李莉等，2014；周泽将等，2022）。此外，更多的信息披露也为分析师解读和分析企业的经营状况信息提供了便利条件，通过对企业当前问题和未来发展机会的深入解读，分析师关注度可以帮助缓解企业与投资人间的高度信息不对称问题，从而帮助企业更好地理解和把握数字技术发展趋势（向海凌等，2022）。基于上述分析，本文提出如下假设：

H1：知识产权保护对数字化转型有促进作用。

H2a：知识产权保护通过增强创新激励效应对数字化转型产生促进作用。

H2b：知识产权保护通过增强信息优化效应对数字化转型产生促进作用。

2.2 竞争强度的调节作用

根据前文，知识产权保护作为一种正式制度，通过提供创新保障和缓解融资约束来强化管理者的变革意愿。而市场竞争是同一个市场内不同微观主体间的相互作用，与知识产权保护一样，属于一种重要的外部治理机制。根据动态竞争理论，企业必须时刻密切关注竞争对手发出的竞争信号，并在做出战略行动决策时将这些信息纳入考虑，以此来捍卫自己的行业地位和维持竞争优势（Chen，1996；Chen，2017）。也就是说，市场竞争信号会在一定程度上影响焦点公司采取某种竞争行为的意愿、能力。一些实证研究已经提供了充分的经验证据，表明竞争对手的行为特征（Derfus et al.，2008）、地理位置（Yu et al.，2007）、竞争成功（Hsieh et al.，2015）等因素，会影响焦点公司的竞争行为。由此可见，制度体系和市场手段都是企业面对的外部治理环境的重要组成部分。那么市场手段和正式制度在企业数字化转型过程中究竟是互补关系还是替代关系呢？

实际上，尽管有良好的制度环境约束和保障企业的变革行为，企业的战略决策仍会受到多种内部因素影响，其中管理者自利是一个不可避免的问题（Bertrand，2003；Baghdadi，2018；Lin et al.，2021）。也就是说，即便有充分的外部资源支持，管理者也可能会因为数字化投资项目的高风险、长周期而"望而却步"（徐子尧等，2022）。从这一角度来看，市场竞争隐含的"信号机制"可能会与正式制度发挥互补作用。也就是说，一方面市场竞争强度会向利益相关者传达明确的信号——CEO 的努力程度，从而促使投资人采取相应的激励措施去提升管理努力（Baghdadi，2018；夏清华，2019）；竞争强度也直接向管理者释放了"威胁信号"，迫使他们增加管理努力以维持市场地位（Chen et al.，2017）。在双重信号的驱动下，管理者不会"坐以待毙"，充分利用制度保障优势"主动出击"，从而有助于正式制度发挥作用，并推动正式制度环境的完善。另一方面，市场竞争强度会促使企业在技术和产品上寻求突破，但这也意味着企业对外披露的信息数量和质量要大幅增加（Burks et al.，2018），一旦其他企业掌握了本公司的核心数据和知识，会严重阻碍企业的数字化转型进程。此时，较高的知识产权保护水平可以有效降低创新成果被抄袭的概率,约束企业的道德风险行为(吴超鹏等,2016;赵宸宇,2021),从而保障市场竞争机制作用的充分发挥。因此,可以认为市场竞争和知识产权保护之间呈现出相互依赖的螺旋式上升过程。

为了更好地衡量市场竞争强度,本文选取了两个代理变量:(1)行业竞争强度,该指标通过行业勒纳指数来衡量;(2)行业数字化技术强度,该指标可以一定程度上反映竞争对手的行动。基于前述分析,本文提出以下假设:

H3a:在其他条件不变的情况下,企业面临的行业竞争强度越高时,知识产权保护对企业数字化转型的促进作用越强。

H3b:在其他条件不变的情况下,行业数字化技术强度越大,即同行业的竞争对手采取的数字化转型实践程度越高时,知识产权保护对企业数字化转型的促进作用越强。

3. 研究设计

3.1 样本选取

本文选择 2010—2020 年沪深 A 股上市制造企业为研究对象,主要原因是:(1)2008 年金融危机爆发,全球经济严重瘫痪,在此之前企业数字化投资较少,大多数企业开始推动数字化建设是在 2008 年之后(庞瑞芝,2022);(2)制造业作为我国经济体量最大的行业,其数字化转型程度却远低于金融行业,制造企业亟待突破数字化转型困局。本文使用的有关上市公司的财务数据均来源于国泰安数据库(CSMAR),年报数据则收集于深圳证券交易所、上海证券交易所官方网站。为了保证结论的可靠性,本文对数据执行如下的筛选工作:(1)剔除金融类公司;(2)剔除 ST、∗ST、PT 状态公司;(3)剔除当年 IPO 公司;(4)剔除核心变量至少连续五年存在数据缺失的公司;(5)剔除仅包含 2 家及以下企业的行业;(6)对关键连续变量进行上下合计 1%的缩尾处理。经过数据清洗,最终得到 16308 个公司—年度观测样本。

3.2 变量测度

3.2.1 被解释变量:企业数字化转型

本文的被解释变量为企业数字化转型程度。企业年报中通常会披露企业的战略导向和投资策略,因此年报中提到的数字化转型相关关键词一定程度上可以反映企业的数字化转型程度。参考吴非等(2021a,2021b)的研究,本文利用 Python 爬虫技术对我国上市制造企业的年报进行文本分析,相关年报数据均来源于深圳证券交易所、上海证券交易所官方网站。具体来说,本文的数据处理分为以下步骤:首先,通过 Python 的爬虫技术收集 2010—2020 年所有沪深 A 股上市制造企业的年度报表,并利用 Java PDFbox 来提取和整理所有的文本内容,至此初步的数据池已经形成;其次,基于对政策文件和研究报告的深入研读，建立数字化转型关键词图谱，如图 1 所示，包含 5 个子维度以及 76 个特征词；最后，基于数据池，对上市企业各年度的数字化转型关键词进行检索、计数、汇总，形成企业数字化转型词频的指标体系。本文利用年报中出现的数字化转型词频来反映企业的数字化转型程度，考虑到这类数据通常具有明显的"右偏性"特征，对整体数据加 1 后取自然对数处理。相关数字化转型词频原始统计数据来源于广东金融学院国家金融学学科团队在《金融经济学研究》公众号上发布的企业数字化转型指数数据和研究报告。

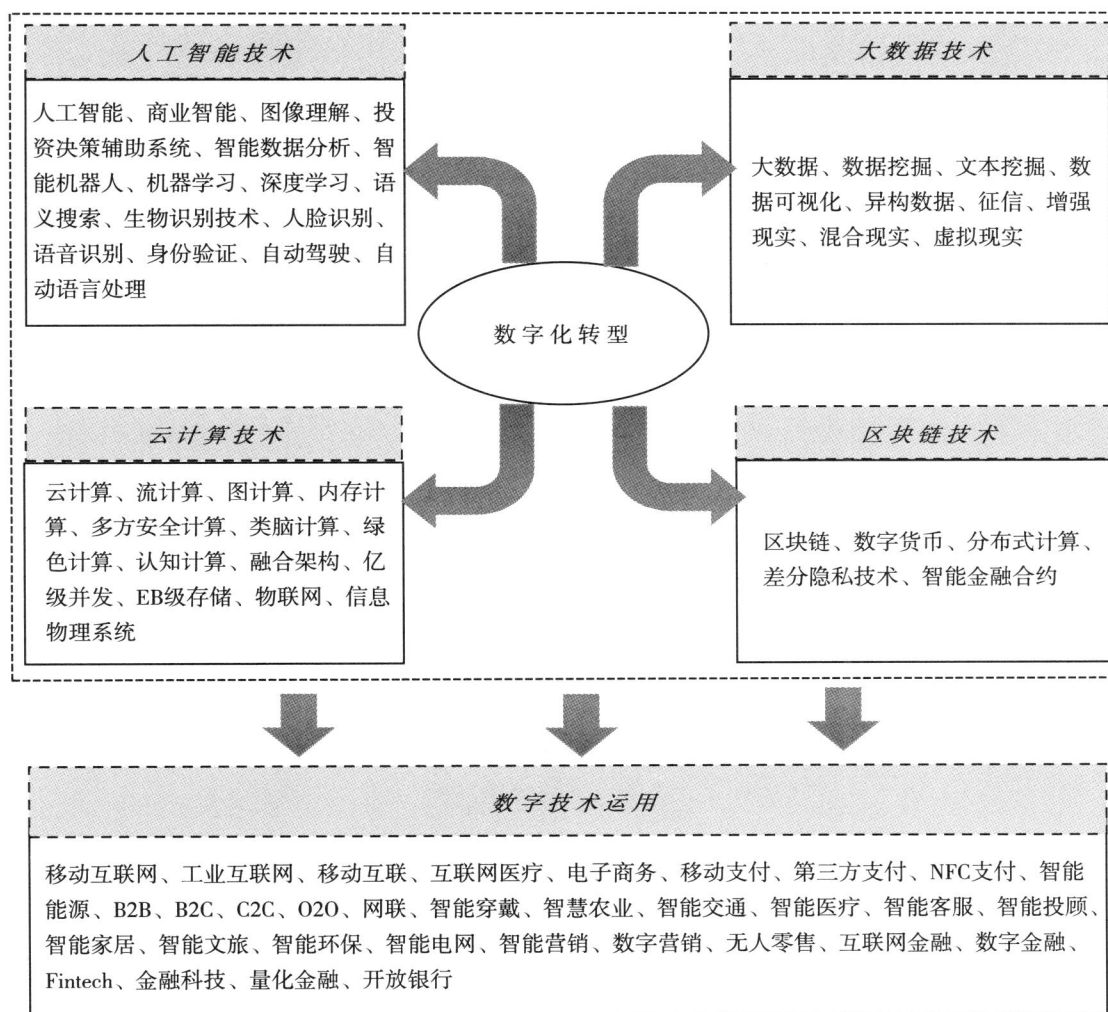

人 工 智 能 技 术

人工智能、商业智能、图像理解、投资决策辅助系统、智能数据分析、智能机器人、机器学习、深度学习、语义搜索、生物识别技术、人脸识别、语音识别、身份验证、自动驾驶、自动语言处理

大 数 据 技 术

大数据、数据挖掘、文本挖掘、数据可视化、异构数据、征信、增强现实、混合现实、虚拟现实

数 字 化 转 型

云 计 算 技 术

云计算、流计算、图计算、内存计算、多方安全计算、类脑计算、绿色计算、认知计算、融合架构、亿级并发、EB级存储、物联网、信息物理系统

区 块 链 技 术

区块链、数字货币、分布式计算、差分隐私技术、智能金融合约

数 字 技 术 运 用

移动互联网、工业互联网、移动互联、互联网医疗、电子商务、移动支付、第三方支付、NFC支付、智能能源、B2B、B2C、C2C、O2O、网联、智能穿戴、智慧农业、智能交通、智能医疗、智能客服、智能投顾、智能家居、智能文旅、智能环保、智能电网、智能营销、数字营销、无人零售、互联网金融、数字金融、Fintech、金融科技、量化金融、开放银行

图1　数字化转型特征词谱

3.2.2　核心解释变量：知识产权保护水平

知识产权保护具有明显的外部性特征，其大小通常反映了某地区的创新活动规范性和稳定性。本文参考已有研究，通过一个地区在当年的技术市场转让规模来衡量该地区的知识产权保护水平，

即通过该地区在某年度的技术合同交易总金额和地区生产总值的比值来衡量知识产权保护水平(易靖韬等, 2019；王伦等, 2022)。本文使用的技术合同交易金额来源于《中国统计年鉴》, 部分地区缺失数据通过《中国科技统计年鉴》补全, 地区生产总值则来源于各省市的地区统计年鉴。

3.2.3 机制变量

借鉴已有研究, 本文选取了三个代理变量来反映创新激励的大小。第一, 借鉴庞瑞芝等(2022) 的研究, 本文利用研发人员占比来衡量企业吸收能力的大小, 该数据越大, 代表企业的吸收能力越强；第二, 利用研发支出与营业收入的比值作为企业研发强度的代理变量(Chen, 2015)；第三, 考虑到知识产权保护对管理层创新意愿的强化作用, 本文参考吴非等(2021a) 的研究, 形成对应的关键词库, 利用文本分析法从上市制造企业年报中的 MD&A 部分提取相应内容, 统计管理层在该部分中提到的"数字化转型"关键词的种类占总类别数(11 类) 的比重, 并作为管理层数字创业导向的代理变量, 相关数据来源于 CSMAR 数据库。

进一步, 本文选取了两个可以反映知识产权保护缓解信息不对称的代理变量。其一是分析师关注(ASA), 借鉴向海凌等(2023) 的研究, 通过当年对样本企业进行过跟踪分析的分析师数量来衡量(一个团队按 1 计数)。其二是融资约束, 参考 Hadlock 和 Pierce(2009) 的研究, 使用 FC 指数来衡量企业面临的融资约束大小, 由于该指标数值越大, 企业面临的融资约束程度越高。为了保证回归系数符号的一致性, 本文在此对 FC 指数取其相反数, 即 KZ_1。相关数据均来源于 CSMAR 数据库。

3.2.4 调节变量

参考曾皓(2022) 的研究, 选取行业勒纳指数(Lerner) 作为行业竞争强度的测量指标, 该指数越小, 说明企业面临的竞争强度越大。为了保证回归系数符号的一致性, 本文使用的是行业勒纳指数的相反数。此外, 为了保证结果的稳健性, 本文构建了另外一个行业代理变量——行业数字化技术强度(DTS), 即计算每个行业人工智能、大数据、云计算、区块链四种数字化技术在企业年报中出现的词频总和, 每个企业面临的行业数字化建设水平为其所在行业除本公司以外的数字化技术强度均值, 该指数越大, 说明对应行业的数字化建设强度越高。

3.2.5 控制变量

为提高研究结论的可靠性, 借鉴一系列相关研究(曾皓, 2022；庄子银, 2021；吴非等, 2021a), 本文选取了一系列控制变量, 在企业特征层面, 控制了如下变量：(1) 企业规模；(2) 盈利能力：ROE；(3) 资产负债率；(4) 投资机会：TobinQ。在治理特征层面, 控制了如下变量：(1) 董事会独立性；(2) 管理层持股比例；(3) 股权集中度；(4) 机构投资者持股比例。考虑到一些宏观层面的因素也会影响企业的数字化转型进程, 本文还在基准回归中加入了省份层面的控制变量：(1) GDP 增长率；(2) 受教育水平。企业特征层面和治理特征层面的数据来源于 CSMAR 数据库, 省份层面的控制变量来源于各省市的统计年鉴。此外, 本文在所有模型中均加入了时间固定效应和行业固定效应。具体说明详见表 1。

表 1 变量测量

变量类型	变量名称	测量方式
被解释变量	企业数字化转型（DTI）	上市公司年报数字化转型关键词词频的自然对数
核心解释变量	知识产权保护水平（IPP）	技术合同交易金额/地区生产总值
调节变量	行业竞争强度（Lerner）	Lerner 指数（行业）
	行业数字化技术强度（DTS）	除本公司外的所在行业数字技术强度均值
控制变量	企业规模（Size）	总资产的自然对数
	TobinQ	总市值/总资产
	资产负债率（Lev）	总负债/总资产
	净资产收益率（ROE）	净利润/平均股东权益
	董事会独立性（BI）	独立董事人数/董事会总人数
	股权集中度（S-D）	第一大股东持股比例
	管理层持股比例（MSL）	管理层持股总数量/企业总股数
	机构投资者持股比例（IO）	机构投资者持股总数量/企业总股数
	GDP 增长率（GDP growth）	某地区 t 年相对于 $t-1$ 年 GDP 的增长
	受教育水平（education）	某地区每万人普通高等学校在校大学生数

3.2.6 回归模型构建

为了验证前述提出的研究假设，本文构建了基线回归模型：

$$DTI_{i,t} = \alpha + \beta IPP_{i,t} + \gamma X_{i,t} + u_h + \lambda_t + \varepsilon_{i,t} \tag{1}$$

其中，DTI 代表本文的被解释变量企业数字化转型，IPP 代表核心解释变量知识产权保护水平，X_{it} 代表一组控制变量的集合，μ_h 代表行业固定效应，用以控制一系列不随时间发生变化的行业特征；λ_t 则代表时间固定效应，用以控制不随个体发生变化的特征，如宏观因素的冲击。α 和 β 为待估计参数，γ 为待估参数向量，ε 为随机扰动项。在本文所有的回归模型中，均对标准误进行了异方差以及序列相关调整，即文中报告的结果均为聚类稳健标准误。

此外，为了检验调节效应，本文在基线回归的基础上构建了如下回归模型，为了排除变量共线性的干扰，增强结果稳健性，构建交互项时对自变量和调节变量均进行了中心化处理。在模型（2）中，为了保证指标方向的一致性，我们在回归时构建了行业勒纳指数的相反数 Lerner_1，即该指标越大，行业竞争强度越大。

$$DTI_{i,t} = \alpha + \beta_1 IPP_{i,t} + \beta_2 IPP_{i,t} \times Lerner_{i,t} + \gamma X_{i,t} + u_h + \lambda_t + \varepsilon_{i,t} \tag{2}$$

$$DTI_{i,t} = \alpha + \beta_3 IPP_{i,t} + \beta_4 IPP_{i,t} \times DTS_{i,t} + \gamma X_{i,t} + u_h + \lambda_t + \varepsilon_{i,t} \tag{3}$$

3.3 描述性统计与相关性分析

本文对使用的主要变量进行了描述性统计分析以及变量间的相关性检验（篇幅原因，暂不展示）。

核心变量的相关性基本与我们的假设相符,且所有相关系数均小于阈值 0.8,初步排除了多重共线性的存在。进一步,本文对回归模型(1)至(3)分别进行了 VIF 检验,最大方差膨胀因子为 9.95,最大平均方差膨胀因子为 2.77,均小于临界值 10,因此可以认为本文的模型不存在多重共线性问题。

4. 实证结果分析

4.1 基线模型回归

表 2 展示了基线回归的结果,为了检验基线模型的准确性,本文采取了递进回归的策略。在 M1 中,仅控制时间和行业固定效应,不加入控制变量,结果显示 IPP 的回归系数显著为正($\beta = 1.799$,$p < 0.001$),说明知识产权保护水平对企业数字化转型具有积极的推动作用,初步验证了 H1。进一步,在 M2 中加入控制变量,IPP 的系数有所降低,考虑到是因为控制变量的存在,一部分影响企业数字化转型的因素被吸收所致。但 IPP 的系数仍然显著为正($\beta = 2.279$,$p < 0.001$)。为了保证结论的稳健性,本文在 M3 中加入了核心解释变量知识产权保护水平的平方项进行非线性关系检验,结果显示 IPP 与 DTI 之间不存在非线性关系。总体而言,随着知识产权保护水平的提升,企业数字化转型程度会显著增加,因此,H1 得到了支持。

表 2 基线回归结果

变量	线性关系检验		非线性关系检验
	M1(DTI)	M2(DTI)	M3(DTI)
IPP	1.799 ***	2.279 ***	4.118 ***
	(6.78)	(7.57)	(3.53)
IPP^2			−12.111
			(−1.64)
Size		0.174 ***	0.174 ***
		(18.12)	(18.14)
ROE		0.269 ***	0.268 ***
		(3.73)	(3.72)
Lev		−0.216 ***	−0.216 ***
		(−4.09)	(−4.1)
TobinQ		−0.009	−0.009
		(−1.15)	(−1.2)
BI		0.172	0.169
		(1.13)	(1.11)

续表

变量	线性关系检验		非线性关系检验
	M1(DTI)	M2(DTI)	M3(DTI)
S-D		0.000	0.000
		(−0.4)	(−0.41)
MSL		0.570***	0.569***
		(8.17)	(8.15)
IO		0.000	0.000
		(−0.24)	(−0.28)
GDP growth		0.014	0.015*
		(1.94)	(2.19)
education		−0.001***	−0.001***
		(−6.97)	(−7.18)
Year	YES	YES	YES
Ind	YES	YES	YES
N	17738	15888	15888
Adj_R²	0.347	0.373	0.373
F_value	270.06	221.53	216.96

注：括号内为经异方差调整后的 t 值；***、**、* 分别表示在 0.1%、1%、5%下的统计显著水平，下同。

4.2 内生性问题

本文的模型可能存在一定的内生性问题，一方面，宏观层面上的一些区域特色和亚文化特征可能会影响一个地区的知识产权保护水平，也可能会对微观主体的数字化发展造成影响，因此模型中可能会存在一些遗漏变量的问题，导致估计系数存在偏误；另一方面，微观层面上企业的数字化发展最终也将汇聚到区域层面，地区数字化发展水平的提升可能会促使该地区提升对知识产权的保护力度，即存在反向因果的问题。因此，本文选用以下几种办法来解决内生性问题。

（1）核心解释变量滞后。首先，本文构建了内生核心解释变量——知识产权保护水平的滞后项，这种方法可以在一定程度上确保因果关系的成立；并且，考虑到区域知识产权保护水平的提升与制度环境关系密切，其对企业数字化转型的激励作用"生效"可能需要一定的时效。因此，本文分别构建了核心解释变量滞后一期（IPP_L1）和滞后两期（IPP_L2）的变量。如表3所示，滞后变量的显著性和符号仍与基线回归的结果一致，证明了结果的稳健性。

表3 内生性检验

变量	Lag(1)	Lag(2)	IV	
			1st	2nd
	DTI	DTI	IPP	DTI
IPP_L1	2.125***			
	(6.55)			
IPP_L2		1.890***		
		(5.37)		
PROACADE			0.003***	
			(6.50)	
IPP				14.805*
				(2.26)
CVs	YES	YES	YES	YES
Year	YES	YES	YES	YES
Ind	YES	YES	YES	YES
N	13594	11810	15888	15888
Adj_R²	0.359	0.349	0.259	0.298
F_1st			42.26	
F_value	179.96	153.12	—	

（2）工具变量法。根据方颖和赵扬（2011）的研究，区域知识产权保护水平的差异在一定程度上会受到当地居民的文化习俗和价值观念的影响。即便是在经济飞速发展的当下，这些文化习俗仍然会作为一种"历史沉淀"，持续性地作用于当地的制度环境。在我国，儒家思想深深地影响了我们的思想观念和行为模式。因此，本文借鉴陈永昌等（2023）的研究，选择古代儒家书院数量（取对数）作为知识产权保护的一个工具变量，相关数据来源于 CNRDS 儒家文化数据库。选择这一工具变量的原因如下：其一，儒家主张"见利思义"和"诚信"的观念，同时提倡尊重知识和重视教育，这些思想会对一个地区的制度环境产生潜移默化的影响，提升区域知识产权保护水平（徐细雄和李万利，2019）；其二，没有直接证据表明，这一源于历史的工具变量会对现在的企业数字化转型造成直接影响。

考虑到工具变量的有效性会对检验结果的稳健性造成影响，因此本文首先利用 Kleibergen-Paap rk LM 统计量检验工具变量的相关性，即工具变量是否与模型中的内生解释变量相关，结果均在 1% 水平上拒绝"工具变量识别不足"的原假设。进一步，Cragg-Donald Wald F 值（34.225）和 Kleibergen-Paap rk Wald F 值（42.265）均大于 Stock-Yogo 检验 10% 下的临界值 16.38，同时第一阶段的 F 值（42.26）大于 10，可以认为选取的工具变量不是弱工具变量，证明了工具变量的可行性。如表 3 所示，两阶段回归结果表明，古代儒家书院数量与地区知识产权保护存在显著的正相关关系；将第一阶段回归得到的知识产权保护预测值纳入第二阶段，发现核心变量的显著性和符号仍与基线回归的结果一致，证明了结果的稳健性。

4.3 稳健性检验

为了考察研究结论的稳健性，本文进行了一系列的稳健性检验。首先，替换了被解释变量的测量方式。前文借鉴了吴非等(2021a)的研究成果，利用所有上市公司的年报进行爬虫分析，计算数字化转型相关关键词词频。考虑到年报数据可能存在部分重复内容，导致对数字化转型词频的计数存在虚高。因此，在这一部分，本文专注于上市公司年报的 MD&A 部分，这部分通常会包含管理层对公司上一年度经营情况的总结和讨论。同样利用 Python 的爬虫技术，对上市制造企业年报中的 MD&A 部分进行文本分析，2014 年及以前主要在"董事会报告"中筛选，2015 年主要在"管理层讨论与分析"中筛选，2016 年及往后主要从"经营情况讨论与分析"中筛选。对相关词频进行统计后作为数字化转型的另一个代理变量 DTI_1。回归结果与前文结论基本一致。进一步，借鉴赵宸宇等(2021)的研究，本文在相同方法的基础上更换了数据池，得到数字化转型的另一个代理变量 DTI_2。如表 4 所示，与基准回归的显著性和方向仍然一致。

表4

稳健性检验

变量	替换被解释变量		替换核心解释变量	剔除疫情年度样本
	DTI_1	DTI_2	DTI	DTI
IPP	1.843 ***	0.746 ***		2.726 ***
	(6.20)	(5.34)		(4.67)
IPP_1			0.700 *	
			(2.41)	
CVs	YES	YES	YES	YES
Year	YES	YES	YES	YES
Ind	YES	YES	YES	YES
N	14163	14163	15858	12512
Adj_R^2	0.301	0.305	0.370	0.343
F_value	118.38	150.11	217.71	156.28

其次，本文借鉴赵宸宇(2021)和庄子银等(2021)的做法，利用一个省份当年的专利申请代理公司数量与该年地区常住人口数的比值作为知识产权保护的另一个代理变量(IPP_1)。所有数据均来源于国家知识产权局统计年报与中经网省级数据库。如表 4 所示，替换核心解释变量后，结论仍与先

前回归的结果一致。

最后，为了进一步控制其他因素的干扰，排除疫情年度的影响，本文剔除了 2019—2020 年的样本。这样做的原因主要有以下两点：一方面，企业的数字化转型以及行业发展情况都与国家乃至全球范围内的重大经济冲击时间有紧密关联。疫情暴发后，国内经济发展一度停滞，这可能会严重干扰政府的政策建设，同时也会严重阻碍企业的数字化转型，因此，这可能会导致一些内生性问题。另一方面，由于本文测量数字化转型的数据来源于上市公司年报，而根据《2020 年度中国上市公司年报披露时间调研报告》，我国上市公司年报披露普遍存在"压线交卷"现象，也就是说所有企业的 2019 年年度报表都披露于 2020 年，彼时受疫情影响多数企业开始了线上办公，这可能会导致年报中与"数字化"相关的词频大幅增加，与企业实际的数字化转型水平不相符（张志元等，2022）。综上所述，宏观因素冲击可能会导致被解释变量的测量存在不准确性，因此本文在此剔除了疫情年度的样本。如表 4 所示，结论仍与先前回归的结果一致。

4.4 作用机制识别检验

4.4.1 创新激励效应

根据前述理论分析，良好的知识产权保护水平可以有效降低数字经济背景下企业技术创新被模仿的风险（Teece，1986；王伦等，2022），刺激企业的研发创新行为（庄子银，2021），进而坚定其推行数字化战略的决心（吴超鹏等，2016；赵宸宇，2021）。因此，为了检验创新激励在知识产权保护与数字化转型间的机制作用，本文借鉴了温忠麟（2004）提出的递归方法来检验中介效应，如公式（4）至（6）所示。

$$Y = \beta_0 + cX + \varepsilon \tag{4}$$

$$M = \beta_0 + aX + \varepsilon \tag{5}$$

$$Y = \beta_0 + c'X + bM + \varepsilon \tag{6}$$

表 5 报告了三种创新激励变量的中介作用。结果表明，三种创新激励机制的渠道作用是显著存在的。进一步，结合 Sobel 检验和 Bootstrap 检验的结果，可以看出三种创新激励机制均发挥部分中介作用。这意味着，知识产权保护带来的制度保障可以增强管理层激励，促使企业推动基础设施的转型升级，引导企业将更多资源投入创新活动，进而为企业的数字化转型奠定基础。因此，H2a 得到了支持。

表 5 　　　　　　　　　　作用机制检验结果——创新激励

变量	M1(1)	M1(2)	M2(1)	M2(2)	M3(1)	M3(2)
	AC	DTI	RDI	DTI	EOS	DTI
IPP	26.969***	1.712***	9.864***	1.737***	0.245***	1.170***
	(12.52)	(5.86)	(11.66)	(5.96)	(7.17)	(4.79)

续表

变量	M1（1）	M1（2）	M2（1）	M2（2）	M3（1）	M3（2）
	AC	DTI	RDI	DTI	EOS	DTI
AC		0.016 **				
		(14.78)				
RDI				0.042 ***		
				(14.96)		
EOS						4.518 ***
						(79.83)
Sobel 检验	0.441 ***		0.416 ***		1.109 ***	
Ind_eff 检验	0.441 ***		0.416 ***		1.109 ***	
CVs，Year，Ind	YES	YES	YES	YES	YES	YES
N	14866	14866	14866	14866	15881	15881
Adj_R^2	0.5148	0.3651	0.3336	0.3653	0.3602	0.5513
F_value	322.83	171.94	152.84	172.11	183.47	391.23

4.4.2 信息优化效应

另外，根据前述理论分析，在良好的正式制度保障下，企业更愿意主动向相关主体披露研发信息，吸引更高的分析师关注度，以此获得信息溢出效应（向海凌等，2023）；同时较多的信息披露也可以缓解企业和投资人之间的信息不对称性，从而增强企业在资本市场上的吸引力（李梅，2014；周泽将等，2022）。

表6报告了两种信息优化渠道的中介作用。可以发现，分析师关注在知识产权保护和企业数字化转型间存在显著的部分中介作用。这意味着，知识产权保护这一正式制度可以显著优化企业的信息状况，提升企业的信息利用度。此外，实证结果还表明知识产权保护促进企业更愿意披露信息，缓解与投资人之间的信息不对称问题，进而缓解企业的融资约束，推动企业的数字化转型。因此，H2b得到了支持。

表6　　　　　　　　　　作用机制检验结果——信息优化

变量	M1（1）	M1（2）	M2（1）	M2（2）
	ASA	DTI	KZ_1	DTI
IPP	14.523 ***	2.211 ***	0.454 ***	2.411 ***
	(5.17)	(6.94)	(8.25)	(8.2)
ASA		0.011 ***		
		(10.48)		

续表

变量	M1(1)	M1(2)	M2(1)	M2(2)
	ASA	DTI	KZ_1	DTI
FC_1				0.546***
				(12.51)
Sobel 检验	0.158***		0.248***	
Ind_eff 检验	0.158***		0.248***	
CVs，Year，Ind	YES	YES	YES	YES
N	11888	11888	14983	14983
Adj_R^2	0.257	0.379	0.533	0.368
F_value	85.06	145.86	350.26	175.15

4.5 调节效应检验

表 7 呈现了两组调节变量的调节效应检验结果。首先，M1 的结果表明知识产权保护水平与行业竞争强度之间显著正相关，且交互项系数显著为正($\beta=29.662$，$p<0.001$)，这表明行业竞争和知识产权保护这两种重要的外部治理机制为互补关系，即随着行业竞争强度的增强，越来越多的企业愿意乘正式制度环境的东风，加入数字化转型的行列，加快企业数字化转型。其次，M2 的结果表明当前行业的数字化技术强度，也就是行业环境支撑，显著增强了"知识产权保护水平—数字化转型"这一核心关系的作用($\beta=0.184$，$p<0.05$)。这意味着，在开放式创新的大背景下，企业会高度关注行业内的发展情况，并以均衡水平对标，维持企业的竞争地位。因此，H3a 和 H3b 得到了支持。

表 7   调节检验结果

变　　量	M1	M2
	DTI	DTI
IPP	2.687***	2.013***
	(8.93)	(6.49)
Lerner	0.296	
	(0.65)	
DTS		−0.001
		(−0.36)
IPP×Lerner	29.662***	
	(8.22)	

续表

变　量	M1	M2
	DTI	DTI
IPP×DTS		0.184*
		(3.8)
CVs	YES	YES
Year	YES	YES
Ind	YES	YES
N	15888	15888
Adj_R^2	0.3751	0.3733
F_value	214.5	215.64

　　为了更加直观地观测两组调节效应，本文绘制了调节效应分解图，如图2和图3所示，图2和图3分别展示了在高行业竞争强度/高行业数字化技术强度（高于均值一个标准差），以及低行业竞争强度/低行业数字化技术强度（低于均值一个标准差）的情况下知识产权保护水平对企业数字化转型的作用差异。图2和图3清晰地揭示了知识产权保护水平（正式制度）与行业竞争强度以及行业数字化技术强度（市场机制）的显著的互补作用。当行业竞争强度增大时，其作为一种重要的外部治理机制，会产生强烈的"信号效应"（曾皓，2022）。这种信号效应可以理解为当行业竞争激烈程度增强时，一方面会向企业传达竞争威胁信号，迫使企业提升管理决策水平；另一方面也向投资者等利益相关者传递信号，促使他们提升对企业的监督水平，保证企业不在数字化转型浪潮中"掉队"。因此，在这种情况下，管理者不会"坐以待毙"，为了维持企业在动态竞争环境中的竞争优势，企业会选择"主动出击"，积极利用完善的制度环境提供的创新保障来加快企业的数字化转型。

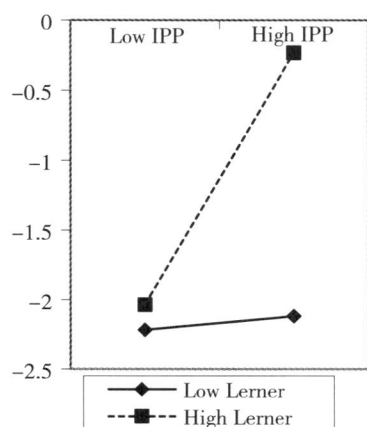

图2　行业竞争强度的调节效应　　　　图3　行业数字化技术强度的调节效应

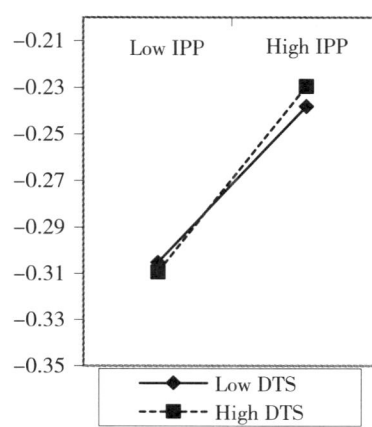

5. 进一步研究

5.1 异质性分析

本文检验了知识产权保护对企业数字化转型的积极影响及其作用机制和边界条件,但二者之间的关系可能存在异质性。参考已有文献,本文从产权性质和企业演变阶段两个角度展开异质性分析。

(1)产权性质。由于我国经济体制的特殊性,国有企业和非国有企业在治理结构和融资渠道上都存在显著差异。首先,从融资约束的角度来看,国有企业背靠政府,通常有更多的政策倾斜和资源供给,在投资市场上往往更受青睐,因此其面临的融资约束程度较小,且外部融资渠道广泛(庄子银,2021)。由此可见,国有企业本身就具备较高的竞争优势,通常来说其持续变革的内生需求并不强烈(吴非,2021b)。与之相比,非国有企业在资源禀赋、政策优势等方面都显著劣于国有企业,并且非国有企业面临的市场竞争更加激烈,信息不对称的程度较高(王新光,2022)。为了克服这种天然劣势,非国有企业的自我优化动机往往更加强烈(吴非,2021b)。因此,为了加快数字化转型,非国有企业对正式制度的依赖程度更高。其次,从治理结构的角度来看,国有企业的高管通常由政府官员担任,这类高管具有较强的职位晋升意愿,因此更容易出现"短视行为"(李莉等,2018);同时由于国有企业的市场化程度相对较低,存在比较严重的委托代理问题,缺乏有效的监督和激励机制(庞瑞芝,2022),因而国有企业的数字化转型意愿并不强烈。

综上所述,为了验证良好的外部制度环境对企业数字化转型的促进作用是否会由于产权性质的不同而存在明显差异,本文将样本企业按照产权性质划分为国有企业和非国有企业两组进行分组回归,并利用构建交乘项的方法检验了分组回归的系数差异。表 8 汇报了分组回归的结果,显示非国有企业的转型升级对外部制度环境的依赖性更强,而国有企业由于本身具备政策倾斜优势以及相对而言较弱的变革意愿,其对正式制度的依赖性没有那么强。

表 8   异质性分析结果

	M1	M2	M3	M4	M5
	非国企	国企	成长期	成熟期	衰退期
IPP	2.763***	1.437**	3.105***	1.372**	1.578*
	(6.74)	(3.04)	(6.83)	(2.87)	(2.11)
CVs	YES	YES	YES	YES	YES
Year	YES	YES	YES	YES	YES
Ind	YES	YES	YES	YES	YES
N	11058	4830	7318	5813	2663
Adj_R^2	0.354	0.425	0.374	0.387	0.3887

	M1	M2	M3	M4	M5
	非国企	国企	成长期	成熟期	衰退期
F_value	147.680	82.440	100.560	91.370	—
IPP×ownership	−1.301**				
	(−2.84)				
IPP×life cycle				−1.160***	
				(−3.77)	
F_value	194.440		221.290		
Adj_R²	0.369		0.372		

（2）演变阶段。已有研究表明，在企业的不同生命周期演变阶段，企业的战略导向、发展策略、资源禀赋等都存在明显差异（曾皓，2022）。因此，可以合理推断，企业所处的发展阶段不同，其数字化发展战略也会随之调整。从组织结构的角度来看，成长期的企业有着较强的业务拓展需求，因此有强烈的意愿和动机进行数字化转型，以及时掌握和消化大量的商业信息和市场机会（曾皓，2022）。这类企业的组织架构相对而言更加灵活，允许企业快速反应以适应变革（Pérez-Goméz et al.，2018），而成熟期的企业拥有更为稳定的经营环境和资本结构，可能会受困于组织认知刚性和高度路径依赖（Scuotto et al.，2021），因而其数字化转型动机将被弱化。衰退期的企业基本上处在"岌岌可危"的状态，通常会采取一种风险规避的态度，对数字化转型持"保守态度"（曾皓，2022）。而从资源获取的角度来看，由于成长期的企业仍处在发展的初期阶段，通常面临较严重的资源约束问题，只能获取有限的技术、能力和资源，即与成熟期企业间存在一定的数字鸿沟（Scuotto et al.，2021）。而衰退期的企业经营状况恶化，难以支撑数字化转型的需求。综上所述，为了尽量突破资源约束的困境，实现数字化转型，成长阶段的企业对正式制度的依赖程度更高，其次是成熟期企业和衰退期企业。

借鉴曾皓（2022）的现金流划分方法，本文通过经营活动现金流净额、投资活动现金流净额、筹资活动现金流净额的不同正负组合来反映不同的企业生命周期：成长期、成熟期、衰退期。如表8所示，对于处在成长期的企业，其知识产权保护水平对数字化转型的促进作用在1%水平上显著，随着企业生命周期的不断推进和演变，知识产权保护水平对数字化转型的促进作用呈现递减趋势（分别在5%和10%水平上显著）。以上结果都表明知识产权保护对数字化转型的促进作用存在内部演变差异。

5.2 管理技能还是管理努力？

根据前文，企业数字化转型程度较低的一个关键原因是"不愿转"，即委托代理问题，即在两权分离和信息不对称的情况下，专业经理人的决策目标不再是企业利益最大化，而是自身的利益最大化，也就是存在"管理者自利行为"（Bertrand，2003；徐子尧，2022）。已有研究关于管理层能力对企业价值的影响存在一定的争论,一些学者肯定了管理层能力对企业创新的积极影响(Chen,2015);其他学者则认为管理层能力本身对企业价值没有影响,是治理机制激发出来的管理努力在起作用(Bertrand,2003;Baghdadi et al.,2018),管理能力本身可能会对企业绩效存在负面作用(Lin et al.,2021)。那么我们不禁思考,在企业转型升级的过程中,是管理层能力还是管理努力起到了关键作用?知识产权保护这一外部治理机制是否起到了缓解委托代理问题的作用?

为了回答上述问题,本文首先借鉴 Demerjian(2012)的做法构建了管理能力的代理变量。根据 Demerjian(2012),管理能力衡量的是管理者将企业的资源投入最大限度地转换为最终收入的能力。因此,本文首先基于资源投入—产出视角,利用 DEA(数据包络分析法)构建企业管理效率指标,如公式(7)所示。其中 Sale 代表销售收入,CGS 代表销售成本,PPE 代表专利、工厂、设备等的总值,SGA 代表管理费用,OL 代表运营费用,RD 代表研发支出,GW 代表商誉大小,OtherInt 代表其他无形资产,该指标大小介于 0~1。随后,我们在此基础上构建管理效率方程,纳入企业规模(Size)、市场份额(MS)、现金流情况(PCF)、企业年龄(age)、业务部门集中度(BSC)、对外投资经验(FOE)等可以影响企业管理效率的因素,并加入了时间哑变量(Year),如公式(8)所示。然后,我们运行了 Tobit 回归,最终得到的残差即代表了每个年度—企业对应的管理者能力的大小。

$$\max\theta = \frac{Sale}{\nu_1 CGS + \nu_2 PPE + \nu_3 SGA + \nu_4 OL + \nu_5 RD + \nu_6 GW + \nu_7 OtherInt} \quad (7)$$

$$FE = \beta_0 + \beta_1 Size + \beta_2 MS + \beta_3 PCF + \beta_4 age + \beta_5 BSC + \beta_6 FOE + Year + \varepsilon \quad (8)$$

在构建好管理能力代理变量后,本文检验了管理者能力对企业数字化转型的影响。表 9 报告了回归结果,结果表明管理者能力对数字化转型存在显著的负向作用。这与 Lin 等(2021)的结论一致,即当管理者过度强调管理效率时,他们可能会倾向于将资源投入到那些周期短、风险低的项目中变现(这对他们自身利益最大化更有利),进而阻碍企业的长期投资。为了进一步验证外部制度环境的治理效应——是否可以增强管理努力,并抑制管理层自利,本文将管理层能力按照中位数划分为高管理能力和低管理能力两组,检验知识产权保护水平对数字化转型的作用差异。

表 9   管理能力对数字化转型的影响

	M1(DTI)	M2(DTI)
MA	−0.727*** (−10.16)	−0.800*** (−10.73)
CVs	NO	YES
Year	YES	YES
Ind	YES	YES
N	15179	14795
Adj_R^2	0.342	0.360
F_value	217.49	194.88

表 10 报告了分组回归的结果，显示知识产权保护水平在高管理能力的组别中对数字化转型的促进作用更加显著。为了保证分组回归结论的稳健性，本文采用费舍尔检验(抽样 2000 次)验证分组回归的系数差异，结果表明在高管理能力分组中，知识产权保护对数字化转型的促进作用更强。综合以上实证结果可以发现，知识产权保护这一正式制度起到了显著的外部治理作用，显著抑制了管理层自利效应，可以有效缓解委托代理问题。此外，这些结果也佐证了已有研究的结论，即相比管理技能，管理努力对企业价值，尤其是长期效益的作用更加突出(Bertrand，2003；Baghdadi et al.，2018)。

表 10　　　　　　　　　　　　**管理能力高低的分组回归结果**

	M1	M2
	低管理能力	高管理能力
IPP	1. 198 [**]	3. 133 [***]
	(3. 11)	(6. 39)
Fisher test(2000)	− 1. 935 [**]	
	(0. 002)	
CVs	YES	YES
Year	YES	YES
Ind	YES	YES
N	7411	8477
Adj_R^2	0. 359	0. 393
F_value	99. 650	128. 760

5.3　正式制度与非正式制度的替代或互补作用

制度理论认为宏观制度环境同时由正式制度和非正式制度两部分构成(Li et al.，2010)，法律法规等正式制度可以形成一种正式约束，形成强制性驱动或规范性趋同效应(Ryan et al.，2019)；而社会习俗、道德规范等则作为非正式制度的重要组成部分，更多的是通过潜移默化的方式影响主体行为，进而形成模仿性趋同效应(卢强等，2022)。然而，与制度建设较为完善的西方国家相比，受制于正式契约的不完善，我国商业交易行为存在典型的"关系型交易"特征，尤其是客户关系型交易(卢强等，2022；张志元等，2022)。

我们注意到一些观点认为知识产权保护力度的加强并不总是有益的，因为其往往意味着较高的知识排他性，尽管这种"独占性机制"会大大降低知识产权被模仿、被侵占的风险，但也可能会阻碍组织间的技术交流和学习(Boldrin et al.，2013)，甚至可能会在创新市场产生垄断效应，加剧创新资源分配不均的问题(Brüggemann et al.，2016)。Teece(1986)提出了一个重要的观点，即企业能够攫取创新价值的关键是独占性机制和互补性资源(能力) ，前者可以帮助规避创新过程中被模仿抄袭的风险，后者则保障了外部资源的可得性。二者的相辅相成可以大大提升企业的创新获利。因此，本文在此试图探究客户关系与知识产权保护力度的关系。我们认为客户关系的紧密度从一定程度上可以反映企业互补能力的大小。借鉴张志元等(2022) 的研究，本文利用前五大客户的销售收入所占比重来衡量客户关系紧密度，并进一步按照中位数进行分组。

表 11 报告了分组回归的结果。结果表明，当企业对其客户有着高度依赖时，知识产权保护对数字化转型的促进作用更加显著，费舍尔检验的结果也表明了组间回归系数的差异显著性。这意味着，在高客户关联中，知识产权保护可以更好地发挥其创新激励作用。

表 11 客户关系的分组回归结果

	M1	M2
	低客户依赖	高客户依赖
IPP	1. 103 **	3. 393 ***
	(2. 90)	(7. 27)
Fisher test	−2. 289 ***	
CVs	YES	YES
Year	YES	YES
Ind	YES	YES
N	8150	7738
Adj_R²	0. 421	0. 345
F_value	139. 270	97. 700

5. 4 "共同进步"还是"强者更强"?

前述基线模型的验证结果表明知识产权保护有助于提升企业的数字化转型程度，但我们不禁思考，随着企业数字化转型水平的不断提升，知识产权保护产生的边际效应是递减还是递增的呢? 一方面，随着企业数字化转型的程度升高，可能会产生规模效应或学习效应，也就是说，数字化转型水平高的企业会具备一定的先发优势，这些企业想要继续提升相对于那些新转型企业而言可能会更加"得心应手"。此时，正式制度对数字化转型程度更高的企业促进作用更强，即"强者更强"。另一方面，数字经济水平逐渐提升也可能会导致市场竞争进一步加剧，导致资源掠夺更加激烈，进一步提升企业数字化转型的边际成本。从这一角度来看，正式制度也有可能对数字化转型水平低的企业促进作用更强，即"共同进步"。

因此，借鉴曾皓(2022) 的研究，本文按照分位数将企业按照数字化转型程度划分成三组(33%、66% 和 99%) 。表 12 展示了在不同分位数水平上，知识产权保护的作用差异。由此可见，随着企业数字化转型水平的提升，尽管有边际成本递增效应的存在，较高的知识产权保护力度可以降低知识侵占的风险，缓解市场竞争，从而使得规模效应占据主导。也就是说，在知识产权保护的保障下，数字化转型程度更高的企业可能提升更快，出现了一种"强者更强"的局面。

表 12   数字化转型不同水平的分组回归结果

	M1	M2	M3
	低分位组	中分位组	高分位组
IPP	−0.101	0.173	0.704**
	(−0.28)	(0.94)	(2.75)
CVs	YES	YES	YES
Year	YES	YES	YES
Ind	YES	YES	YES
N	5294	5278	5316
Adj_R^2	0.068	0.069	0.145

6. 结论

6.1 研究结论

为了适应数字经济时代的发展潮流，我国必须加快推进数字化转型进程，以实现企业的高质量发展，进而带动区域数字经济的发展。但当前我国制造企业面临经济体量大、发展不均衡、数字化进程缓慢的严峻问题，为了实现高质量的数字变革，企业应当合理利用内、外部治理机制，来驱动组织努力，加强组织赋能。为了探究良好的制度环境对企业数字化转型的作用，本文以 2010—2020 年中国沪深 A 股上市制造企业为研究对象，采用实证分析的方法，检验知识产权保护水平对数字化转型的影响。首先，基线模型的回归结果表明，知识产权保护可以有效促进企业的数字化转型；进一步，机制检验的结果表明，知识产权保护可以通过创新激励和信息优化两种渠道来推动企业的数字化转型。其次，我们考察了市场手段作为一种边界条件对"知识产权保护—数字化转型"关系的作用，结果表明市场竞争与知识产权保护二者是互补作用，可以深化正式制度对委托代理问题的抑制作用，增强管理层的变革意愿。最后，我们根据基准模型进行了拓展性研究一，异质性分析的结果表明知识产权保护对数字化转型的作用在企业的不同演变阶段以及不同性质的企业间存在显著差异，即知识产权保护的促进作用在成长期企业以及非国有企业中更加显著；拓展性研究二的结果进一步证实了知识产权保护这一外部制度对抑制管理层自利行为，缓解委托代理问题的作用；拓展性研究三中我们将视野转向整个制度体系，揭示了正式制度与客户关系这一非正式制度的互补作用，进一步证实了知识产权固有的"独占性机制"与密切的客户关系可能伴随的"互补能力"间的相辅相成；拓展性研究四的结果则表明正式制度的促进作用会呈现一种"逐项促进"的效果，即使数字化转型水平高的企业进步更快。

6.2 理论贡献

本文做出了一定的理论贡献：第一，本文将知识产权保护这一正式制度纳入企业数字化转型驱动因素的分析框架，并在委托代理理论、信号理论等的基础上厘清了知识产权保护的工作机理，丰富了已有的关于数字化转型驱动因素的文献，未来的研究可以进一步从不同的制度理论视角拓展一些宏观经济机制作为企业数字化转型的驱动因素。

第二，本文发现了市场竞争与知识产权保护（正式制度）的互补作用，已有的研究证实了市场竞争机制对数字化转型的促进作用（曾皓，2022），但并未进一步揭示市场这只"看不见的手"如何与知识产权保护等政府宏观调控手段相互作用。本文的结论可以启示未来的研究进一步探究不同的外部治理机制间的相互作用，以及它们的组合对数字化转型的影响。

第三，本文的进一步研究部分也得出了一些有趣的结果，一方面，本文揭示了管理层能力对数字化转型的消极影响，拓展了已有的关于管理层能力与企业绩效关系的文献（Chen et al.，2015；Baghdadi et al.，2018；Lin et al.，2021）。该部分的研究结论也进一步证实了知识产权保护是一种重要的外部治理机制，其对缓解委托代理成本具有重要作用。未来的研究可以基于不同的研究视角，找出其他可以有效抑制管理层自利的内部和外部治理机制。另一方面，客户关系型交易在中国商业交易活动中比较典型，我们的研究结论表明知识产权保护（独占性机制）与客户关系（互补性能力）具有互补作用，进一步验证了 Teece(1986) 的观点，丰富了相关文献。

6.3 实践启示

本文的研究结论也为政府和企业提供了一定的实践启示：从政府角度来看，第一，政府应当健全知识产权保护相关法律法规体系，加强政策引导，大力提升企业的知识产权保护意识和管理能力。第二，发挥政府的宏观调控作用，设立与企业创新能力相协调的制度机制，以实现创新资源公平、公开的配置，在保障"独占性机制"发挥作用的同时，不损害企业的创新互补能力。第三，异质性分析的结果也表明，为了实现数字经济背景下的均衡发展，政府在制定政策时要因地制宜、因时制宜，充分考虑到不同性质的企业的资源禀赋差异，制定差异性的、针对性的措施。一方面，对于非国有企业，政府应当充分考虑到这类企业面临的资源约束问题，因此政府应当保障创新资源的合理分配，为非国有企业创造良好的创新环境。另一方面，考虑到不同发展阶段的企业间存在的"数字鸿沟"问题，对于大企业来说，政府应当积极引导其战略发展方向，推动大企业的转型支撑作用和带动作用；对于小企业而言，仅有法律条文的保障是不够的，政府还应从融资保障、财税政策、资源分配等方面为成长期的企业提供政策支持。第四，尽管市场竞争是一种自发的无形的调节机制，但考虑到其与正式制度的相辅相成的关系，政府应当积极完善市场化机制，贯彻落实全国统一大市场相关政策，保障市场要素的自由流动，促进地区和行业的均衡发展。

从企业的角度来看，委托代理问题是企业数字化转型过程中面临的首要问题，为了缓解其影响，企业需要：第一，考虑到管理层自利行为对数字化转型的抑制作用，企业应当充分发挥内部治理机制的作用，加强对职业经理激励契约的完善，强化经理人风险承担的能力，以增强其进行数字化转型的意愿。第二，我们的研究结论表明创新能力对于企业数字化转型至关重要，因此企业内部应大力培养创新创业文化，时刻关注外部环境，避免陷入"组织刚性"和"认知僵性"的陷阱。第三，企业可以积极利用外部制度优势，主动申请专利保护，并在保护核心机密的前提下尽可能向投资者履行信息披露的义务，以增强企业在资本市场上的吸引力。

◎ 参考文献

[1] 柏培文，喻理. 数字经济发展与企业价格加成：理论机制与经验事实[J]. 中国工业经济，2021（11）.

[2] 陈永昌，孙鹏博，王宏鸣. 知识产权保护政策能否推动企业开放式创新？——以国家知识产权示范城市政策为准实验的经验研究[J]. 经济与管理研究，2023，44(4).

[3] 方颖，赵扬. 寻找制度的工具变量：估计产权保护对中国经济增长的贡献[J]. 经济研究，2011（5）.

[4] 韩先锋，宋文飞，李勃昕. 互联网能成为中国区域创新效率提升的新动能吗？[J]. 中国工业经济，2019(7).

[5] 何兴，金佳欢. 知识产权信用体系的理论构建与实践探索[J]. 浙江树人大学学报，2022，22(3).

[6] 李莉，闫斌，顾春霞. 知识产权保护、信息不对称与高科技企业资本结构[J]. 管理世界，2014（11）.

[7] 李莉，于嘉懿，顾春霞. 政治晋升、管理者权力与国有企业创新投资[J]. 研究与发展管理，2018，30(4).

[8] 凌鸿程，阳镇，陈劲. "破旧立新"还是"推陈出新"？——信任环境下的企业双元创新的重新审视[J]. 科学学与科学技术管理，2023，4(6).

[9] 卢强，杨晓叶，周琳云. 关系治理与契约治理对于供应链融资绩效的影响研究[J]. 管理评论，2022，34(8).

[10] 庞瑞芝，刘东阁. 数字化与创新之悖论：数字化是否促进了企业创新——基于开放式创新理论的解释[J]. 南方经济，2022(9).

[11] 王伦，林润辉. 研发伙伴组合多样性对突破式创新的影响研究——企业内外部环境因素的调节作用[J/OL]. 软科学，https://kns.cnki.net/kcms/detail//51.1268.G3.20221222.2000.001.html.

[12] 王新光. 外资股东能够推动数字经济发展吗？——基于企业数字化转型的视角[J]. 中国流通经济，2022，37(1).

[13] 吴超鹏，唐菂. 知识产权保护执法力度、技术创新与企业绩效——来自中国上市公司的证据[J]. 经济研究，2016，51(11).

[14] 吴非，常曦，任晓怡. 政府驱动型创新：财政科技支出与企业数字化转型[J]. 财政研究，

2021b(1).

[15]吴非,胡慧芷,林慧妍,等. 企业数字化转型与资本市场表现[J]. 管理世界,2021a(7).

[16]夏清华,黄剑. 市场竞争、政府资源配置方式与企业创新投入——中国高新技术企业的证据[J]. 经济管理,2019,41(8).

[17]向海凌,陈玉茹,吴非. QFII 持股促进企业数字化转型的机制研究——影响路径、企业异质性与提质补短效应[J]. 西部论坛,2022,32(6).

[18]徐细雄,李万利. 儒家传统与企业创新:文化的力量[J]. 金融研究,2019(9).

[19]徐子尧,张莉沙. 数字化转型与企业费用粘性——基于管理层自利视角的分析[J]. 金融经济学研究,2022,37(4).

[20]杨德明,刘泳文. "互联网+"为什么加出了业绩[J]. 中国工业经济,2018(5).

[21]易靖韬,蔡菲莹. 企业创新与贸易方式转型:知识产权保护和贸易自由化的调节作用[J]. 中国软科学,2019(11).

[22]张元庆,齐平,刘烁. 数字产品制造业与数字技术应用业耦合协调发展及其空间效应研究[J]. 江西社会科学,2022,42(12).

[23]张志元,马永凡. 危机还是契机:企业客户关系与数字化转型[J]. 经济管理,2022,44(11).

[24]赵宸宇. 数字化发展与服务化转型——来自制造业上市公司的经验证据[J]. 南开管理评论,2021,24(2).

[25]曾皓. 市场竞争机制促进了企业数字化转型吗?——基于市场准入负面清单制度的准自然实验[J/OL]. 外国经济与管理,https://doi.org/10.16538/j.cnki.fem.20220811.402.

[26]周云波,黄祺雨. 数字普惠金融与居民社会信任——基于经济公平和机会公平的双视角[J]. 现代经济探讨,2023(1).

[27]周泽将,汪顺,张悦. 知识产权保护与企业创新信息困境[J]. 中国工业经济,2022(6).

[28]Baghdadi, G. A., Bhatti, I. M., Nguyen, L. H. G., et, al. Skill or effort? Institutional ownership and managerial efficiency[J]. Journal of Banking & Finance, 2018, 91.

[29]Bertrand, M., Mullainathan, S. Enjoying the quiet life? Managerial behavior following anti-takeover legislation[J]. Journal of Political Economies, 2003, 11.

[30]Boldrin, M., Levine, D. K. The case against patents[J]. Journal of Economic Perspectives, 2013, 27(1).

[31]Brüggemann, J., Crosetto, P., Meub, L., Bizer, K. Intellectual property rights hinder sequential innovation: Experimental evidence[J]. Research Policy, 2016, 45(10).

[32]Burks, J. J., Cuny, C., Gerakos, J., et al. Competition and voluntary disclosure: Evidence from deregulation in the banking industry[J]. Review of Accounting Studies, 2018, 23(4).

[33]Chen, M.-J. Competitor analysis and inter-firm rivalry: Toward a theoretical integration[J]. Academy of Management Review, 1996, 21(1).

[34]Chen, T., Tribbitt, M. A., Yang, Y., et al. Does rivals innovation matter? A competitive dynamics perspective on firms' product strategy[J]. Journal of Business Research, 2017, 76.

［35］Chen, Y., Podolski, E. J., & Veeraraghavan, M. Does managerial ability facilitate corporate innovative success? ［J］. Journal of Empirical Finance, 2015, 34.

［36］Corvello, V., Belas J., Giglio C., et al. The impact of business owners' individual characteristics on patenting in the context of digital innovation［J］. Journal of Business Research, 2023, 155.

［37］Demerjian, P.R, Lev, B., McVay, S. Quantifying managerial ability：A new measure and validity tests ［J］. Management Science, 2012, 58.

［38］Derfus, P. J., Maggitti, P. G., Grimm, C. M., et al. The Red Queen effect：Competitive actions and firm performance［J］. Academy of Management Journal, 2008, 51(1).

［39］Fee, C. E., Hadlock, C. J., Pierce, J. R. Investment, financing constraints, and internal capital markets：Evidence from the advertising expenditures of multinational firms［J］. The Review of Financial Studies, 2009, 22 (6).

［40］Hsieh, K. Y., Tsai, W., & Chen, M. J. If they can do it, why not us? Competitors as reference points for justifying escalation of commitment［J］. Academy of Management Journal, 2015, 58(1).

［41］Jung, H. W. and A. Subramanian. Search, product market competition and CEO pay［J］. Journal of Corporate Finance, 2018, 69.

［42］Li, Y., Xie, E., Teo, H. H., et al. Formal control and social control in domestic and international buyer-supplier relationships［J］. Journal of operations Management, 2010, 28.

［43］Lin, Z., Patel, P., & Oghazi, P. The value of managerial ability and general ability for inventor CEOs ［J］. Journal of Business Research, 2021(135).

［44］Pérez-Goméz, P., Arbelo-Peréz, M., & Arbelo, A. Profit efficiency and its determinants in small and medium-sized enterprises in Spain［J］. BRQ Business Research Quarterly, 2018, 21(4).

［45］Ryan. The coercive isomorphism ripple effect：An investigation of nonprofit interlocks on corporate boards［J］. Academy of Management Journal, 2019, 62(1).

［46］Scuotto, V., Nicotra, M., Del Giudice., et al. A micro-foundational perspective on SMEs' growth in the digital transformation era［J］. Journal of Business Research, 2021, 129.

［47］Teece, D.J. Profiting from technological innovation：Implications for integration, collaboration, licensing and public policy［J］. Research Policy, 1986, 15(6).

［48］Verhoef, P. C., Broekhuizen, T., Bart, Y., et al. Digital transformation：A multidisciplinary reflection and research agenda［J］. Journal of Business Research, 2019, 122.

［49］Yu, T., & Cannella, A. A., Jr. Rivalry between multinational enterprises：An event history approach ［J］. Academy of Management Journal, 2007, 50(3).

［50］Yung, K. and T. Nguyen. Managerial ability, product market competition, and firm behavior［J］. International Review of Economics & Finance, 2020, 70.

The Impact and Mechanism of Intellectual Property Protection
on Manufacturers' Digital Transformation

Liu Xueyuan[1,2,3]　　Liu Qi[3]　　Song Gexuan[3]

(1　Centre for China Entrepreneur Study, Wuhan University, Wuhan, 430072;

2　Research Centre for China Industry-University-Research Institute Collaboration, Wuhan University, Wuhan, 430072;

3　School of Economics and Management, Wuhan University, Wuhan, 430072)

Abstract：Accelerating the construction of digital China and promoting the digital transformation of firms are the development requirements of the digital economy era. However, current manufacturing firms in China are facing severe challenges of large economic size but uneven development. This paper takes Chinese A-share listed manufacturing firms in Shanghai and Shenzhen from 2010 to 2020 as the research object, explores the role of intellectual property protection (formal regulation) on firms' digital transformation. The empirical results show that there is a positive relationship between intellectual property protection and digital transformation. Further, the above impact will be amplified in the fierce market competition (market means). At the same time, intellectual property protection can also play a role through two paths, namely, innovation impetus and information optimization. In addition, the results of heterogeneity analysis also indicate that the governance role of intellectual property protection is more significant in non-state-owned firms and growth oriented firms. The research conclusions of this paper can provide feasible suggestions for local government policy formulation and internal governance strategies of firms, in turn, facilitating digital transformation.

Key words：Digital transformation；Intellectual property protection；Market competition；Innovation impetus；Information optimization

专业主编：陈立敏

珞珈管理评论
2023 年卷第 5 辑（总第 50 辑）

Luojia Management Review
No. 5，2023（Sum. 50）

主管的管理公民行为和组织公民行为对下属组织公民行为的影响[*]
——社会信息加工视角的跨层研究

● 陈建安[1]　金泽林[1]　陈　武[2]　陈明艳[3]

（1　武汉大学经济与管理学院　武汉　430072；
2　江西师范大学商学院　南昌　330022；
3　上海交通大学安泰经济与管理学院　上海　200030）

【摘　要】主管的管理公民行为和组织公民行为是其分别作为领导角色和员工角色的对应行为表现，均能引导下属产生更多组织公民行为。依据社会信息加工理论，揭示主管的管理公民行为和组织公民行为分别对下属组织公民行为的差异化作用机制。基于 95 位主管和 660 名下属配对数据的跨层分析结果发现：主管的管理公民行为和组织公民行为均能激发下属的组织公民行为，且主管管理公民行为的影响力度大于主管组织公民行为；主管管理公民行为对下属组织公民行为的促进通过下属感知领导—成员交换关系质量和组织认同的中介产生作用；主管组织公民行为促进下属组织公民行为是依据观察模仿的自动化加工路径发挥作用。这些结论从社会信息加工视角深化了对主管角色行为作用于下属组织公民行为的机理认识，为领导促进下属组织公民行为的诠释提供有益补充。

【关键词】管理公民行为　组织公民行为　感知领导—成员交换关系质量　组织认同
社会信息加工

中图分类号：C93　　　文献标识码：A

1. 引言

如何激发员工的组织公民行为已经引起管理者和学者们的广泛关注。先前的志愿主义研究表明，

---

　* 基金项目：武汉大学自主科研项目（人文社会科学）"驱动员工内部创业的人力资源管理机制与政策研究"（项目批准号：2021PT045）。
　通讯作者：陈建安，E-mail：chenjianan@ whu. edu. cn。

员工从事组织公民行为是因为亲社会价值观、组织关注等利他性动机(Grant and Mayer, 2009; Lemmon and Wayne, 2015; Takeuchi et al., 2015)。后来的功利主义研究逐渐发现,员工决定是否从事组织公民行为也取决于他们如何解读所处情境而产生的工具性动机、印象管理动机和社会交换动机等利己性动机(Thompson et al., 2020; Carter et al., 2021)。面对工作环境的不确定性,员工的组织公民行为表现越来越受到管理者一言一行的影响。尤其是中国传统文化特别凸显领导既要做好本职工作、勇于担责,又要以身作则、率先垂范。主管表现的管理公民行为是其作为领导角色,指向下属的职责内应尽行为;主管表现的组织公民行为是其作为组织中员工角色,指向组织或泛化人际的职责外愿尽行为。那么,在引导下属产生更多组织公民行为的过程中,主管应该做好榜样的员工角色还是做好自己的领导角色?此问题的解答有助于指导主管在日常管理中如何通过改善自身的行为表现来有效激发下属的组织公民行为。

自从 Hodson(1999)提出管理公民行为以来,相关实证研究十分有限。为数不多的研究揭示,主管的管理公民行为积极影响员工的组织承诺(Broschak et al., 2008; Maume et al., 2014)、工作满意度和心理健康(Broschak et al., 2008; Rubin and Brody, 2011; Maume et al., 2014)、组织公民行为(Hodson, 1999, 2002)、工作反应(Broschak et al., 2008)和促进和谐的员工关系(Hodson, 1999, 2002)。但是,这些研究并没有诠释管理公民行为对下属组织公民行为的作用机制。另一方面,主管的组织公民行为影响下属组织公民行为的相关研究相对欠缺。仅有寥寥几篇实证研究发现领导的组织公民行为对团队的组织公民行为产生涓滴效应(Somech and Ohayon, 2020),或促进下属的角色内绩效(韩志伟和刘丽红,2019)。尤其是以上有关主管行为的实证研究往往将管理公民行为和组织公民行为视为独立构念。其实,主管的管理公民行为和组织公民行为是并存互补的,二者对下属的影响机制可能存在相互干扰。因此,旨在透彻分析主管的这两种角色行为的作用多元性,本研究把主管的管理公民行为和组织公民行为纳入同一框架,比较二者对下属组织公民行为的影响效应及差异化作用机制。

依据社会信息加工理论(Salancik and Pfeffer, 1978),员工的组织公民行为不仅受到组织情景中社会线索的影响,更是取决于其对该情景信息的加工和解读。对于下属来说,主管的管理公民行为和组织公民行为都是重要的社会信息,共同构成下属对主管的社会感知。由于管理公民行为根植于主管职位的合法性权力,下属对管理公民行为的信息加工和解读,存在以下两条路径:第一,主管因运营胜任和关系胜任行为传递的信息往往被下属感知为高胜任力。由于主管的运营胜任和关系胜任行为植根于以组织代理人身份拥有的合法性权力(Broschak et al., 2008; Hodson, 2002),这些行为体现的高胜任力感知往往会被下属解读为组织发展前景好和负责任的形象。组织在下属心目中的形象越好,下属对组织的认同感越强烈。第二,主管因伦理行为和家庭支持行为通常被下属感知为高亲和力,有利于拉近上下级之间的心理距离,进而让下属解读为自己是主管的圈内人。对组织认同强烈或将自己视为领导圈内人的下属,更可能表现出较多的组织公民行为。因此,本研究构建"主管管理公民行为→感知的领导—成员交换关系质量→下属组织公民行为"和"主管管理公民行为→组织认同→下属组织公民行为"的作用模型来揭示社会信息加工视角下主管的管理公民行为影响下属组织公民行为的作用机制。

由于主管的组织公民行为根植于自身的利他主义,下属对主管的组织公民行为的加工和解读,存在以下两条路径：第一，自动化加工。主管基于自身的角色规范和权威性通常被下属视为角色榜样，从而亲社会性的组织公民行为易于被下属观察和直接模仿。第二，受意识控制的加工和解读。主管表现的组织公民行为作为根植于利他主义的志愿行为，往往被下属感知为高亲社会性。主管的高亲社会性易被下属解读为其为他人和集体着想的可靠形象。在中国高权力距离的职场情境下，主管通常被认为是组织的形象代理人，从而下属会将对领导的认可迁移到对组织产生认同感。下属对组织认同感越强烈，越会表现组织公民行为。由此，本研究构建"主管组织公民行为→下属组织公民行为"和"主管组织公民行为→组织认同→下属组织公民行为"的作用模型来揭示社会信息加工视角下主管的组织公民行为影响下属组织公民行为的作用机制。

2. 概念区分与假设提出

2.1 管理公民行为与组织公民行为的区分

对于员工在工作场所的表现行为，Vandyne 等（1994）依据政治学领域描述的"公民"——国籍所在国法律规定享有权利和承担义务的人，界定了公民组织行为，涵盖组织成员做出对组织有益的所有积极行为，包括角色内外的积极行为。与公民组织行为不同，组织公民行为则由 Organ（1989）正式提出，被定义为个体自觉自愿表现的，尚未直接或间接得到正式规则制度或报酬系统认可的，但总体有利组织的角色外行为。中国情境下的组织公民行为包括公民道德、帮助同事、认真负责、人际和谐和保护组织资源（Farh et al.，1997）。这些组织公民行为的特性包括：（1）组织正式规范或工作说明书规定要求之外的志愿性；（2）没有被正式奖惩体系认可的无偿性；（3）对组织的有利性。

主管在工作场所中通常扮演多种职位角色，从而需要做出相应的多样化角色行为，并且这些行为几乎都是隐性的、宽泛的（Hodson，1999）。因此，旨在区分主管与普通员工角色内外行为表现，Hodson（1999）提出管理公民行为的概念，并将其作为和组织公民行为并行的互补行为。管理公民行为被定义为管理者在工作场所表现符合最低限度工作标准的行为，即在工作责任范围内指向下属的领导角色行为（Hodson，1999）。最初，管理公民行为被划分为运营胜任行为和关系胜任行为两个维度。运营胜任行为是管理者在确保生产经营中展现的行为，例如有序安排生产、维护良好设施和有效沟通；关系胜任行为是管理者尊重下属及其权利，并赢得下属信任的行为，例如关心下属，对下属提出实际的期望，赋予下属何时做好工作的权力，采纳下属的意见（Hodson，1999，2002）。后来，Rubin 和 Brody（2011）将管理公民行为的内容拓展为运营胜任行为、关系胜任行为、伦理行为和家庭支持行为四个维度。其中，伦理行为是管理者在与下属的交往中表现诚实和道德的行为；家庭支持行为是管理者理解、尊重下属的家庭需求，并提供恰当帮助的行为。

根据上述管理公民行为和组织公民行为的内涵和维度构成，主管的两种行为存在领导角色和员工角色、组织要求与自愿性、指向下属和指向组织或泛化人际的差异，如表 1 所示。

表 1	主管的管理公民行为与组织公民行为比较	
	主管的管理公民行为	主管的组织公民行为
研究对象	作为领导角色的职责行为	作为员工角色的志愿行为
行为性质	组织要求，合法性	自愿性，不直接或明确由正式奖励制度承认
行为对象	主管对下属	主管对同事、下属、上司或组织
行为维度	经营胜任行为、关系胜任行为、伦理行为、家庭支持行为	公民道德、帮助同事、认真负责、人际和谐、保护组织资源

2.2 假设的提出

2.2.1 感知领导—成员关系质量在主管管理公民行为与下属组织公民行为之间的中介效应

员工是嵌入在团队和组织之中的，必然经常需要与主管实施人际互动，因此主管的一言一行是激发下属产生工作相关行为的重要情景之一。胜任力（competence）和亲和力（warmth）是下属对主管进行社会感知和判断的两个基本维度（Cuddy et al.，2008）。管理公民行为是主管作为领导角色，在工作场所表现的指向下属的尽责行为，包括运营胜任行为、关系胜任行为、伦理行为和家庭支持行为。依据社会信息加工理论，伦理行为和家庭支持行为是友好的外在表现，通常被下属感知为高亲和力。高亲和力有利于拉近下属对主管青睐的心理距离，下属则倾向于依据与主管的心理距离来评判双方亲疏程度。

领导与下属的关系是建立在信任和责任的基础之上，超越雇佣合同规定的社会性交换过程（Liden and Graen，1980），涉及情感、忠诚、贡献和专业尊重（Liden and Maslyn，1998）。依据关系亲疏程度，下属被领导有意识地划分为圈内人和圈外人（Liden and Graen，1980）。由此推断，主管指向下属的伦理行为和家庭支持行为，被下属解读为自己与主管的社会交换关系质量高，并将自己主动归入主管的圈内人。相关研究也证实，主管在向下属展现伦理行为时，会给予下属心理资源，减少执行工作的不确定性（Michel and Tews，2016）；展现家庭支持行为时，能够增进相互信任与合作，并且提高下属的满意度和承诺（Hodson，2002）。将自己视为主管圈内人的下属有强烈的责任感，会更加努力工作或者通过组织公民行为来提升或强化"圈内人"角色（Liden and Graen，1980）。综合上述分析，提出以下假设：

H1：下属感知的领导—成员交换关系质量在主管管理公民行为与下属组织公民行为之间有中介作用。

2.2.2 组织认同在主管管理公民行为与下属组织公民行为之间的中介效应

依据社会信息加工理论，员工倾向于从工作环境中获取信息来应对不确定性。主管的管理公民行为直接指向下属，下属更可能在与主管的互动过程中通过观察主管的这些行为信息来解读组织的相关规范(Hodson，1999)。在管理公民行为中，运营胜任和关系胜任行为往往被下属感知为主管的高胜任力。在中国职场，下属不仅将主管视为个人，而且视为组织的代理人。因此，主管的高胜任力影响组织在下属心目中的地位，被解读为组织运营有序和组织是值得信任的，有助于减少下属的不确定性。相关研究也证实，主管向下属展现运营胜任和关系胜任的相关行为，会减少下属完成任务的不确定性(Michel and Tews，2016)，提高下属的自主性和努力工作的意愿(Hodson，1999)。尤其是，关系胜任行为使下属感觉受到重视和尊重，满足了下属的归属需求。组织认同是一种包含情感、身份认知和评价的综合心理状态，来源于个体自我提高、归属及减少不确定性的心理需求(Vough，2012)。因此，从社会信息加工的视角来说，主管指向下属的运营胜任行为和关系胜任行为，能够促进和提高下属对组织的认同感。

组织认同意味着员工与组织之间呈现良好的心理联系(Edwards and Peccei，2007)。员工的组织认同越强烈，会根据组织的身份来定义自我，从而对组织的依恋度越高。员工的依恋度越高，越愿意将组织的动机迁移到自我概念之中，像维护自己一样全力维护组织。因此，组织认同高的员工愿意站在组织的角度来思考问题，认为自己应当主动承担责任和做出有利于组织发展的公民行为，甚至为了组织的利益做出自我牺牲(Schuh et al.，2015)。尤其在集体主义文化中，组织认同是预测员工实施组织公民行为的重要因素(Lee et al.，2015)。由此，提出以下假设：

H2：组织认同在主管管理公民行为与下属组织公民行为之间有中介作用。

2.2.3 主管组织公民行为对下属组织公民行为的直接效应

从社会信息加工的视角来说，下属对观察到的主管行为信息的加工可能分为自动化加工和受意识控制性加工两类。其中，自动化加工是不带明确意图的无意识自然加工过程，受意识控制性加工则是有明确意图的有意加工过程。具体来说，通过控制性加工，下属从主管行为中获得该行为带来结果的积极认知或模仿此行为的效能预期，例如"该行为是恰当的、鼓励的""他行，我也行"。通过自动化加工，下属仅需观察到主管的行为，就可能无意识地简单模仿类似行为。在中国职场情境下，主管基于自身的权威性和角色规范通常被下属视为组织中的角色榜样(曹元坤等，2021)。将主管视为角色榜样的下属倾向于直接观察主管的一举一动，进而自动模仿类似行为。

主管作为组织的代表或代理人，被要求以身作则、率先垂范，同样会自觉从事不在正式工作要求范围之内，并对组织运作有利的组织公民行为。这些组织公民行为是主管作为员工角色，在工作场所的志愿表现。鉴于组织公民行为具有外显性和可观察性，以及主管在工作场所需要与下属频繁互动，下属有很多机会直接观察到主管的组织公民行为。此外，组织公民行为基本上是力所能及的自主行为，更需要个体的利他性动机驱动(Haque et al.，2019)。因此，主管的组织公民行为被下属观察到之后，容易感知为高亲社会性。高亲社会性的行为更容易被将主管视为角色榜样的下属自动模仿。由此推断，主管的组织公民行为能被自动模仿而促进下属的组织公民行为表现。根据上述分析，提出如下假设：

H3：主管的组织公民行为能直接促进下属的组织公民行为。

2.2.4 组织认同在主管组织公民行为与下属组织公民行为之间的中介效应

虽然组织公民行为是主管作为员工角色的相应表现,但是主管作为组织的代表或代理人,在工作场所的组织公民行为表现也可能被下属视为传递组织规范信息的来源之一。从社会信息加工的视角来说,下属对观察到的主管组织公民行为信息的加工存在受意识控制性加工过程。由于组织公民行为是社会利他性动机的外在表现,主管在工作场所志愿表现公民道德、帮助同事、认真负责、人际和谐和保护组织资源的组织公民行为,可能被下属感知为高亲社会性,即希望对他人付出帮助的内在人格特质。主管的高亲社会性易被下属进一步积极解读为其为他人着想的仁爱形象。尤其是在中国情境中,下属通常将主管视为组织行为规范和价值观的重要代表(汪林等,2009),进而会将对领导形象的认可迁移到对组织产生比较好的印象。

员工对组织内线索的感知是影响其对组织认同的重要因素之一(Lam et al.,2016)。已有研究证明,可信赖源自对能力、仁爱和诚信的认知(Mayer et al.,1995)。组织在员工心中的仁爱形象易于获得员工的信任。信任感是个体对组织产生认同的基础之一。因此,主管的组织公民行为能够促进下属对组织的认同感。对组织高度认同的下属会将组织身份纳入自我概念,内化一体感更强,更愿意奉献自己的时间和精力为组织做出贡献,包括本职工作的角色内行为和超越工作要求的组织公民行为(Evans and Davis,2014)。由此,提出如下假设:

H4:主管组织公民行为通过组织认同促进下属组织公民行为。

基于以上分析,本文研究模型如图 1 所示。

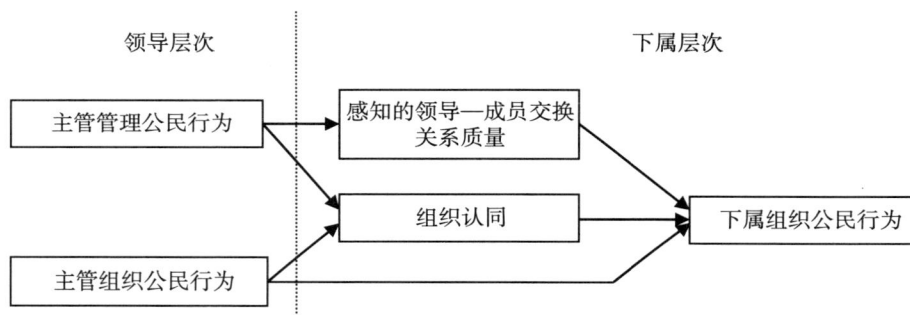

图 1 研究模型

3. 研究设计

3.1 数据收集与样本分布

本研究课题组共向北京、广东、湖北、湖南、江苏、四川、上海等省市企业的 95 位团队主管及其 900 名成员发放纸质调查问卷。这些企业的行业涉及制造业(32 家)、服务业(42 家)、互联网和新一代信息技术业(11 家)、其他领域(10 家)。在问卷的发放中,以配对方式收集数据,其中主管组织公民行为和下属组织公民行为由主管填写，主管管理公民行为、下属感知的领导—成员交换关系质量、组织认同和集体主义导向由下属填写。为确保配对有效性，在发放问卷时采用打包方式（包括1份含多页下属组织公民行为评价表的主管问卷和多份下属问卷、多份信封），委托主管发放给下属。研究组人员向团队主管提出如下要求：（1）主管在发放问卷之前对主管评价下属组织公民行为的量表页和下属填写的问卷进行一一对应编号处理，以便后期配对；（2）下属填写完毕之后将问卷装入信封，并密封提交主管。此次问卷发放之后，共回收95名团队主管及其726名下属的问卷。剔除填写不完善、明显规律等无效数据后，最终得到95名团队主管和660名下属的有效配对问卷，问卷有效回收率为73.33%。

如表2所示，在660名下属样本中，性别分布方面，男性占43.60%；年龄分布方面，25岁及以下的占21.50%、26~30岁的占26.10%、31~40岁的占31.40%、41~50岁的占14.40%和51岁及以上的占6.70%；工作年限分布方面，5~10年的占比最多为23.30%；受教育程度方面，82.00%具有大专及以上学历。95名主管样本中，男性占比52.60%，31~40岁的居多，占比达到40.00%；工作年限为10年及以上的占比最多，达69.40%；受教育程度方面，以大专和本科为主，占87.30%。

表2　　　　　　　　　　　　　　　　样本分布情况

变量	类别	频次（人）	百分比（%）	变量	类别	频次（人）	百分比（%）
主管性别	男	50	52.60	下属性别	男	288	43.60
	女	45	47.40		女	372	56.40
主管年龄	25岁及以下	5	5.30	下属年龄	25岁及以下	142	21.50
	26~30岁	17	17.90		26~30岁	172	26.10
	31~40岁	38	40.00		31~40岁	207	31.40
	41~50岁	25	26.30		41~50岁	95	14.40
	51岁及以上	10	10.50		51岁及以上	44	6.70
主管工作年限	1年及以下	2	2.10	下属工作年限	1年及以下	62	9.40
	1~3年	9	9.50		1~3年	114	17.30
	3~5年	3	3.20		3~5年	84	12.70
	5~10年	15	15.80		5~10年	154	23.30
	10~15年	29	30.50		10~15年	122	18.50
	15年以上	37	38.90		15年以上	124	18.80
主管受教育程度	中专及以下	3	3.20	下属受教育程度	中专及以下	119	18.00
	大专	35	36.80		大专	325	49.20
	本科	48	50.50		本科	196	29.70
	硕士及以上	9	9.50		硕士及以上	20	3.00

注：主管层 $n=95$，下属层 $n=660$。

3.2 变量测量

（1）主管管理公民行为（L_{MCB}）。采用 Rubin 和 Brody（2011）在 Hodson（1999）的基础上开发的测量量表，由经营胜任行为、关系胜任行为、道德行为和家庭支持行为四个维度共 15 个条目构成，如"主管积极从员工中寻找信息和新想法来指导他做出决策"和"当我有家庭或私事需要处理时，主管会照顾我"。管理公民行为作为直接主管指向下属做出的尽责行为，能够被下属观察和感知，因此由下属评价直接主管的管理公民行为更为合适（Rubin and Brody，2011）。聚合的拟合指数如下：ICC（1）= 0.182>0.12，Rwg 均值 = 0.829>0.70；ICC（2）= 0.613，未达到 0.70 的标准值。由于有较高的 Rwg 均值和显著的组间方差（β=0.108，$p<0.001$），聚合仍是可行的。

（2）主管组织公民行为（L_{OCB}）和下属组织公民行为（S_{OCB}）。采用 Farh 等（1997）的量表，由公民道德、帮助同事、认真负责、人际和谐和保护组织资源五个维度共 20 个条目构成。直接主管对下属的工作职责是什么非常确定和聚焦，在与下属互动过程之中能够清晰辨识下属的角色内外行为。因此，对于下属的组织公民行为，遵循 Farh 等（1997）的做法，由直接主管来进行他评，以规避自我评定中霍桑效应和社会称许的影响，条目举例如"该员工经常帮助同事解决工作上的问题"。主管拥有的多重角色导致下属认为组织公民行为是主管工作应尽职责的一部分，从而员工对主管的组织公民行为作为不同角色行为的边界是模糊和变化的（周如意等，2019）。因此，对于主管的组织公民行为，由主管进行自我报告，并对 Farh 等（1997）量表的条目进行适当调整，将"该员工"调整为"我"，举例如"我经常帮助同事解决工作上的问题"。

（3）感知的领导—成员交换关系质量（S_{LMX}）。采用 Liden 和 Maslyn（1998）开发的量表，适合由下属评价主管对待自己的交换关系质量。该量表由贡献、忠诚、情感和专业敬重四个维度共 12 个条目构成，如"和主管一起工作非常开心"和"如果我犯了无心之失，主管会在公司其他人面前为我辩护"。

（4）组织认同（S_{OI}）。采用 Edwards 和 Peccei（2007）开发的量表，由自我分类和标签化、组织目标和价值观的共享、组织归属和成员资格意识三个维度共 6 个条目构成。条目举例如"目前所在组织的工作是'我是谁'的重要组成部分"和"我认为自己是目前所在组织的人"。

（5）控制变量。根据数据的易获得性和参照现有的做法，在个体层次和领导层次上分别选择下属与主管的性别、年龄、工作年限、受教育程度作为控制变量。鉴于已有研究表明集体主义导向是组织公民行为的重要驱动因素（Erdogan and Liden，2010；Knippenberg et al.，2015），本研究将下属的集体主义导向（S_{CO}）纳入控制变量。对于集体主义导向的测量，采用 Earley（1993）开发的量表，由 8 个条目构成，如"想要了解我是谁，可以先从认识我的同事开始"。

4. 数据分析与假设检验

4.1 信度、收敛效度与区分效度分析

本研究采用 Mplus8.0 软件计算各变量的信度、收敛效度和区分效度，如表 3 所示。各量表的

Cronbach's α 系数介于 0.733~0.929，都大于 0.70；各潜变量的复合信度（CR）介于 0.734~0.932，均大于 0.70；各潜变量的 AVE 指数介于 0.512~0.822，均大于 0.50；各变量 AVE 值的平方根均大于其与其他变量的相关系数。这些信息表明各变量具备良好的信度、收效效度和区分效度。

表3 变量的信度与区分效度

变量	Cronbach's α 系数	复合信度	收敛效度	区分效度					
		CR	AVE	1	2	3	4	5	6
1. L_{MCB}	0.795	0.924	0.805	0.897					
2. L_{OCB}	0.918	0.821	0.610	0.158	0.781				
3. S_{LMX}	0.808	0.932	0.822	0.508	0.106	0.907			
4. S_{OI}	0.869	0.828	0.617	0.401	0.117	0.555	0.785		
5. S_{CO}	0.733	0.734	0.512	0.430	0.130	0.558	0.526	0.692	
6. S_{OCB}	0.929	0.877	0.705	0.439	0.216	0.490	0.441	0.443	0.840

4.2 同源偏差分析

为了减少同源偏差，本研究在数据收集过程中采用程序控制的方法：首先，以主管和下属配对多源收集数据；其次，采用匿名方式填写问卷以减少被试者对研究目的的猜度；最后，在问卷中设置反向计分的题项，并在问卷的每部分均设计对变量进行解释的指导语。

在数据收集之后，基于下属层面的数据，采用 Harman 单因素检验法和不可测量潜在方法因子效应控制来评判同源方法偏差严重程度。在 Harman 单因素检验法中，采用 SPSS 26.0 统计软件对本研究中所有构念的条目进行探索性因子分析，结果显示：在未旋转的情况下，分析后得到第一个因子解释的变异量为 24.302%，小于 40% 的临界值，表明同源偏差并不严重。不可测量潜在方法因子效应控制分析结果如表4所示，七因子模型中 CFI 等拟合指数的改善程度小于 0.10，RMSEA 的改善程度小于 0.05，说明同源偏差对分析结论的影响在可接受范围之内。

4.3 验证性因子分析

鉴于管理公民行为、感知的领导—成员交换关系质量和组织公民行为均为多维构念，且样本量受限，运用平衡法对测量题目进行打包处理，旨在减少参数估计偏倚的问题。采用 AMOSS22.0 实施验证性因子分析的结果如表4所示，六因子模型的拟合效果（$\chi^2/df = 4.344 < 5$；TLI $= 0.934 > 0.90$；CFI $= 0.948 > 0.90$；RMSEA $= 0.071 < 0.08$；SRMR $= 0.047 < 0.08$）最为理想，且明显优于其他模型。以上分析结果进一步表明各构念之间具有良好的区分效度。

表 4 　　　　　　　　　　　　　　　　　　验证性因子分析结果

模　型	χ^2	df	χ^2/df	CFI	TLI	RMSEA	SRMR
七因子模型（S_{LMX}、S_{OI}、S_{OCB}、L_{MCB}、L_{OCB}、S_{CO}、C_{MV}）	445.292	117	3.803	0.958	0.944	0.065	0.038
六因子模型（S_{LMX}、S_{OI}、S_{OCB}、L_{MCB}、L_{OCB}、S_{CO}）	521.262	120	4.344	0.948	0.934	0.071	0.047
五因子模型（S_{LMX}、S_{OI}、S_{OCB}、L_{MCB}、$L_{OCB}+S_{CO}$）	1139.716	125	9.118	0.869	0.839	0.111	0.143
四因子模型（S_{LMX}、S_{OI}、S_{OCB}、$L_{MCB}+L_{OCB}+S_{CO}$）	1679.226	129	13.017	0.799	0.762	0.135	0.121
三因子模型（S_{LMX}、S_{OI}、$S_{OCB}+L_{MCB}+L_{OCB}+S_{CO}$）	2610.260	132	19.775	0.679	0.628	0.169	0.147
二因子模型（S_{LMX}、$S_{OI}+S_{OCB}+L_{MCB}+L_{OCB}+S_{CO}$）	3310.226	134	24.703	0.589	0.531	0.190	0.166
单因子模型（$S_{LMX}+S_{OI}+S_{OCB}+L_{MCB}+L_{OCB}+S_{CO}$）	4364.088	135	32.327	0.453	0.380	0.218	0.130

注：C_{MV} 表示方法潜变量；+表示融合。

4.4　相关分析

如表 5 所示，在下属层面，S_{LMX}（$r=0.435$，$p<0.01$）和 S_{OI}（$r=0.376$，$p<0.01$）分别与 S_{OCB} 的相关系数均是显著的，S_{CO} 与 S_{OCB} 的相关系数（$r=0.362$，$p<0.01$）是显著的；在主管层面，L_{MCB} 和 L_{OCB} 的相关系数（$r=0.066$，$p>0.05$）不显著。这些相关分析结果为后续的假设检验提供必要的判断基础。

表 5 　　　　　　　　　　　　　　　　变量的均值、标准差与相关系数

变量	均值	标准差	1	2	3	4	5	6	7	8
下属层面										
1. 性别	1.564	0.496	—							
2. 年龄	2.586	1.167	0.081*	—						
3. 工作年限	3.806	1.602	0.100*	0.777**	—					
4. 受教育程度	2.177	0.754	−0.012	0.054	0.041	—				
5. S_{OCB}	3.780	0.553	0.011	−0.154**	−0.051	0.085*	—			
6. S_{OI}	3.732	0.696	0.006	−0.062	0.007	−0.086*	0.376**	—		
7. S_{LMX}	3.677	0.722	0.069	−0.155**	−0.145**	−0.003	0.435**	0.500**	—	
8. S_{CO}	3.649	0.574	0.061	−0.123**	−0.122**	0.005	0.362**	0.409**	0.461**	—
主管层面										
1. 性别	1.486	0.500	—							
2. 年龄	3.195	1.035	0.097*	—						
3. 工作年限	4.826	1.357	−0.036	0.670**	—					

续表

变量	均值	标准差	1	2	3	4	5	6	7	8
4. 受教育程度	2.608	0.672	0.144**	0.028	0.005	—				
5. L_{MCB}	3.716	0.772	−0.135**	−0.048	−0.071	0.053	—			
6. L_{OCB}	3.928	0.422	−0.232**	−0.021	0.039	−0.103**	0.066	—		

注：* 、** 、*** 分别表示 $p<0.05$、$p<0.01$、$p<0.001$（双侧检验）；主管层 $n=95$，下属层 $n=660$。

4.5 假设检验

鉴于涉及主管与下属之间行为的跨层路径和嵌套数据，本研究运用 Mplus8.0 软件来检验整个跨层模型。在实施跨层分析之前，先评估下属层面中介变量和因变量的个体组内和组间方差，旨在判断实施跨层分析的可行性。具体操作如下，分别以下属组织公民行为、感知的领导—成员交换关系质量和组织认同为因变量进行零模型分析，结果显示：下属组织公民行为（$\tau_{00}=0.085$，$p<0.001$；ICC（1）=0.274）、感知的领导—成员交换关系质量（$\tau_{00}=0.120$，$p<0.001$；ICC（1）=0.230）和组织认同（$\tau_{00}=0.062$，$p<0.01$；ICC（1）=0.127）的组间方差均是显著的，分别占总方差比为 27.4%、23% 和 12.7%，均大于 0.12 的判定标准。由此推断，以多水平结构方程模型来开展跨层分析是合适的。

在对控制变量进行控制之后，本研究分别对整体测量模型进行单水平和多水平结构方程模型建模，对比检验结果如表 6 所示。多水平结构方程模型拟合情况（$\chi^2/df=3.456$，CFI=0.905，TLI=0.881，RMSER=0.061）明显优于单水平结构方程模型（$\chi^2/df=4.805$，CFI=0.886，TLI=0.863，RMSER=0.076）。由此推断，组间模型拟合相对较差（SRMR（组间）=0.137>0.10），但是依据其他拟合指数来判断，多水平结构方程模型比单水平结构方程模型具有更好的解释力。整体测量模型的多水平结构方程运行结果如图 2 所示，与相关分析结果基本一致。

表 6 　　　　　　　　　　　单水平与多水平结构方程模型的拟合效果比较

模型	AIC	BIC	调整 BIC	χ^2	df	χ^2/df	CFI	TLI	RMSEA	SRMR	SRMR（组内）	SRMR（组间）
单水平结构方程模型	15248.706	15625.544	15358.843	1196.408	249	4.805	0.886	0.863	0.076	0.088		
多水平结构方程模型	13116.915	13574.503	13250.652	766.738	222	3.456	0.905	0.881	0.061		0.066	0.137

首先，构建主管管理公民行为（L_{MCB}）、主管组织公民行为（L_{OCB}）、感知的领导—成员交换关系质量（S_{LMX}）和组织认同（S_{OI}）分别对下属组织公民行为（S_{OCB}）的直接作用路径模型，如表 7 中模型 1 所示。L_{MCB} 对 S_{OCB} 有显著的正向作用（$\beta=0.255$，$p<0.05$），L_{OCB} 对 S_{OCB} 有显著的正向作用（$\beta=0.190$，

$p<0.01$);S_{LMX} 和 S_{OI} 分别对 S_{OCB} 有显著的正向影响($\beta=0.144$,$p<0.01$;$\beta=0.134$,$p<0.01$)。

其次,在模型 1 的基础上纳入中介变量——感知的领导—成员交换关系质量(S_{LMX})和组织认同(S_{OI})构建中介作用路径模型,如表 7 中模型 2 所示。S_{LMX} 和 S_{OI} 分别在 L_{MCB} 和 S_{OCB} 之间的中介效应显著($\beta=0.082$,$p<0.001$;$\beta=0.025$,$p<0.01$),且加入中介变量之后 L_{MCB} 对 S_{OCB} 的直接作用变得不显著($\beta=0.226$,$p>0.05$);S_{OI} 在 L_{OCB} 和 S_{OCB} 之间的中介效应并不显著($\beta=0.010$,$p>0.05$),但是 L_{OCB} 对 S_{OCB} 的直接效应仍然是显著的($\beta=0.182$,$p<0.01$)。

综合上述分析和图 2 呈现的结果,假设 H1、H2 和 H3 得到数据的支持,假设 H4 没有得到数据的支持。进一步根据表 7,L_{MCB} 对 S_{OCB} 正向作用($\beta=0.255$,$p<0.05$)大于 L_{OCB} 对 S_{OCB} 的正向作用($\beta=0.190$,$p<0.01$)。由此推断,对下属组织公民行为的引发效果来说,主管管理公民行为的影响大于主管组织公民行为产生的影响。

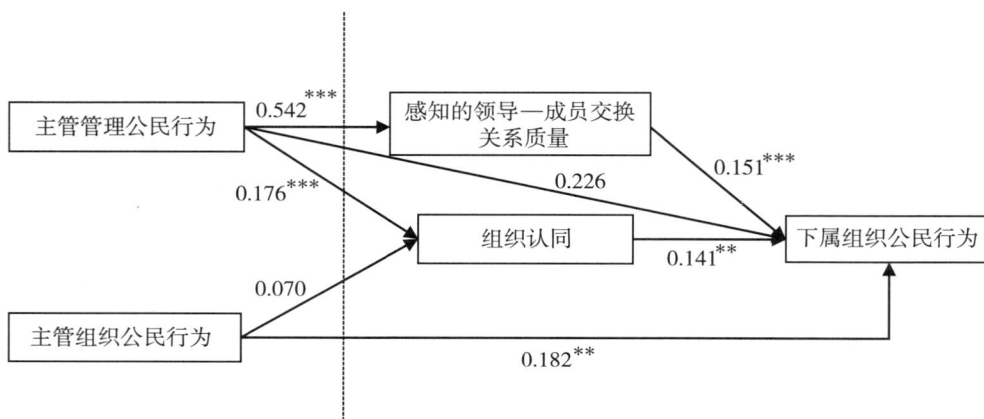

注:(1)为保持路径图的简洁性,未将控制变量对主要研究变量的路径系数画入模型中;
(2)* 表示 $p<0.05$,** 表示 $p<0.01$,*** 表示 $p<0.001$(双侧检验)。

图 2　跨层中介效应结构方程模型的变量间路径系数

表 7　　　　　　　　　　　直接效应与中介效应分析结果

路径	模型 1			模型 2		
	β	SE	置信区间	β	SE	置信区间
直接效应						
$L_{MCB} \rightarrow S_{OCB}$	0.255*	0.102	[0.071, 0.309]	0.226	0.092	[-0.046, 0.406]
$L_{MCB} \rightarrow S_{LMX}$				0.542***	0.062	[0.419, 0.664]
$L_{MCB} \rightarrow S_{OI}$				0.176***	0.025	[0.127, 0.225]
$S_{LMX} \rightarrow S_{OCB}$	0.144**	0.048	[0.050, 0.238]	0.151***	0.043	[0.068, 0.235]
H3:$L_{OCB} \rightarrow S_{OCB}$	0.190**	0.061	[0.055, 0.454]	0.182**	0.062	[0.061, 0.303]
$L_{OCB} \rightarrow S_{OI}$				0.070	0.044	[-0.015, 0.155]
$S_{OI} \rightarrow S_{OCB}$	0.134**	0.050	[0.036, 0.232]	0.141**	0.049	[0.046, 0.236]

续表

路径	模型 1			模型 2		
	β	SE	置信区间	β	SE	置信区间
中介效应						
H1：$L_{MCB} \rightarrow S_{LMX} \rightarrow S_{OCB}$				0.082 ***	0.024	[0.035, 0.129]
H2：$L_{MCB} \rightarrow S_{OI} \rightarrow S_{OCB}$				0.025 **	0.010	[0.006, 0.043]
H4：$L_{OCB} \rightarrow S_{OI} \rightarrow S_{OCB}$				0.010	0.007	[-0.003, 0.023]

注：* 表示 $p < 0.05$，** 表示 $p < 0.01$，*** 表示 $p < 0.001$；β 为标准化回归系数，SE 为标准误。

为了进一步检验结果的稳健性，本研究借助 R 软件运用蒙特卡洛方法进行 20000 次重复抽样分析主效应和中介效应。虽然大部分研究文献并不呈现直接效应的分析结果，但是本研究因涉及的直接效应和间接效应路径比较多，同时呈现两类效应路径的置信区间，旨在力求结果呈现的完整性。如表 8 所示，主管管理公民行为（L_{MCB}）对下属组织公民行为（S_{OCB}）的主效应值为 0.222，95% 置信区间为 [-0.044，0.403]，包含 0；感知的领导—成员交换关系质量（S_{LMX}）在 L_{MCB} 和 S_{OCB} 之间的中介效应值为 0.080，95% 置信区间为 [0.035，0.134]；组织认同（S_{OI}）在 L_{MCB} 和 S_{OCB} 之间的中介效应值为 0.025，95% 置信区间为 [0.008，0.045]，均不包括 0。由此推断，H1 和 H2 得到进一步验证，并且 S_{LMX} 和 S_{OI} 发挥完全中介作用。S_{OI} 在主管组织公民行为（L_{OCB}）和 S_{OCB} 之间的中介效应值为 0.009，95% 置信区间为 [-0.002，0.026]，包含 0；L_{OCB} 对 S_{OCB} 的主效应值为 0.181，95% 置信区间为 [0.058，0.306]，不包含 0。由此推断，H3 进一步得到验证，H4 不成立。上述稳健性检验结果表明，跨层结构方程分析的结果均保持不变。

表 8 　　　　　　　　　　　**中介效应的蒙特卡洛分析结果（Bootstrap = 20000）**

路　　径	效应值	95% 置信区间	
		LL（下限）	UL（上限）
$L_{MCB} \rightarrow S_{OCB}$	0.222	-0.044	0.403
$L_{MCB} \rightarrow S_{LMX} \rightarrow S_{OCB}$	0.080	0.035	0.134
$L_{MCB} \rightarrow S_{OI} \rightarrow S_{OCB}$	0.025	0.008	0.045
$L_{OCB} \rightarrow S_{OCB}$	0.181	0.058	0.306
$L_{OCB} \rightarrow S_{OI} \rightarrow S_{OCB}$	0.009	-0.002	0.026

注：效应值为非标准化效应。

5. 结论与讨论

5.1 研究结论

本研究得到如下结论：（1）主管的管理公民行为和组织公民行为均能激发下属的组织公民行为，

并且前者产生的影响效应大于后者；(2)感知的领导—成员交换关系质量和组织认同在主管管理公民行为和下属组织公民行为之间发挥完全中介作用；(3)主管组织公民行为遵循观察模仿的自动化加工路径直接促进下属组织公民行为，但是组织认同并不在二者之间发挥中介作用。

值得解释的是，主管的组织公民行为并不能通过组织认同对下属组织公民行为产生影响，可能原因在于：依据社会信息加工理论，下属对主管组织公民行为的信息加工过程受到下属人格特质的影响。从本研究的调研样本分布来看，79%被试的年龄在 40 岁以内，属于 20 世纪 80 年代后出生的新生代员工。他们的工作价值观包含功利导向、内在偏好、人际和谐、创新导向和长期发展(侯烜方等，2014)，自我意识追求更强。管理公民行为能够激发下属的组织认同，主要在于：(1)管理公民行为根植于主管的合法性权力，易被新生代下属解读为组织意图；(2)管理公民行为直接指向下属，能够满足新生代下属的减少不确定性和归属需求。然而，主管的组织公民行为根植于其利他主义，并不会被新生代下属解读为组织意图或组织规范。主管的组织公民行为直接指向组织或泛化人际，并不能满足新生代下属自我提高、归属及减少不确定性的心理需求。因此，新生代下属并不会因主管的组织公民行为而产生组织认同。当然，在高权力距离的中国职场情境中，主管是所辖部门或团队的核心人物，掌握关键资源分配及晋升、奖惩等人事决策权。因此，当主管在工作场所表现组织公民行为时，新生代下属仍然会受印象管理动机驱动表现出类似的组织公民行为。

5.2 理论贡献

(1)从社会信息加工视角揭示主管的管理公民行为促进下属组织公民行为的作用机制，拓展了管理公民行为产生影响的理论视角。自从 Hodson(1999)提出管理公民行为的概念以来，关于管理公民行为在中国情境下的适用性研究则相对鲜有。基于西方情景开展的相关研究主要是从社会交换理论或社会认同理论视角探讨管理公民行为对下属心理和情感的作用机制，忽视管理公民行为如何影响员工的行为表现(Rubin and Brody，2011)。与前人的关注点不同，本研究从社会信息加工的视角，揭示主管的管理公民行为被感知为高胜任力和高亲和力，分别通过组织认同和感知的领导—成员交换关系质量激发下属组织公民行为的产生。该结论既突破前人研究忽视管理公民行为如何促进下属组织公民行为作用机制的局限，也拓展了相关研究的理论诠释视角。

(2)揭示主管的领导行为"束"——管理公民行为和组织公民行为分别对下属组织公民行为的作用差异，为领导促进下属组织公民行为的诠释提供有益补充。已有研究集中关注主管的亲社会倾向、核心自我评价和情绪智力等积极人格特质(王震等，2012；Joo and Jo，2017；吴琴等，2020；Ete et al.，2020)，及仆人型领导、自我牺牲型领导、变革型领导、伦理型领导等不同类型领导风格(Gilmore et al.，2013；Mo and Shi，2017；Newman et al.，2017；周如意等，2019；Abdullahi et al.，2020)均能驱动下属的组织公民行为。但是，这些研究仅针对单个或多个领导行为构成的领导风格进行讨论，忽略了主管角色行为的复杂性和多元性。本研究将主管的角色行为划分为管理公民行为和组织公民行为两类行为"束"，澄清主管的管理公民行为被下属感知为高胜任力和高亲和力，主管的组织公民行为被下属感知为高亲社会性。进一步从社会信息加工视角，实证发现：主管的管理公民行为和组织公民行为对下属组织公民行为的影响效应和作用机制产生差异。这些结论深化了对主管不同角色行为对下属行为作用的机理认识。

5.3 管理启示

（1）管理公民行为和组织公民行为分别是主管作为领导角色和员工角色在工作场所的对应表现，对促进下属的组织公民行为是非常重要的。这意味着高层管理者应引导一线主管做好"好领导"和扮演好"好榜样"两种公民角色来促进员工从事组织公民行为，尤其重点鼓励主管尽职尽责做好领导角色。当然，现实中主管的管理胜任力是存在差异的，从而管理公民行为的表现水平也参差不齐。企业可以将志愿主义价值取向纳入管理层的选拔，以主管的组织公民行为表现来弥补管理公民行为表现的不足。

（2）感知的领导—成员交换关系质量和组织认同是管理公民行为激发下属组织公民行为的心理枢纽。这暗示着主管在履职中需要技巧性地善用尽职尽责的管理公民行为，重点关注与下属形成良好的领导—成员交换关系质量和赢得下属的组织认同，才能发挥"好领导"激发下属组织公民行为的有效性。

（3）好榜样的"上行下效"关键在于有意提高主管组织公民行为的被观察性。从社会信息加工的视角，主管组织公民行为直接促进下属组织公民行为。这意味着主管若希望激发下属的组织公民行为，可以率先垂范做员工的"好榜样"，并有意提高自身组织公民行为的被观察性或加大相关好人好事的宣传力度，才能充分发挥组织公民行为作为管理艺术的潜在效用，成为下属心中的旗帜和标杆。

5.4 研究局限与展望

本研究的局限在于：（1）中西方文化差异可能导致管理公民行为的内容维度和测量题项存在不同，本研究中管理公民行为的测量采用国外情境下开发的现有量表，这可能影响该构念测量的可靠性；（2）本研究既没有对管理公民行为的四个维度如何影响下属组织公民行为进行细化分析，也缺乏对主管管理公民行为如何影响下属的组织指向和人际指向两类组织公民行为开展对比分析；（3）本研究没有挖掘主管的管理公民行为和组织公民行为分别在何种情境下更有效激发下属的组织公民行为。

未来研究的展望包括：（1）按照标准化流程开发具有本土特色的管理公民行为量表，或对国外现成量表进行适应性测试和调整；（2）比较经营胜任、关系胜任、伦理行为和家庭支持四个维度分别对下属的组织指向公民行为和人际指向公民行为的作用差异，为主管如何针对性实施管理公民行为提供指导；（3）挖掘主管角色行为对下属组织公民行为产生影响的边界条件。依据社会信息加工理论，下属对主管行为的感知、解读和反应除受到主管行为特征的影响之外还受到下属人格特征、工作环境等因素的影响。例如，在高度不确定工作环境下，主管一言一行传递的信息对于下属的行为产生来说尤为重要；拥有高主动性人格的下属倾向于积极主动改变所处的工作环境，进而可能弱化主管角色行为对其组织公民行为的促进作用；下属的权力距离导向会影响其看待主管的组织代理人身份，进而可能强化下属对主管角色行为的赞赏和认可程度。因此，可以从下属的主动性人格和权力距离导向、任务不确定性等因素，挖掘主管的两种角色行为对下属组织公民行为产生影响的边界条件，以便指导管理者根据下属特征如何权变表现管理公民行为和组织公民行为。

◎ **参考文献**

[1]曹元坤, 周青, 祝振兵, 等. 中国情境勇敢追随行为的量表开发及检验[J]. 珞珈管理评论, 2021 (1).

[2]韩志伟, 刘丽红. 团队领导组织公民行为的有效性: 以双维认同为中介的多层次模型检验[J]. 心 理科学, 2019, 42(1).

[3]侯烜方, 李燕萍, 涂乙冬. 新生代工作价值观结构、测量及对绩效影响[J]. 心理学报, 2014, 46 (6).

[4]汪林, 储小平, 倪婧. 领导—部属交换、内部人身份认知与组织公民行为——基于本土家族企业 视角的经验研究[J]. 管理世界, 2009(1).

[5]王震, 孙健敏, 张瑞娟. 管理者核心自我评价对下属组织公民行为的影响: 道德式领导和集体主 义导向的作用[J]. 心理学报, 2012, 44(9).

[6]吴琴, 张骁, 李嘉, 等. 领导亲社会倾向对员工组织公民行为影响的跨层次研究[J]. 管理学报, 2020, 17(10).

[7]徐伟, 冯文芳, 吴悦. 混改背景下国企关键人激励机制有利于探索式创新吗? [J]. 济南大学学 报(社会科学版), 2021(3).

[8]周如意, 冯兵, 熊婵, 等. 角色理论视角下自我牺牲型领导对员工组织公民行为的影响[J]. 管理 学报, 2019, 16(7).

[9]Abdullahi, A. Z., Anarfo, E. B., Anyigba, H. The impact of leadership style on organizational citizenship behavior: Does leaders' emotional intelligence play a moderating role? [J]. Journal of Management Development, 2020, 39(9/10).

[10]Broschak, J. P., Davis-Blake, A., Block, E. S. Nonstandard, not substandard: The relationship among work arrangements, work attitudes and job performance[J]. Work & Occupations, 2008,35(1).

[11]Carter, K. M., Harman, D. M., Walter, S. L., et al. Relationship of immediate workspace and environmental workplace with organizational citizenship behaviors[J]. Journal of Managerial Psychology, 2021, 36(4).

[12]Cuddy, A. J. C., Fiske, S. T., Glick, P. Warmth and competence as universal dimensions of social perception: The stereotype content model and the BIAS map[J]. Advances in Experimental Social Psychology, 2008, 40(7).

[13]Earley, P. C. East meets west meets mideast: Further explorations of collectivistic and individualistic work groups[J]. Academy of Management Meeting Proceedings, 1993, 36(2).

[14]Edwards, M. R., Peccei, R. Organizational identification: Development and testing of a conceptually grounded measure[J]. European Journal of Work and Organizational Psychology, 2007, 16 (1).

[15]Erdogan, B., Liden, R. C. Collectivism as a moderator of responses to organizational justice:

Implications for leader-member exchange and ingratiation[J]. Journal of Organizational Behavior, 2010, 27(1).

[16]Ete, Z., Sosik, J. J., Cheong, M., et al. Leader honesty/humility and subordinate organizational citizenship behavior: A case of too much of a good thing? [J]. Journal of Managerial Psychology, 2020,35(5).

[17]Evans, W. R., Davis, W. Corporate citizenship and the employee: An organizational identification perspective[J]. Human Performance, 2014, 27 (2).

[18]Farh, J. L., Earley, P. C., Lin, S. C. Impetus for action: A cultural analysis of justice and organizational citizenship behavior in Chinese society[J]. Administrative Science Quarterly, 1997, 42 (3).

[19]Gilmore, P. L., Xiao, H. U., Wei, F., et al. Positive affectivity neutralizes transformational leadership's influence on creative performance and organizational citizenship behaviors[J]. Journal of Organizational Behavior, 2013, 34(8).

[20]Grant, A. M., Mayer, D. M. Good soldiers and good actors: Prosocial and impression management motives as interactive predictors of affiliative citizenship behaviors[J]. Journal of Applied Psychology, 2009, 94(4).

[21]Haque, A., Fernando, M., Caputi, P. Responsible leadership, affective commitment and intention to quit: An individual level analysis[J]. Leadership & Organization Development Journal, 2019,40(1).

[22]Hodson, R. Management citizenship behavior: A new concept and an empirical test [J]. Social Problems, 1999, 46(3).

[23]Hodson, R. Management citizenship behavior and its consequences[J]. Work & Occupations, 2002, 29 (1).

[24]Joo, B. K., Jo, S. J. The effects of perceived authentic leadership and core self-evaluations on organizational citizenship behavior: The role of psychological empowerment as a partial mediator[J]. Leadership & Organization Development Journal, 2017, 38(3).

[25]Knippenberg, D. V., Prooijen, J.W.V., Sleebos, E. Beyond social exchange: Collectivism's moderating role in the relationship between perceived organizational support and organizational citizenship behaviour [J]. European Journal of Work and Organizational Psychology, 2015, 24(1).

[26]Lam, L. W., Liu, Y., Loi, R. Looking intra-organizationally for identity cues: Whether perceived organizational support shapes employees' organizational identification[J]. Human Relations, 2016, 69 (2).

[27]Lee, E. S., Park, T. Y., Koo, B. Identifying organizational identification as a basis for attitudes and behaviors: A meta-analytic review[J]. Psychological Bulletin, 2015, 141(5).

[28]Lemmon, G., Wayne, S. J. Underlying motives of organizational citizenship behavior: Comparing egoistic and altruistic motivations[J]. Journal of Leadership & Organizational Studies, 2015, 22(2).

[29]Liden, R. C., Graen, G. Generalizability of the vertical dyad linkage model of leadership[J]. Academy

of Management Journal, 1980, 23(3).

[30]Liden, R. C., Maslyn, J. M. Multidimensionality of leader-member exchange: An empirical assessment through scale development[J]. Journal of Management,1998, 24(1).

[31]Maume, D. J., Rubin, B. A., Brody, C. J. Race, management citizenship behavior, and employees' commitment and well-being[J]. American Behavioral Scientist, 2014, 58(2).

[32]Mayer, R. C., Davis, J. H., Schoorman, F. D. An integrative model of organizational trust [J]. Academy of Management Review, 1995, 20(3).

[33]Michel, J. W., Tews, M. J. Does leader-member exchange accentuate the relationship between leader behaviors and organizational citizenship behaviors? [J]. Journal of Leadership & Organizational Studies, 2016, 23(1).

[34]Mo, S., Shi, J. Linking ethical leadership to employees' organizational citizenship behavior: Testing the multilevel mediation role of organizational concern[J]. Journal of Business Ethics, 2017, 141(1).

[35]Newman, A., Schwarz, G., Cooper, B., et al. How servant leadership influences organizational citizenship behavior: The roles of LMX, empowerment, and proactive personality [J]. Journal of Business Ethics, 2017, 145(1).

[36]Organ, D. W. Organizational citizenship behavior: The good soldier syndrome [J]. Administrative Science Quarterly, 1989, 41(6).

[37]Rubin, B. A., Brody, C. J. Operationalizing management citizenship behavior and testing its impact on employee commitment, satisfaction, and mental health[J]. Work & Occupations, 2011, 38(4).

[38]Salancik, G. R., Pfeffer, J. A social information processing approach to job attitudes and task design [J]. Administrative Science Quarterly, 1978, 23(2).

[39]Schuh, S. C., Zhang, X. A., Egold, W., et al. Leader and follower organizational identification: The mediating role of leader behaviour and implications for follower OCB[J]. Journal of Occupational and Organizational Pshchology, 2015,85(2).

[40]Somech, A., Ohayon, B. E. The trickle-down effect of OCB in schools: The link between leader OCB and team OCB[J]. Journal of Educational Administration, 2020,58(6).

[41]Takeuchi, R., Bolino, M. C., Lin, C. C. Too many motives? The interactive effects of multiple motives on organizational citizenship behavior[J]. Journal of Applied Psychology, 2015,100(4).

[42]Thompson, P. S., Bergeron, D. M., Bolino, M. C. No obligation? How gender influences the relationship between perceived organizational support and organizational citizenship behavior[J]. Journal of Applied Psychology, 2020, 105(11).

[43]Vandyne, L., Graham, J. W., Dienesch, R. M. Organizational citizenship behavior: Construction redefinition, measurement and Validation[J]. Academy of Management Journal, 1994, 37 (4).

[44] Vough, H. Not all identifications are created equal: Exploring employee accounts for workgroup, organizational, and professional identification[J]. Organization Science, 2012, 23 (3).

A Cross-level Empirical Study on Supervisor's MCB and OCB Impacting Subordinate's OCB from the Social Information Processing Perspective

Chen Jianan[1]   Jin Zelin[1]   Chen Wu[2]   Chen Mingyan[3]

(1   School of Economics and Management, Wuhan University, Wuhan, 430072;

2   College of Business, Jiangxi Normal University, Nanchang, 330022;

3   Antai College of Economics & Management, Shanghai JiaoTong University, Shanghai, 200030)

Abstract：Supervisor management citizenship behavior（MCB）and organizational citizenship behavior（OCB）as the corresponding behaviors of leader role and organizational member role respectively, may have impacts on subordinate OCB. Based on social information processing theory, this paper investigated the different influencing mechanisms of supervisor MCB and OCB on subordinate OCB. Using the paired data collected from 95 supervisors and 660 subordinates, our findings were as follows：Both supervisor's MCB and OCB can stimulate subordinate's OCB, and the former has greater impact than the latter; Supervisor MCB promotes subordinate OCB through the mediate roles of perceived leader-member exchange and organizational identification; supervisor OCB promotes subordinate OCB based on the automatic processing. These conclusions deepened the understanding of the social-information-processing mechnisms through which supervisor's role behaviours exert an impact to subordinate OCB and provided a valueable supplement for the interpretation of supervisor promoting subordinate OCB.

Key words：Managerial citizenship behaviour; Organizational citizenship behaviour; Perceived leader-member exchange; Organizational identification; Social information processing

专业主编：杜旌

珞珈管理评论

2023 年卷第 5 辑（总第 50 辑）

Luojia Management Review

No. 5，2023（Sum. 50）

低债券票面利率会降低企业贷款成本吗*
——基于替代性融资视角的分析

● 林晚发　程梦冰

（武汉大学经济与管理学院　武汉　430072）

【摘　要】利用 2015—2021 年上市公司发债数据，本文分析了债券票面利率是否影响企业银行贷款成本以及相应的机制。结果发现：发行票面利率较低的债券会显著降低企业的银行贷款成本，经过一系列稳健性检验之后上述结论依然成立。其次，机制分析表明，在银行主导力量小以及融资约束程度低的企业中，低债券票面利率降低贷款成本的作用更显著。换言之，当企业对银行贷款的依赖性越小、获取其他融资的能力越强时，发行票面利率较低的债券越能增强企业的议价能力，进而更能降低贷款成本，体现出"替代性融资"机制。然而，债券票面利率对贷款成本的影响在信息不对称程度和财务健康程度不同的企业中没有显著差异，这说明"信号机制"并不能有效地解释票面利率与银行贷款成本之间的关系。最后，进一步分析发现，当财务健康程度较差的企业发行票面利率较低的债券时，债券的一二级市场价差增大，说明财务状况差的企业存在压低票面利率的倾向。本文的结论为提高债券市场直接融资比重、改善债券市场信息环境、规范企业的债券市场行为以及加强对债券市场一二级异常价差的监管提供了相应的经验证据。

【关键词】票面利率　贷款成本　替代性融资　议价能力　信号传递

中图分类号：F830　　　文献标识码：A

1. 引言

据图 1 数据统计，中国债券市场存量余额逐年扩大，截至 2022 年底，中国债券市场余额已达到 142 万亿元人民币，在 GDP 中所占的比重突破 110%，已成为全球第二大债券市场。债券市场的发

---

* 基金项目：教育部人文社科青年基金项目"僵尸企业与债券定价扭曲：基于金融分权的解释研究"（项目批准号：22YJC630081）。

通讯作者：林晚发，E-mail：linwanfa2013@163.com。

展，为企业获得外部融资提供了更多的选择。尽管如此，银行贷款仍然是企业债务融资的主要来源（周开国等，2022；刘贯春等，2022；梁若冰和王群群，2021），那么发行债券与银行贷款作为企业债务融资的重要来源，两者之间是否存在一定的关系是一个值得研究的话题。

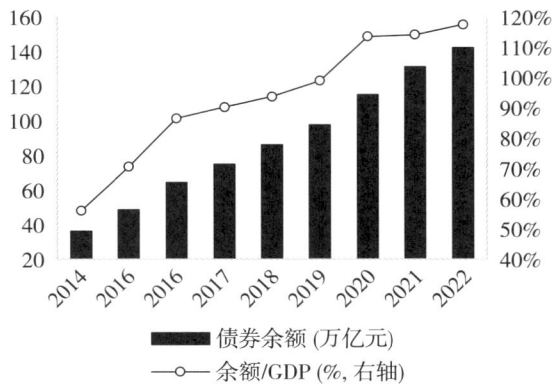

图 1　中国债券市场发展情况

由于资本市场信息互通的特性（王茵田和文志瑛，2010；Batta and Muslu，2017），企业在债券市场中的行为和信息的确会影响企业的银行贷款成本。Hale 和 Santos（2009）基于美国上市公司的研究表明，企业公开发行债券的行为可以向市场参与者（比如银行、投资者与监管者等）公开企业信用评级和债券定价等信息，打破在位银行的信息垄断优势，从而降低企业的贷款成本。另外，黄继承等（2022）利用中国上市公司数据发现，企业首次发行融资便利性较高的债券会对银行贷款构成替代效应，显著降低贷款成本。然而，鲜有文献讨论我国债券市场的发行定价信息对企业银行贷款成本的影响，即低票面利率发行债券是否能够降低企业贷款成本。值得注意的是，我国债券市场存在债券发行利率过低的现象（王治国，2018；王剑锋与吴京，2020；李田，2021；孙天琦，2021），企业出于减少利息支出、提高发行成功率等考虑存在压低债券票面利率的动机①。那么什么样的企业存在这种压低票面利率的行为呢？

基于上述分析，本文将从银行信贷市场视角分析债券票面利率对企业贷款成本的影响，具体研究如下三个问题：（1）企业发行票面利率较低的债券是否会影响企业的银行贷款成本？从理论上来说，一方面，债券市场的价格信息会传导至银行业（方意等，2018），债券票面利率的高低通常被认为反映了发行人的潜在风险（王伟同等，2022），银行可能会根据债券市场中的价格信号对其贷款决策进行相应的调整；另一方面，债券票面利率也为发行人的其他债务融资（后续发债、信托贷款等）提供了一个公开可观察的基准（Ding et al.，2022），较低的票面利率意味着企业拥有更多其他便宜的融资渠道，在银行信贷协议中的议价能力随之提高，进而影响信贷资金的成本。（2）如果存在上述影响，可能的作用机制是什么？相关研究发现债券市场评级信息会通过信号作用影响企业的股票市场

---

①　在一个信息不充分的市场中，风险厌恶型投资者往往是债券价格的追随者，将较高价格即较低票面利率的债券视为优质资产（Grossman and Stiglitz，1976；Wang，1993），对于信息越不对称的投资者而言，他们越会购买价格高即票面利率低的债券。

回报(Poon and Chan，2008；林晚发和陈晓雨，2018)，黄继承等(2022)研究发现债券市场信息对银行信贷市场的影响存在替代性融资机制，那么债券票面利率对企业银行信贷成本的影响，信号机制与替代性融资机制都能发挥作用么？(3)我国债券市场"溢价"①的现象较为突出，即债券的一级市场价格显著大于二级市场价格，根据图 2 的数据统计，2016 年溢价债券在当年发行债券中所占的比例高达 53%，近三年溢价债券比例虽有所下降，但均维持在 20%以上，在 2014—2022 年发行债券总数中有 29%的债券均为溢价发行，即在我国债券市场有相当比例债券的票面利率存在压低现象。因此，如果发行低票面利率债券能增加企业在银行信贷市场的收益，那么什么样的企业存在压低票面利率的动机？

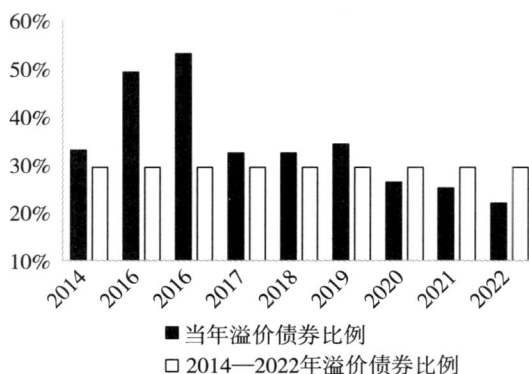

图 2　债券市场发行溢价情况

为了回答上述问题，本文使用 2015—2021 年发行过企业债、公司债或中期票据中至少一类债券的 646 家上市公司的 2131 个年度观测值作为研究样本进行实证检验。实证检验发现：首先，在控制了企业、债券和宏观特征因素之后，低票面利率债券发行主体，相应的银行贷款成本也较低，且在经过一系列稳健性检验之后，上述结论依然成立。其次，机制分析结果表明替代性融资机制能够很好地解释上述关系。具体而言，在银行控制层面，低债券票面利率对贷款成本的影响在贷款占比小的企业以及贷款占比小的行业中更显著；在企业融资约束方面，低债券票面利率对贷款成本的影响在拥有债券品种多、信用评级高、融资约束程度小的企业中更加显著。上述结果一致说明，当企业对银行贷款的依赖性越小、获取其他融资的能力越强时，发行票面利率较低的债券增强企业的议价能力进而降低贷款成本的作用越大，这为替代性融资机制提供了相应的证据。另外，按照企业信息不对称程度和财务状况进行分组检验，债券票面利率对贷款成本的影响在不同组别中没有显著差异，该结果说明信号机制并不能完全有效解释低票面利率债券降低银行贷款成本的关系。最后，本文分别用预警 Z 值、资产负债率、利率保障倍数三个指标衡量企业的财务状况，发现当低票面利率债券的发行主体财务状况较差时，债券的一二级市场价差增大，说明票面利率未能反映出债券的真实风

---

①　溢价的定义为债券市场一二级市场价差，使用一级市场票面利率与二级市场一段时间(1 天、1 个星期或者 2 个星期)平均到期收益率的差进行描述，若差值小于 0，表明存在溢价，反之则是抑价；也可以使用债券发行价格与上市价格之差描述一二级市场价差，若差值大于 0，表明存在溢价，反之则是抑价。

险，不被二级市场认可，即财务状况差的企业存在压低票面利率的倾向。

本文的潜在贡献可能体现在以下三个方面：（1）本文首次分析了债券市场价格信息对于企业银行借贷成本的影响。已有文献主要从财政货币政策（Gertler and Gilchrist，1994）、企业财务和治理特征（Zimmer，1980；余峰燕和朱婧知，2020）、信息披露和透明度（王雄元和曾敬，2019）以及银企之间的关系（Berger and Udell，1995）等角度讨论影响信贷成本的因素，但尚未有文献分析债券市场价格信息对信贷成本的影响。本文较早通过实证研究检验发现，发行低票面利率债券会使得企业贷款成本显著下降，从而拓展了企业的债券市场行为对银行信贷市场影响的相关研究。（2）本文丰富了债券市场信息跨市场溢出机制的研究。已有文献从信号角度解释了债券市场信息对于其他资本市场的影响，例如，发行人信用评级高低及其调整会传递有关基本面好坏的信号，影响企业在股票市场的表现（Poon and Chan，2008；林晚发和陈晓雨，2018）。然而，本文发现低债券票面利率对于企业贷款成本的降低作用在融资机会较多、对银行贷款依赖性小的组别中更加显著，从而说明低票面利率是通过增加企业的谈判筹码进而对贷款成本产生影响，即债券市场信息可以通过融资替代机制影响银行信贷市场，丰富了黄继承等（2022）关于债券市场信息影响其他资本市场的机制研究。（3）本文扩展了债券市场溢价经济后果的有关研究（Ding et al.，2022），从银行信贷市场收益角度对企业压低债券票面利率的动机进行了补充，即较差的债券发行主体通过压低票面利率能够获得银行信贷收益。

2. 文献回顾、理论分析与假设提出

2.1 文献回顾

2.1.1 企业银行贷款成本的影响因素

银行信贷是企业主要的融资渠道之一，银行贷款成本长期以来受到了广泛的关注，已有研究讨论了信贷资金的供求关系对于贷款利率高低的决定性作用。Gertler 和 Gilchrist（1994）分析了央行的货币政策对于信贷成本的影响，指出货币政策通过改变信贷资金的供需状况来影响贷款利率。在资金总需求稳定的情况下，央行采取紧缩性货币政策会减少信贷市场中的资金供给，导致贷款利率提高，相反采取扩张性货币政策则会使贷款利率下降。邓伟等（2021）利用 2009—2017 年的中国银行业年报数据，以合格担保品在资产中的占比规模衡量商业银行获得的借贷便利，研究中期借贷便利等货币政策创新工具对银行贷款利率的影响，发现借贷便利工具使商业银行获得更多资金并加大信贷投放的规模，通过增加信贷资金供给显著降低贷款利率。

在微观层面上，贷款主体特征会对银行贷款利率产生影响，包括企业的违约风险、公司治理能力、产权性质等。银行信贷人员会根据企业的会计信息和财务指标对其违约风险进行评估，进而调整他们的贷款决策（Zimmer，1980；Chung et al.，1993），例如：企业规模越大、净资产收益率越高、经营活动产生的现金流量越多，说明企业的获利能力越强，违约风险较小，因此企业的贷款利率较低（Peterson and Rajan，1994；胡奕明和谢诗蕾，2005）；企业的财务杠杆越大，财务风险和破产可能

性越大，其贷款利率将会显著提高（Baxter and Gragg，1970；王静和张天西，2017）；企业的信用评级高低、所处产品市场的竞争程度（Huang et al.，2013；Valta，2012），都会影响银行对企业的风险感知，从而影响银行收取的贷款利率。其次，公司治理能力也是银行在决定贷款利率时所考虑的因素之一。翟胜宝等（2020）发现控股股东股权质押行为增大了控股股东"掏空"的动机和控制权转移的风险，使得企业的银行贷款利率显著提高，而股权分散程度和董事会规模的提高能够形成控股股东制衡机制，改善公司治理，缓解这种负面效应（余峰燕和朱婧知，2020）。同时，相关研究发现相较于民营企业，国有企业在向银行借款时往往更具优势。政府对国企的税收补贴、财政拨款等优惠政策被认为是为国有企业的偿债和发展提供了一种"隐性担保"，使得国企更容易并且能够以较低的利率获得银行的信贷支持（靳庆鲁等，2012；赵平和孙志峰，2022）。

相关文献指出，信息不对称也是影响银行信贷决策的一个重要因素（Stiglitz and Weiss，1981；毛锦等，2006）。银企之间存在一定的信息不对称，企业在寻求贷款时可能会掩盖自身的真实财务状况、阻止负面信息的外泄（Park and Wu，2009），并且银行需要在放贷之后对企业的经营管理行为进行监督，信息不对称程度的提高会加大银行搜集信息评估企业风险以及进行事后监督的难度，增加了交易成本和风险溢价，从而提高企业的银行贷款利率（王雄元和曾敬，2019），而企业信息披露质量的提高有助于降低贷款成本（李志军和王善平，2011；DeBoskey and Gillett，2013）。进一步，来自外部审计机构的监督以及企业盈余管理程度的降低通过提升企业的信息披露质量，降低银行贷款利率（胡奕明和唐松莲，2007；于静霞，2011）。银企关系也是重要的影响因素之一，Berger 和 Udell（1995）、Degryse 和 Ongena（2005）发现，随着银企关系的逐渐加深、企业与贷款银行之间距离的缩短，银企之间的信息不对称得到有效改善，从而显著降低了企业的信贷成本；另一种观点则认为，银企关系的加深反而会提高贷款成本，关系型借贷使得其他潜在贷款银行无法获得企业的私有信息，因此在位贷款银行可以借助信息优势提高贷款利率以攫取信息垄断租金（Sharpe，1990；尹志超等，2015）。

此外，部分研究发现企业的议价能力也会在贷款定价时发挥一定作用，即使在相同的贷款项目中，交易双方的议价能力的不同也会导致贷款利率出现较大的差异（Grunert and Norden，2012）。陈胜蓝和马慧（2018）指出，贷款利率下限的放开增加了银行业的竞争程度和企业在贷款融资时的可选择权，这在一定程度上提高了企业在贷款协议签订时的谈判能力（吴静桦等，2021）。金陈飞等（2017）通过实证研究发现银企双方的议价能力直接决定了融资价格，且银行的优势相对更大，而企业由于融资渠道较少故议价能力相对较低，最终使得贷款利率高于公允价格。

2.1.2　债券市场信息对其他资本市场的影响

资本市场之间的信息是相互流通的（王茵田和文志瑛，2010；Batta and Muslu，2017），债券市场中的特征信息会溢出到其他资本市场（股票市场、银行信贷市场等）并产生相应影响。潘越（2019）利用首次获得信用评级的上市公司数据发现，评级信息为资本市场带来了增量信息并显著提高了分析师的盈余预测准确度，且部分公司会在信用评级的激励下提高信息披露质量，从而起到改善股票市场信息环境的作用。但与此同时，在"发行人付费"的模式下，评级机构竞争加剧导致的信用评级质量降低会对股票市场产生负面的信息溢出效应，显著提高股票市场的错误定价程度、股价同步性和分析师的预测偏差（林晚发等，2022）。由于债券市场存在信用评级虚高的现象（马榕和石晓军，2016；杨国超和刘琪，

2022），主体信用评级的下调将会更加体现出企业基本面的恶化以及信用风险的大幅增加，而这一信息含量也会为股票市场的投资者所利用，进而影响股票收益率，使得股票超额累计回报显著为负，而信用评级上调的股票市场反映相对不足，不会产生显著影响（Poon and Chan，2008）。

此外，企业的债券市场行为也会对银行信贷市场的定价产生一定影响（Santos and Winton，2008；Hale and Santos，2009）。戴国强和钱乐乐（2017）指出企业在债券市场的发债过程向外界披露了更多信息，降低了企业与外部银行之间的信息不对称，限制了在位贷款银行收取信息租金的行为；同时企业发行债券这一行为也加剧了资金供给方之间的竞争，因此，相较于没有发行过债券的企业，有过债券发行记录的企业的银行贷款成本会显著降低。黄继承等（2022）发现，企业首次发行短期融资券和中期票据后，其贷款成本显著下降，原因是短期融资券和中期票据具有较高的融资便利性，能够对银行贷款融资方式形成一种替代，且在债券发行规模增大时降低贷款成本的作用更大。

已有文献主要从资金供求关系、贷款主体违约风险相关特征、公司治理机制、隐性担保机制、信息不对称机制等方面讨论了企业贷款成本的影响因素和机制，由于中国债券市场起步较晚，我国银行业在较长一段时期内处于卖方市场地位，从债券融资视角讨论企业银行信贷成本的相关文献相对较少。随着我国直接融资平台的发展和融资方式的创新，可供企业选择的融资渠道越来越丰富。作为银行贷款重要的替代性融资渠道，债券市场的发展给予企业更多的融资方式选择。因此，债券市场相关信息势必会影响银行信贷市场行为。现有文献分析了债券市场中的评级信息以及企业是否发行债券这一行为对股票和银行信贷市场所产生的效应。值得注意的是，债券发行利率的高低体现了企业获取其他债务融资的能力，进而影响企业在签订贷款契约时的议价力量，因此本文将在实证部分针对债券发行利率是否对企业的贷款成本产生影响进行分析。本文的研究丰富了企业贷款成本的影响因素，同时拓展了债券价格信息对银行信贷市场溢出效应的相关研究。

2.2　理论分析与假设提出

中国债券市场整体起步较晚，长期以来，企业的债务融资方式较为匮乏，因此银行业在信贷业务中能够利用其所具有的卖方市场优势提高贷款成本，获取超额利润（张敦力和李四海，2012；易纲，2020），而企业融资渠道的拓宽例如发行债券等可以增强企业的议价能力，从而缓解高昂的贷款成本（金陈飞等，2017；黄继承等，2022）。出于融资成本和提高发行成功率等考虑，企业在发行债券时会倾向于压低债券的票面利率。而在实际承销过程中，承销商会参考发行主体已发行债券的定价，换言之，发行票面利率较低的债券不仅降低了本次的债券融资成本，也有助于降低后续的债券利率，由于发行债券是银行贷款的一种替代性债务融资方式（Peterson and Rajan，1995），这将提高企业在签订信贷协议时的议价能力。同时，债券票面利率也为发行人的其他融资例如信托贷款等提供了一个公开可观察的基准（Ding et al.，2022），相关金融中介会锚定这个利率对其信贷合同进行调整。因此，发行票面利率较低的债券降低了银行贷款的替代性融资方式的价格，使得企业拥有了更多便宜的融资渠道和选择权，从而能够增加企业在和银行的贷款定价谈判过程中的话语权，削弱银行的垄断力量，为自己争取更有利的条件，表现为贷款成本的降低。

在债券市场中，票面利率通常也被认为反映了发行主体的潜在违约风险（王伟同等，2022），发行低票面利率债券会释放出企业经营业绩良好、违约风险较低的"优质"信号,且债券市场中的价格信息会传导至其他资本市场以及银行等金融机构(方意等,2018)。银行作为外部人,与企业之间存在一定程度的信息不对称(李志赟,2002;姜付秀等,2019),可能会根据债券市场中的价格信号对其贷款决策进行相应的调整。企业发行票面利率较低的债券提供了增量信息,向银行传递了"优质企业"的信号,从而影响银行信贷人员对于企业信贷风险的评估,进而降低企业获得信贷的成本。尤其是在信息不对称程度较大、银行不了解企业的真实情况时,这种效应将会更大。

基于以上分析,无论是增加企业在贷款定价时的谈判筹码还是释放违约风险较低的信号,债券票面利率的下降将降低企业的银行贷款成本。因此,针对企业发行票面利率较低的债券是否会影响银行贷款成本这一问题,本文提出研究假设:

H1:债券票面利率的下降会降低企业的银行贷款成本。

3. 研究设计

3.1 样本与数据来源

为了检验债券发行利率与企业贷款成本之间的关系,本文选取 2015—2021 年发行过企业债、公司债或中期票据中至少一类债券的 A 股上市公司进行实证检验。之所以选择 2015 年作为样本区间的起点,是因为 2015 年实施改革后,公司债发行主体由原来的上市公司扩大到所有公司制企业,债券发行规模自此迅速扩大,公司债发行出现了井喷式增长。据数据统计发现,2015 年债券发行总额是 2014 年的 1.9 倍,其中公司债增长率高达 584%。与此同时,债券溢价发行比例也出现了大幅上升(见图 2),这为研究低债券票面利率的经济后果提供了较好的数据基础与动机。此外,Hale 和 Santos(2009)以及黄继承等(2022)的研究表明,企业公开发行债券后其贷款成本会出现显著下降。然而,企业是否发行债券受到较多因素的影响,这将导致样本存在自选择问题,以及模型存在较大的遗漏变量,从而造成结果估计偏误。与之不同的是,本文使用已发行债券样本数据进行实证检验,从而减小企业是否发债的自选择问题,以及能够很好地控制企业发债这一行为本身给贷款成本带来的影响。

本文相关数据的来源如下:公司财务数据、公司信用特征数据、债券发行数据及宏观数据来源于同花顺数据库,公司治理特征数据来源于国泰安数据库。同时,参考翟胜宝等(2020)、黄继承等(2022)等已有文献的做法,本文剔除了金融行业公司和数据存在缺失值的样本,最终得到 646 家上市公司共 2131 个公司—年度观测值。为了降低极端值对结果的影响,本文对所有连续变量均进行上下 1%的缩尾处理。

3.2 变量定义

3.2.1 因变量

本研究考察债券票面利率对企业贷款成本的影响,因变量为企业平均银行贷款成本(Loan_rate)。

由于难以根据公开信息获取真实完整的企业银行贷款的相关数据，本文借鉴江轩宇等（2021）与黄继承等（2022）的做法，通过以下方法间接测算企业平均银行贷款成本：首先，根据债券的发行期限、起息时间、发行规模以及票面利率等数据计算出企业每年需要负担的债券利息；其次，由于中国上市公司的债务融资方式主要为发行债券与银行贷款，将企业当年利息支出与债券利息的差额作为近似的银行贷款利息，将企业的带息债务与应付债券余额的差额作为近似的银行贷款总额；最后，将银行贷款利息除以银行贷款总额，得到的结果即为企业当年的平均银行贷款成本，若计算得到的平均贷款成本为负值，则用 0 进行替代。具体计算公式为：Loan_rate＝（利息支出－债券利息）/（带息债务－应付债券）。

3.2.2 自变量

本文的自变量为企业当年新发行债券的平均票面利率（Coupon）。具体以发行规模为权重对企业当年新发行债券的票面利率进行加权平均，得到企业当年新发行债券的平均票面利率。若企业当年并未发行债券，则用上一个有债券发行记录年份的平均票面利率进行替代。

3.2.3 控制变量

参照已有研究（王静和张天西，2017；宋全云等，2019；黄继承等，2022），本文对企业层面、债券层面以及宏观层面可能影响企业贷款成本的因素进行控制，其中企业层面的控制变量又可分为企业财务层面、企业治理层面、企业信用层面的控制变量。

首先，企业财务层面的控制变量包括公司规模（Size）、抵押能力（PPE）、盈利能力（Earn）、财务杠杆（Lev）、总资产周转率（Tat）、流动比率（Cur）以及成长机会（Tbq）①。企业治理层面的控制变量包括股权集中度（Top1）、董事会独立性（Ind）、董事会规模（Bod）以及机构投资者持股比例（Ins）。企业信用层面的控制变量选取公司当年年末的信用评级，样本数据的主体信用评级范围包括 CC、B、A-、A+、AA-、AA、AA+、AAA 共八个等级，本文将上述八个等级转换为 1~5 五个整数值，具体为：当信用评级为 CC 时取值为 1，为 B 时取值为 2，为 A-或 A+时取值为 3，为 AA-、AA 或 AA+时取值为 4，为 AAA 时取值为 5，数值越大代表评级越高。

其次，关于债券层面的控制变量，本文控制了债券发行规模、债券平均发行期限、有担保债券的比例、有特殊条款债券的比例。由于企业当年可能发行多只债券，对于债券发行规模（Iss），定义为企业当年发行债券的总规模（亿元）；对于债券平均发行期限（Tim），定义为企业当年发行债券的平均期限；对于有担保债券的比例（Gua），定义为有担保债券在企业当年发行债券总数中所占的比例；对于有特殊条款债券的比例（Spt），定义为有特殊条款债券在企业当年发行债券总数中所占的比例。若企业当年并未发行债券，则用上一个有债券发行记录年份的相关数据进行替代。

最后，关于宏观层面的控制变量，本文控制了企业所在省份的人均 GDP 增长率（Rgdp）。为了控制年度以及公司个体特征等因素的影响，本文也对年度固定效应（Year_FE）、公司固定效应（Firm_FE）进行了控制。变量的具体定义如表 1 所示。

---

① 由于模型（1）中控制了公司固定效应，本文在模型（1）中没有加入企业属性控制变量。

表 1   变 量 定 义

变量类型	变量名称	变量含义
因变量	Loan_rate	平均银行贷款成本
自变量	Coupon	公司当年发行债券的平均票面利率
公司财务特征	Size	公司规模,总资产的自然对数
	PPE	抵押能力,固定资产与总资产之比
	Earn	盈利能力,息税前利润与总资产之比
	Lev	财务杠杆,带息债务与总资产之比
	Tat	总资产周转率,营业收入与平均资产总额之比
	Cur	流动比率,流动资产与流动负债之比
	Tbq	成长机会,市场价值与总资产之比
公司治理特征	Top1	股权集中度,第一大股东持股比例
	Bod	董事会规模,公司董事会人数的自然对数
	Ind	董事会独立性,独立董事人数与董事总人数之比
	Ins	机构投资者持股比例
公司信用特征	Rating	公司信用评级,当信用评级为 CC 时取值为 1,为 B 时取值为 2,为 A−或 A+时取值为 3,为 AA−、AA 或 AA+时取值为 4,为 AAA 时取值为 5
债券特征	Iss	公司当年发行债券的规模
	Tim	公司当年发行债券的平均期限
	Gua	有担保债券在企业当年发行债券总数中所占的比例
	Spt	有特殊条款债券在企业当年发行债券总数中所占的比例
宏观特征	Rgdp	公司所在省份的人均 GDP 增长率
固定效应	Year_FE	年度固定效应,按照年度构建虚拟变量
	Firm_FE	公司固定效应,按照公司构建虚拟变量

3.3 模型设计

本文构建如下模型来检验发行债券票面利率对于企业贷款成本的影响。

$$\text{Loan\_rate}_{i,t} = \alpha_0 + \alpha_1 \text{Coupon}_{i,t} + \text{Controls}_{i,t} + \delta_t + \gamma_i + \varepsilon_{i,t} \tag{1}$$

在模型(1)中,被解释变量 Loan_rate 为企业平均银行贷款成本,解释变量 Coupon 表示发行债券的平均票面利率,Controls 为相应的控制变量,下标 i 表示企业,下标 t 表示时间。为了减小遗漏变量的影响,本文在模型(1)中控制了年度固定效应 δ_t 和公司固定效应 γ_i。另外,为了减小行业层面误差项的自相关,我们对于模型变量的标准误在行业层面进行聚类调整。最后,我们预计系数 α_1 显著为正,即发行债券的票面利率越低,企业贷款成本越低,即假设 H1 得证。

4. 实证结果

4.1 变量描述性统计分析

各变量的描述性统计分析结果如表 2 所示。由表 2 可知，样本期内曾发行过企业债、公司债或中期票据的 A 股上市公司银行贷款成本的均值为 4.199%，并且从极值和标准差来看，企业之间的贷款成本差异较大。另外，债券票面利率的均值为 5.207%，其最小值和最大值分别为 3.009% 和 10.000%，说明不同企业的债券发行利率也存在较大差异，这为后续的实证分析提供了相应基础。在企业财务特征方面，企业平均总资产约为 290 亿元人民币，固定资产占总资产比例的均值为 22.7%，息税前利润占总资产比例的均值为 4.6%，带息负债率的均值为 32.2%，总资产周转率的均值为 0.549 次，流动比率的均值为 1.379，托宾 Q 比率的均值为 1.415。在公司治理特征方面，平均第一大股东持股比例为 37.42%，平均公司董事会人数约为 9 人，独立董事占董事总人数比例的均值为 37.9%，平均机构持股比例为 56.88%。在信用特征方面，公司信用评级的等级都比较高，集中在 AA−、AA 或 AA+级。在债券层面，公司每年债券平均发行规模为 20.54 亿元人民币，债券平均发行期限约为 4.374 年，存在担保条款的债券比例约为 22.2%，含有特殊条款的债券比例约为 65.6%。在宏观层面，样本企业所在省份人均 GDP 增长率的均值为 7.9%。

表 2

描述性统计分析结果

变量名称	观测值	平均值	最小值	中位数	最大值	标准差
Loan_rate(%)	2131	4.199	0.000	3.526	27.660	3.996
Coupon（%）	2131	5.207	3.009	5.120	10.000	1.337
Size	2131	24.090	20.850	23.930	26.730	1.342
PPE	2131	0.227	0.002	0.170	0.781	0.206
Earn	2131	0.046	−0.162	0.044	0.298	0.044
Lev	2131	0.322	0.028	0.313	0.726	0.137
Tat	2131	0.549	0.065	0.417	2.807	0.461
Cur	2131	1.379	0.221	1.223	8.843	0.836
Tbq	2131	1.415	0.800	1.194	6.143	0.692
Top1(%)	2131	37.420	8.770	36.560	76.950	15.710
Bod	2131	2.185	1.609	2.197	2.708	0.211
Ind	2131	0.379	0.231	0.364	0.571	0.060
Ins(%)	2131	56.880	0.570	59.480	93.750	22.650

续表

变量名称	观测值	平均值	最小值	中位数	最大值	标准差
Rating	2131	4.293	1.000	4.000	5.000	0.498
Iss	2131	20.540	0.500	10.000	131.700	26.380
Tim	2131	4.374	1.444	5.000	10.000	1.378
Gua	2131	0.222	0.000	0.000	1.000	0.410
Spt	2131	0.656	0.000	1.000	1.000	0.453
Rgdp	2131	0.079	0.012	0.080	0.270	0.033

4.2 基本结果分析

本文按模型(1)检验发行债券的票面利率对于企业贷款成本的影响,回归结果如表 3 所示。其中,第(1)列是加入了企业层面、债券层面以及宏观层面控制变量的回归结果,第(2)列在第(1)列的基础上控制了年度固定效应和公司固定效应。回归结果显示,在未控制年度、公司固定效应时,Coupon 变量系数在 10% 的水平上显著为正;当控制了年度、公司固定效应之后,Coupon 变量系数在 1% 的水平上显著为正,表明低债券票面利率显著降低了企业的贷款成本,从而证实了 H1。从经济意义上看,债券票面利率每降低一个标准差,企业贷款成本相对于均值降低了 11.08%(0.348×1.337/4.199)。这一结果与信号机制以及替代性融资机制的预期相一致,较低的票面利率可能增加了企业在签订信贷协议时的议价能力或通过释放"优质"信号降低了银行对企业信贷风险的评估,从而降低了企业向银行借贷的成本。

表 3　　　　　　　　　　　**公司发行债券的票面利率对贷款成本的影响**

变　　量	Loan_rate	
	(1)	(2)
Coupon	0.214* (1.78)	0.348*** (3.72)
Size	−0.194 (−1.30)	−0.503 (−0.88)
PPE	2.709*** (3.19)	0.775 (0.24)
Earn	1.876 (1.12)	−4.561 (−1.24)
Lev	−5.555*** (−4.55)	−8.329** (−2.15)

续表

变　量	Loan_rate	
	（1）	（2）
Tat	1.030** (2.67)	−0.005 (−0.01)
Cur	0.053 (0.14)	0.419 (0.61)
Tbq	1.056*** (5.88)	0.284 (1.45)
Top1	−0.005 (−0.57)	−0.020 (−0.52)
Bod	0.423 (1.28)	−1.222 (−1.11)
Ind	0.026 (0.03)	−1.620 (−0.94)
Ins	0.008 (0.80)	−0.009 (−0.40)
Rating	0.241 (0.77)	−0.661 (−1.62)
Iss	−0.003 (−0.84)	−0.001 (−0.15)
Tim	0.128 (1.42)	0.112 (0.73)
Gua	0.700** (2.33)	−0.123 (−0.37)
Spt	−0.487** (−2.39)	−0.189 (−0.99)
Rgdp	−3.800*** (−3.26)	−1.098 (−0.39)
常数项	4.420 (1.23)	23.607 (1.75)
年度固定效应	No	Yes
公司固定效应	No	Yes
观测值	2131	2131
调整 R^2	0.154	0.545

注：***、**与*分别表示系数在1%、5%与10%上显著；括号内为系数的 t 值，且经过行业层面聚类调整，下同。

4.3　内生性问题

4.3.1　遗漏变量的考虑

(1)控制企业层面遗漏变量。企业的信息披露质量和透明度将会影响企业和债权人之间的信息不对称程度,进而影响企业的债务融资成本(DeBoskey and Gillett,2013)。而证券分析师作为沟通企业和外部投资者的桥梁,能够借助丰富的信息获取渠道和专业分析能力帮助投资者理解企业的经营状况和发展趋势,提高企业的信息质量(刘星和陈西婵,2018)。因此,本文将分析师跟踪人数(Analyst)作为衡量企业与外部投资者之间信息不对称程度的代理变量,通过在基本回归模型中进一步控制分析师跟踪人数来验证结论的稳健性,相应的回归结果见表 4 第(1)列。结果显示,在加入信息不对称程度变量之后,Coupon 变量系数仍然在 1%的水平上显著为正,与主回归结果一致。

表 4　　　　　　　　　　　　　　考虑遗漏变量的影响

变　　量	Loan_rate					
	企业层面	行业层面		地区层面		
	(1)	(2)	(3)	(4)	(5)	(6)
Coupon	0.390 *** (4.28)	0.382 *** (4.33)	0.355 *** (4.51)	0.425 ** (2.86)	0.411 *** (3.18)	0.448 *** (2.95)
Analyst	−0.150 (−1.38)	−0.143 (−1.26)	−0.120 (−0.83)	−0.071 (−0.37)	−0.046 (−0.22)	0.007 (0.04)
HHI		−2.829 (−0.67)				
BankNum				−0.478 (−0.26)	−0.186 (−0.10)	
LoanBalance					−3.389 * (−1.95)	−16.359 (−1.67)
常数项	19.088 (1.07)	18.552 (1.10)	17.820 (0.90)	23.710 (0.87)	26.387 (1.03)	45.519 (1.46)
控制变量	Yes	Yes	Yes	Yes	Yes	Yes
年度固定效应	Yes	Yes	Yes	Yes	Yes	Yes
公司固定效应	Yes	Yes	Yes	Yes	Yes	Yes
行业年度交乘固定效应	No	No	Yes	Yes	Yes	Yes
省份年度交乘固定效应	No	No	No	No	No	Yes
观测值	1789	1789	1789	1596	1596	1596
调整 R^2	0.567	0.567	0.560	0.559	0.560	0.546

注:第(3)列加入行业年度交乘固定效应之后,行业竞争度变量 HHI 被吸收。第(6)列加入省份年度交乘固定效应之后,地区商业银行分支机构数量 BankNum 和地区人均 GDP 增长率 Rgdp 被吸收。

（2）控制行业层面遗漏变量。在本文的模型中，尽管对公司固定效应进行了控制，但是也可能存在遗漏行业层面时变变量的影响。因此，有必要对此类遗漏变量进行控制。首先，采用赫芬达尔指数（HHI）来衡量行业竞争程度，赫芬达尔指数越大，代表行业集中度越高，行业竞争程度越低。理论上来说，行业竞争越激烈，银行在决定贷款对象和贷款利率时的自主权越大，且企业未来的经营业绩以及发展状况与其所面临的竞争压力强度密切相关，企业的债务风险会随着行业竞争激烈程度的增加而增大（陈汉文与周中胜，2014），债务成本也会随之相应提高，从而影响本文结论，因此有必要对企业所在行业的竞争程度进行控制。其次，为了控制其他可能遗漏的行业层面时变变量的影响，本文在模型中进一步控制了行业年度交乘固定效应。

相应的回归结果如表4所示，其中第（2）列是在第（1）列控制了企业信息不对称程度的基础上，在模型中进一步加入赫芬达尔指数（HHI）的回归结果。从结果可知，Coupon变量系数仍然在1%的水平上显著为正，与主回归结果相一致。第（3）列在第（2）列的基础上进一步控制了行业年度交乘固定效应。由回归结果可知，Coupon变量系数也在1%的水平上显著为正。因此，在控制了行业层面的遗漏变量后，本文的结论依然是稳健的，进一步证实了假设H1。

（3）控制地区层面遗漏变量。地区的金融市场发展水平可能会影响金融中介获取借款企业信息的能力以及企业的债务融资成本（解维敏和桑凌，2020），从而对本文的回归结果产生影响。为了验证结论的稳健性，本文在模型中进一步控制地区金融发展水平。参考刘畅等（2020）、张建鹏和陈诗一（2021）的研究，本文分别用地区商业银行分支机构的数量（BankNum）和地区金融机构贷款余额占GDP的比重（LoanBalance）来衡量地区的金融市场发展水平。此外，本文也在模型中进一步引入省份年度交叉变量，来控制其他可能遗漏的地区层面时变变量的影响。

相应的回归结果如表4所示，其中第（4）列是在第（3）列控制了企业和行业层面遗漏变量的基础上，引入地区商业银行分支机构数量（BankNum）的回归结果。由结果可知，Coupon变量系数在5%的水平上显著为正，与主回归结果一致。第（5）列在第（4）列的基础上进一步引入地区贷款余额占比（LoanBalance），Coupon变量系数在1%的水平上显著为正。此外，第（6）列在前述基础上进一步控制省份年度交乘固定效应，结果显示，Coupon变量系数仍然在1%的水平上显著为正。因此，由回归结果可知，在控制了地区层面的遗漏变量后，发行债券的票面利率与企业贷款成本的关系依然显著，从而进一步证明了研究结论的稳健性。

4.3.2 反向因果的考虑

尽管前文已考虑了遗漏变量的问题，但是自变量与因变量之间的互为因果也会对结论造成影响，贷款成本较低的企业也更可能发行低票面利率的债券。因此，本文采用行业年度发行债券的票面利率均值（IV_Coupon）作为工具变量来进行回归。理论上来说，行业年度债券票面利率的均值与行业内企业发行债券的票面利率存在正相关关系，满足工具变量的相关性；且目前并没有研究表明在控制了模型（1）中的控制变量以及固定效应之后，行业年度债券票面利率的均值会影响行业中单独个体的贷款成本，故而本文选择的工具变量存在一定的合理性。相应的回归结果如表5所示，其中第（1）、（2）列分别为第一、二阶段的回归结果。由结果可知，在第一阶段，工具变量（IV_Coupon）的系数在1%的水平上显著为正；第二阶段当被解释变量为企业平均银行贷款Loan_rate时，Coupon变量的系数在 1% 的水平上显著为正,与基本回归结果一致,且由 F 值可知,该工具变量通过了弱工具变量检验和不可识别检验。假设 H1 在经过内生性检验之后依然成立,进一步证实了本文结论的稳健性。

表 5   **反向因果的考虑**

变　　量	第一阶段	第二阶段
	Coupon	Loan_rate
Coupon		1.146 *** (2.83)
IV_Coupon	0.710 *** (8.59)	
常数项	0.160 (0.03)	18.055 * (1.90)
控制变量	Yes	Yes
年度固定效应	Yes	Yes
公司固定效应	Yes	Yes
观测值	2131	2131
调整 R^2	0.529	0.529
弱工具变量检验 (Kleibergen-Paap rk Wald F statistic)	73.743 (P-value=0.000)	
不可识别检验 (Kleibergen-Paap rk LM statistic)	10.022 (P-value=0.002)	

4.4　稳健性检验

4.4.1　改变计量模型

由于本文对计算结果为负值的企业平均贷款成本用 0 进行替代,即回归因变量为左截断数据,本文采用 Tobit 模型重新回归以控制左侧截取样本的偏误,回归结果如表 6 第(1)列所示。采用左归并为 0 的 Tobit 估计命令,得到 Coupon 变量的系数值为 0.348,也在 1% 的水平上显著为正。Tobit 估计结果与 OLS 较为接近,因此 OLS 模型的估计结果是稳健的。

4.4.2　控制股权再融资行为的影响

已有研究表明,企业的权益融资行为会对其债务融资能力产生影响(胡奕明和谢诗蕾,2005;姚立杰等,2018),作为债务融资的替代性筹资渠道,当企业存在增发、配股等权益性融资行为时,借贷契约中的债务融资规模会相应增大,同时债务融资成本也会相应降低,从而对本文的结论造成一定的影响。为排除企业权益性融资行为的干扰，本文构建了股权再融资变量（Equity），若企业当年存在配股或增发行为，则 Equity 取值为 1，否则为 0，在基本回归模型的基础上加入股权再融资变量（Equity）进行回归，结果如表 6 第（2）列所示。此外，我们也剔除了存在股权再融资行为的样本之后进行回归，结果见表 6 第（3）列。由结果可知，在排除了股权再融资行为的干扰后，Coupon 变量系数依然显著为正，证明了结论的稳健性。

4.4.3 考虑衡量误差的影响

考虑到衡量误差可能带来的影响，本文采用了另一种方法重新估算企业平均银行贷款成本：将企业的短期借款、长期借款与一年内到期的长期借款之和代替带息债务与应付债券余额之差，作为近似的银行贷款总额，并将银行贷款利息除以银行贷款总额，得到的结果即为企业当年平均银行贷款成本的替代性衡量指标（Loan_rate_1）。若计算得到的结果为负值，则用 0 进行替代。计算公式为：Loan_rate_1 =（利息支出−债券利息）÷（短期借款+长期借款+一年内到期的长期借款）。

在模型（1）中将 Loan_rate_1 替换作因变量进行回归，相应的结果如表 6 第（4）列所示。Coupon 变量系数仍然在 1% 的水平上显著为正，表明低债券票面利率会显著降低企业的银行贷款成本，从而进一步证明了研究结论的稳健性。

此外，由于企业财务报表中披露的利息支出不包含已经资本化处理的利息，本文估算出的企业银行贷款成本理论上低于企业的真实贷款成本。根据上述回归结果，低债券票面利率对相较于真实值偏低的贷款成本指标有着显著的降低作用，那么低债券票面利率也应能显著降低企业的实际贷款成本，因此本文的结论是稳健的。

4.4.4 删除平均贷款成本为负值的样本

由于难以获取真实完整的企业银行贷款数据，我们通过计算的方法间接测算企业的平均银行贷款成本，并对计算结果为负值的数据用 0 进行替代，这可能会造成估计结果偏误。为了排除这一因素的干扰，本文删除了平均贷款成本计算结果为负值的样本并重新进行回归，结果如表 6 第（5）列所示。由回归结果可知，在删除负值样本后，Coupon 变量系数依然显著为正，表明低债券票面利率会显著降低企业的银行贷款成本，与前述回归结果一致，从而进一步证明了研究结论的稳健性。

表6　　　　　　　　　　　　　　　　　　　　稳健性检验

变量	Tobit 模型回归	控制股权再融资的影响		衡量误差	删除负值样本
	Loan_rate	Loan_rate		Loan_rate_1	Loan_rate
	（1）	（2）	（3）	（4）	（5）
Coupon	0.348*** （4.49）	0.349*** （3.74）	0.301* （2.06）	0.004*** （3.51）	0.256* （1.78）
Equity		−0.053 （−0.36）			
常数项	22.314* （1.95）	23.439 （1.74）	20.377 （1.51）	0.218 （1.21）	18.837* （1.89）

续表

变量	Tobit 模型回归	控制股权再融资的影响		衡量误差	删除负值样本
	Loan_rate	Loan_rate		Loan_rate_1	Loan_rate
	（1）	（2）	（3）	（4）	（5）
控制变量	Yes	Yes	Yes	Yes	Yes
年度固定效应	Yes	Yes	Yes	Yes	Yes
公司固定效应	Yes	Yes	Yes	Yes	Yes
样本	All	All	Exclude SEO	All	Exclude Loan_rate<0
观测值	2131	2131	1779	2423	1963
调整 R^2	0.208（Pseudo R^2）	0.544	0.565	0.458	0.598

5. 机制分析

根据前述理论分析，债券票面利率对企业贷款成本的影响可能存在两种机制。其一，企业发行低票面利率债券，降低了银行贷款的替代性融资渠道的成本，从而增加了企业在签订贷款协议时的议价能力，进而降低贷款成本。其二，较低的票面利率释放出"优质企业"的信号，向外界传递企业违约概率较低的信息，减小银行对企业信贷风险的评估，进而降低企业的贷款成本。上述两个机制有待实证检验。

5.1 替代性融资机制的检验

本文主要从银行对企业的控制能力、企业获取银行贷款替代性融资的能力两个角度来检验替代性融资机制是否债券票面利率影响企业贷款成本的传导渠道。

5.1.1 基于企业对银行依赖程度的分析

当企业严重依赖银行贷款进行融资时，银行对企业的主导力量较强，在借贷协议中将占据绝对的话语权，因此企业发行低票面利率债券降低贷款成本的作用有限；相反，当企业的银行贷款占负债的比重较低时，由于企业对银行贷款的依赖性较小，银行在信贷协议中的主导力量较弱，发行低票面利率债券使企业具备了更强的议价能力，降低企业贷款成本的作用将会更大。因此，本文根据企业银行贷款占带息债务比重的高低进行分组来检验替代性融资机制。具体而言，定义变量 Bargain，当企业银行贷款总额占负债总额的比例低于样本中位数时取 1，否则为 0，在模型中控制变量 Bargain、变量 Bargain 和 Coupon 的交乘项进行回归。结果如表 7 第（1）列所示，变量 Coupon 的系数显著为正，且交乘项的系数也显著为正，说明当企业对银行的依赖程度较弱时，低债券票面利率降低企业贷款成本的作用更大，与替代性融资机制相符合。

为验证结论的稳健性，表 7 第(2)列根据银行贷款占带息债务比例的行业均值高低来分组。在一般情况下，行业银行贷款在带息债务中所占的比例越高，这个行业的企业对银行贷款的依赖性往往越大，银行的主导力量更强，低债券票面利率降低企业贷款成本的作用将会较小，反之则作用更大。回归结果显示，变量 Coupon 和交乘项的系数均显著为正，说明在银行主导力量较小的行业中，低债券票面利率对企业贷款成本的降低作用更大，进一步验证了替代性融资机制。

表 7 基于企业对银行依赖程度的分析

变 量	Loan_rate	
	企业层面	行业层面
	（1）	（2）
Coupon	0.213** （2.36）	0.280*** （3.16）
Conpon×Bargain	0.268* （1.76）	0.266* （1.78）
常数项	23.840* （1.86）	21.419** （2.16）
控制变量	Yes	Yes
年度固定效应	Yes	Yes
公司固定效应	Yes	Yes
观测值	2131	2131
调整 R^2	0.542	0.541

注：由于模型控制了公司固定效应，基于对银行依赖程度的公司分组变量 Bargain 被吸收。

5.1.2 基于企业获取替代性融资能力的分析

如果替代性融资机制成立，低票面利率是通过降低其他融资方式的成本来增加企业的议价能力进而降低贷款成本的，那么在企业获取其他融资的能力较强，即获取银行贷款的替代性融资更便利时，企业的谈判筹码将会更大，此时票面利率对贷款成本的影响应该表现出更强的效果。因此，本文将基于企业获取替代性融资的能力来检验替代性融资机制。

本文分别从企业能够发行的债券品种数量、信用评级以及融资约束程度三个方面来衡量企业获取替代性融资的能力。从理论上来说，三种债券均能够发行的企业，相较于只发行过一种或两种债券的企业，其债券融资能力更强；信用评级较高的企业，获取替代性融资的便利性更高；融资约束程度较小的企业获取替代性融资的能力也更强，参照鞠晓生(2013)的研究，本文选取 SA 指数作为度量企业融资约束程度的指标①，由于样本中 Size 的均值为 10.27，SA 指数越大，意味着企业规模越

---

① SA $=-0.737$Size$+0.043$Size$^2-0.040$Age，其中 Size 为企业总资产规模（百万元）的自然对数，Age 为企业的经营年度。

大，融资约束程度越小。

类似地，定义变量 Bargain，当企业获取替代性融资的能力较强(能够发行三种债券、信用评级高于样本中位数、SA 指数大于样本中位数)时取 1，否则为 0。在模型中控制变量 Bargain、变量 Bargain 和 Coupon 的交乘项进行回归，结果如表 8 所示。结果显示，第(1)至(3)列，变量 Coupon 的系数均显著为正，且交乘项的系数也显著为正，说明当企业获取替代性融资能力较强，面对银行的谈判能力较大时，低债券票面利率对于贷款成本的影响更大，这一结论进一步验证了替代性融资机制的作用。

表 8　　　　　　　　　　　　基于企业获取替代性融资能力的分析

变　　量	Loan_rate		
	债券品种数量	企业信用评级	融资约束程度
	(1)	(2)	(3)
Coupon	0.338***	0.296***	0.339**
	(3.52)	(3.17)	(2.65)
Conpon×Bargain	0.578**	1.456*	0.237*
	(2.87)	(1.82)	(1.76)
常数项	22.799	25.143*	22.533*
	(1.74)	(1.89)	(1.78)
控制变量	Yes	Yes	Yes
年度固定效应	Yes	Yes	Yes
公司固定效应	Yes	Yes	Yes
观测值	2131	2131	2131
调整 R^2	0.544	0.544	0.545

注：由于模型控制了公司固定效应，基于获取替代性融资能力的公司分组变量 Bargain 被吸收。

5.2　信号机制的排除

5.2.1　基于信息不对称程度的分析

如果信号机制成立，即债券票面利率通过释放违约风险较低的信号来影响企业的贷款成本，那么在信息不对称程度较大的情况下，低债券票面利率降低企业银行贷款成本的净效应将会显著增大。因此，本文根据企业信息不对称程度高低分组，对信号机制进行检验。具体而言，定义变量 Inform，当企业信息不对称程度大于样本中位数时取 1，否则为 0，在模型中加入变量 Inform、变量 Inform 和 Coupon 的交乘项进行回归。具体衡量信息不对称程度的指标包括：企业的审计师是否来自国际四大、企业的审计师是否来自国内十大、企业的真实盈余管理程度、企业的操控性应计盈余管理程度以及分析师跟踪数量。从理论上来说，当企业的审计师并非来自国际四大或国内十大、真实盈余管理程度或操控性应计盈余管理程度越大、分析师跟踪数量越少时，信息不对称越严重，银行对企业信息的掌握越不充分，低债券票面利率降低企业贷款成本的作用将会更大。

相应的回归结果如表9所示，第（1）至（5）列变量Coupon的系数均显著为正，同时交乘项系数均不显著，说明低债券票面利率对贷款成本的降低作用并未受企业信息不对称程度高低的影响。因此，信号机制并不能充分有效地解释债券票面利率影响企业贷款成本的原因，其可能的原因是银行具有较为丰富的信息获取渠道以及较强的分析能力，对于贷款客户信贷风险的评估体系较为规范和完善，债券市场价格信号的影响力有限。

表9　　　　　　　　　　　　　　　　　　　**信号机制的排除**

变　　量	Loan_rate				
	是否国际四大	是否国内十大	真实盈余管理	应计盈余管理	分析师跟踪数
	（1）	（2）	（3）	（4）	（5）
Coupon	0.292**	0.428***	0.303**	0.312**	0.238**
	（2.58）	（3.72）	（2.26）	（2.64）	（2.56）
Coupon×Inform	0.281	−0.187	0.095	0.074	0.179
	（1.03）	（−0.86）	（0.40）	（0.66）	（1.07）
常数项	24.244*	22.955*	23.360*	23.256*	23.332*
	（1.82）	（1.78）	（1.76）	（1.78）	（1.79）
控制变量	Yes	Yes	Yes	Yes	Yes
年度固定效应	Yes	Yes	Yes	Yes	Yes
公司固定效应	Yes	Yes	Yes	Yes	Yes
样本观测值	2131	2131	2131	2131	2131
调整 R^2	0.545	0.545	0.544	0.544	0.544

注：由于模型控制了公司固定效应，基于信息不对称程度的公司分组变量Inform被吸收。

5.2.2　基于企业财务状况的分析

此外，本文也根据企业财务状况的不同进行异质性分析。若低债券票面利率降低贷款成本的作用在财务风险低的企业中表现出更强的效果，那么则说明低票面利率起到了"信号"提示的作用，帮助优质企业获得了更便宜的银行贷款。因此，本文根据企业财务状况进行分组，具体而言，定义变量Trouble，当企业为财务困难企业时取1，否则为0。为增加结果的稳健性，本文采取三种不同的方法来刻画企业的财务状况：一是将预警Z值小于临界值1.8的企业界定为财务困难企业；二是将资产负债率大于样本中位数的企业界定为财务困难企业;三是将利息保障倍数小于样本中位数的企业界定为财务困难企业。在模型中加入变量 Trouble、变量 Trouble 和 Coupon 的交乘项进行回归,回归结果如表 10 所示。

结果显示,变量 Coupon 的系数均显著为正,而交乘项的系数均不显著,说明低债券票面利率降低贷款成本的作用在财务状况不同的企业中并没有显著差异,这进一步支持了本文的结论,即低票面利率是通过增加企业的谈判筹码和议价能力来发挥作用的,而非通过传递优质信号来降低贷款成本。

表 10　　　　　　　　　　基于企业财务状况的异质性分析

变　　量	Loan_rate		
	预警 Z 值<1.8	资产负债率>中位数	利息保障倍数<中位数
	(1)	(2)	(3)
Coupon	0.315** (2.93)	0.287*** (3.28)	0.303** (2.66)
Conpon×Trouble	0.057 (0.28)	0.118 (0.57)	0.107 (0.45)
常数项	23.439 (1.74)	23.044* (1.80)	23.200* (1.78)
控制变量	Yes	Yes	Yes
年度固定效应	Yes	Yes	Yes
公司固定效应	Yes	Yes	Yes
观测值	2131	2131	2131
调整 R^2	0.544	0.544	0.544

注:由于模型控制了公司固定效应,基于财务状况的公司分组变量 Trouble 被吸收。

6. 企业类型与债券低票面利率发行

基于上述分析,发行低票面利率债券不仅可以节省企业的利息支出、提高债券成功发行率,还有助于企业获得更便宜的银行贷款。由于较低的票面利率能够降低企业的债券融资成本和贷款成本,带来更多金融资源,并且我们发现这种效应在财务状况不同的企业中没有表现出显著差异,从理论上来说,财务困难的企业在发行债券时压低票面利率的动机会更加强烈,以期以更便宜的成本获取资金,改善企业的财务状况。

如果财务困难的企业存在压低票面利率的行为,那么这种"操纵性"的低票面利率不被二级市场所认可,将导致债券的市场价格下跌,出现较大的一二级市场价差。为此,本节将通过债券的一二级市场价差来检验财务困境企业是否存在压低发行票面利率，以此来进行市场操作的行为。具体而言，我们利用企业 2015—2021 年发行债券数据检验财务困难企业的债券票面利率与一二级市场价差的关系，相应回归模型如下：

$$Overprice_j = \beta_0 + \beta_1 Bond\_Coupon_j + \beta_2 Trouble_j + \beta_3 Bond\_Coupon_j \times Trouble_j$$
$$+ Controls_{j,t} + \delta_t + \gamma_j + \varepsilon_{j,t} \tag{2}$$

在模型（2）中，变量 Bond_Coupon 为债券的票面利率，被解释变量 Overprice 为债券的一二级市场价差，由债券的发行价格减去上市首日收盘结算价得到。虚拟变量 Trouble 代表企业的财务状况，当债券发行主体为财务困难企业时，Trouble 变量取值为 1，否则取 0，根据预警 Z 值、资产负债率、利息保障倍数三个指标的大小来界定财务困难企业，在模型中控制变量 Trouble 以及 Bond_Coupon×Trouble 交乘项进行回归。同时，参考杨国超和刘琪（2022）、黄继承等（2022）的研究，模型（2）中控制了债券发行规模（Bond_Iss）、发行期限（Bond_Tim）、是否存在担保（Bond_Gua）、是否含有特殊条款（Bond_Spt）以及债券信用评级（Bond_Rating），其余控制变量与主回归模型一致。回归结果如表 11 所示。

一般而言，优质企业的债券票面利率较低，一二级市场价差较小，票面利率与一二级市场价差正相关。表 11 的回归结果显示，第（1）、（2）、（3）列 Bond_Coupon 和 Trouble 变量的交乘项系数均显著为负，即相较于财务健康的企业，财务困难企业发行债券的票面利率越低，一二级市场价差反而越大。这意味着，财务困难企业存在压低票面利率发行的倾向，利用低票面利率进行相应的市场操作。

表 11　　　　　　　　　　　　　企业财务状况与债券低票面利率发行

变　　量	Overprice		
	预警 Z 值<1.8	资产负债率>中位数	利息保障倍数<中位数
	（1）	（2）	（3）
Bond_Coupon	0.055	0.047	0.007
	（1.41）	（1.37）	（0.42）
Bond_Coupon×Trouble	−0.072*	−0.062*	−0.028*
	（−1.87）	（−2.03）	（−1.92）
Size	−0.042	−0.070*	−0.013
	（−1.32）	（−1.90）	（−0.36）
PPE	0.100	0.118	0.133
	（1.50）	（1.36）	（1.04）
Earn	−0.388	−0.498*	−0.439
	（−1.42）	（−1.92）	（−1.33）
Lev	−0.108	−0.134	−0.065
	（−1.63）	（−1.29）	（−1.13）

续表

变　量	Overprice		
	预警 Z 值<1.8	资产负债率>中位数	利息保障倍数<中位数
	（1）	（2）	（3）
Tat	−0.005	−0.019	−0.009
	（−0.06）	（−0.23）	（−0.10）
CR	−0.020	−0.008	−0.022
	（−0.59）	（−0.28）	（−0.60）
Tbq	0.135	0.123	0.108
	（1.39）	（1.39）	（1.17）
Top1	0.001	0.001	0.001
	（0.56）	（0.63）	（0.45）
Bod	0.060	0.055	0.021
	（1.05）	（0.93）	（0.50）
Ind	−0.065	−0.096	−0.138
	（−0.58）	（−0.85）	（−1.31）
Ins	−0.001	−0.000	−0.001
	（−1.14）	（−0.33）	（−1.01）
Bond_Iss	−0.000	0.000	−0.001
	（−0.04）	（0.00）	（−0.08）
Bond_Tim	−0.007	−0.009	−0.009
	（−0.27）	（−0.43）	（−0.34）
Bond_Gua	−0.164	−0.171	−0.169
	（−1.50）	（−1.74）	（−1.60）
Bond_Spt	−0.037 *	−0.037 *	−0.032 *
	（−2.00）	（−1.99）	（−1.77）
Bond_Rating	0.027 *	0.035 ***	0.035 ***
	（1.95）	（4.42）	（3.05）
Rgdp	−0.012	0.017	−0.041
	（−0.09）	（0.07）	（−0.19）
常数项	0.842	1.478	0.242
	（0.78）	（1.49）	（0.19）
年度固定效应	是	是	是
公司固定效应	是	是	是

续表

变　量	Overprice		
	预警 Z 值<1.8	资产负债率>中位数	利息保障倍数<中位数
	（1）	（2）	（3）
样本观测值	604	604	604
调整 R^2	0.623	0.622	0.616

注：由于模型控制了公司固定效应，基于财务状况的公司分组变量 Trouble 被吸收。

7. 结论与政策启示

本文利用 2015—2021 年发行过企业债、公司债或中期票据中至少一类债券的 A 股上市公司数据分析了低债券票面利率对于企业银行贷款成本的影响，并讨论其中的影响机制。实证研究发现：第一，在控制了企业、债券和宏观特征因素之后，低债券票面利率会显著降低企业的银行贷款成本，并且在经过一系列稳健性检验之后，上述结论依然保持稳健。第二，机制分析表明，替代性融资机制能够很好地解释上述影响。一方面，低债券票面利率对于贷款成本的降低作用在对银行依赖性较小的企业和行业（具体表现为：银行贷款占带息债务的比重较低），以及融资约束程度低的企业（具体表现为：企业拥有的债券品种多、信用评级高、SA 指数大）中更大。该结果说明，当企业对银行贷款的依赖性越小、获取替代性融资的能力越强时，发行票面利率较低的债券增强企业的议价能力进而降低贷款成本的作用越大，这为替代性融资机制提供了相应的证据。另一方面，债券票面利率对贷款成本的影响在信息不对称程度和财务健康程度不同的企业中没有显著差异，说明信号机制并不能有效地解释低债券票面利率降低企业贷款成本的机理。上述结果表明，债券票面利率对企业银行贷款成本的影响更可能是通过"替代性融资机制"发挥作用的，而非"信号机制"。最后，本文进一步发现，财务状况较差的企业发行票面利率较低的债券时，债券的一二级市场价差增大，说明票面利率未能反映出债券的真实风险，不被二级市场所认可，财务状况差的企业存在压低票面利率的动机。

本文的研究具有一定的启示意义：（1）本文的实证结果显示企业银行贷款成本较高的原因之一可能是企业缺乏其他便宜的融资渠道，因此在我国金融市场改革中，应注重健全企业的融资机制，大力推动直接融资市场尤其是成本较低的债券市场的发展，建立多元融资体系，提高融资供给端的竞争程度，从而有助于降低企业的融资成本，支持企业投资和创新活动，促进企业价值提升和未来发展。（2）本文发现债券市场信息会产生一定的溢出效应，影响银行信贷市场的定价，因此改善债券市场的信息环境对于资本市场功能实现具有重要意义，相关部门应不断完善债券市场的信息披露制度，提高信息披露质量，保证信息含量的准确性和有效性，从而提高资源配置效率，保障资本市场功能实现。（3）监管当局应加强对债券一二级市场异常价差现象的识别和管控，通过防堵结构化发行、严管簿记建档延时流程、强化发行主体信息披露、提升债券信用评级质量等措施减小操纵债券发行利率的空间，规范企业和承销商在债券市场中的行为，提高债券市场的定价功能，保护投资者的利益，同时减少对其他资本市场例如银行信贷市场的负面影响,更好地发挥资本市场功能,推动我国经济高质量发展。

◎ 参考文献

[1] 陈汉文,周中胜. 内部控制质量与企业债务融资成本[J]. 南开管理评论,2014,17(3).

[2] 陈胜蓝,马慧. 贷款可获得性与公司商业信用——中国利率市场化改革的准自然实验证据[J]. 管理世界,2018,34(11).

[3] 戴国强,钱乐乐. 关系型借贷、债券融资与企业贷款成本——基于信息与竞争机制视角的研究[J]. 审计与经济研究,2017,32(5).

[4] 邓伟,宋敏,刘敏. 借贷便利创新工具有效影响了商业银行贷款利率吗?[J]. 金融研究,2021(11).

[5] 方意,陈敏,杨娬平. 金融市场对银行业系统性风险的溢出效应及渠道识别研究[J]. 南开经济研究,2018(5).

[6] 胡奕明,唐松莲. 审计、信息透明度与银行贷款利率[J]. 审计研究,2007(6).

[7] 胡奕明,谢诗蕾. 银行监督效应与贷款定价——来自上市公司的一项经验研究[J]. 管理世界,2005(5).

[8] 黄继承,雍红艳,阚铄. 企业发行债券与贷款成本[J]. 世界经济,2022,45(9).

[9] 姜付秀,蔡文婧,蔡欣妮,等. 银行竞争的微观效应:来自融资约束的经验证据[J]. 经济研究,2019,54(6).

[10] 江轩宇,贾婧,刘琪. 债务结构优化与企业创新——基于企业债券融资视角的研究[J]. 金融研究,2021(4).

[11] 解维敏,桑凌. 市场环境、参股银行业与企业银行贷款[J]. 系统工程理论与实践,2020,40(4).

[12] 金陈飞,张飘飘,刘道学,等. 小微企业融资议价能力研究[J]. 科研管理,2017,38(S1).

[13] 靳庆鲁,孔祥,侯青川. 货币政策、民营企业投资效率与公司期权价值[J]. 经济研究,2012,47(5).

[14] 鞠晓生,卢荻,虞义华. 融资约束、营运资本管理与企业创新可持续性[J]. 经济研究,2013,48(1).

[15] 李田. 信用债一、二级市场价差分析及对策建议[J]. 债券,2021(7).

[16] 林晚发,钟辉勇,赵仲匡,等. 金融中介机构竞争的市场反应——来自信用评级机构的证据[J]. 金融研究,2022(4).

[17] 刘畅,曹光宇,马光荣. 地方政府融资平台挤出了中小企业贷款吗?[J]. 经济研究,2020,55(3).

[18] 刘星,陈西婵. 证监会处罚、分析师跟踪与公司银行债务融资——来自信息披露违规的经验证据[J]. 会计研究,2018(1).

[19] 毛锦,肖泉,蔡淑琴. 基于信息不对称的银行贷款合约分析与设计[J]. 金融研究,2006(10).

[20]潘越．信用评级信息效应对证券分析师盈余预测的影响[J]．征信，2019，37（6）．

[21]宋全云，李晓，钱龙．经济政策不确定性与企业贷款成本[J]．金融研究，2019（7）．

[22]王静，张天西．税收规避、公司治理与债务契约定价[J]．经济管理，2017，39（4）．

[23]王伟同，辛格，周佳音．债务违约、属地信用与风险外溢[J]．世界经济，2022，45（12）．

[24]王雄元，曾敬．年报风险信息披露与银行贷款利率[J]．金融研究，2019（1）．

[25]王治国．政府干预与地方政府债券发行中的"利率倒挂"[J]．管理世界，2018，34（11）．

[26]吴静桦，王靖茹，刘建秋，等．贷款利率市场化改革与企业全要素生产率——来自贷款利率上下限放开的微观证据[J]．会计研究，2021（4）．

[27]杨国超，刘琪．中国债券市场信用评级制度有效性研究[J]．经济研究，2022，57（10）．

[28]易纲．再论中国金融资产结构及政策含义[J]．经济研究，2020，55（3）．

[29]尹志超，钱龙，吴雨．银企关系、银行业竞争与中小企业借贷成本[J]．金融研究，2015（1）．

[30]余峰燕，朱婧知．股权质押，控股股东制衡与银行信贷定价[J]．南开学报（哲学社会科学版），2020（5）．

[31]翟胜宝，童丽静，伍彬．控股股东股权质押与企业银行贷款——基于我国上市公司的实证研究[J]．会计研究，2020（6）．

[32]张建鹏，陈诗一．金融发展、环境规制与经济绿色转型[J]．财经研究，2021，47（11）．

[33]周开国，邢子煜，杨海生．银行负债结构与企业信贷获取[J]．经济研究，2022，57（8）．

[34]Batta, G., Muslu, V. Credit rating agency and equity analysts' adjustments to GAAP earnings[J]. Contemporary Accounting Research, 2017, 34(2).

[35]Berger, A. N., Udell, G. F. Relationship lending and lines of credit in small firm finance[J]. The Journal of Business, 1995, 68(3).

[36]DeBoskey, D. G., Gillett, P. R. The impact of multi-dimensional corporate transparency on US firms' credit ratings and cost of capital[J]. Review of Quantitative Finance and Accounting, 2013, 40(1).

[37]Ding, Y., Xiong, W., Zhang, J. Issuance overpricing of China's corporate debt securities[J]. Journal of Financial Economics, 2022, 144(1).

[38]Gertler, M., Gilchrist, S. Monetary policy, business cycles, and the behavior of small manufacturing firms[J]. The Quarterly Journal of Economics, 1994, 109(2).

[39]Grunert, J., Norden, L. Bargaining power and information in SME lending[J]. Small Business Economics, 2012, 39(2).

[40]Hale, G., Santos, J. Do banks price their informational monopoly? [J]. Journal of Financial Economics, 2009, 93(2).

[41]Huang, H. H., Lee, H. H. Product market competition and credit risk[J]. Journal of Banking & Finance, 2013, 37(2).

[42]Park, J. C., Wu, Q. Financial restatements, cost of debt and information spillover: Evidence from the secondary loan market[J]. Journal of Business Finance & Accounting, 2009, 36(9-10).

[43]Peterson, M. A., Rajan, R. G. The benefit of firm creditors relationship: Evidence from small business

data[J]. Journal of Finance, 1994, 49(1).

[44] Poon, W., Chan, K.C. An empirical examination of the informational content of credit ratings in China [J]. Journal of Business Research, 2008, 61(7).

[45] Zimmer, I. A lens study of the prediction of corporate failure by bank loan officers[J]. Journal of Accounting Research, 1980, 18(2).

Do Low Bond Coupon Rates Reduce Corporate Loan Costs?
—An Analysis Based on Alternative Financing Perspective

Lin Wanfa   Cheng Mengbing

(School of Economics and Management, Wuhan University, Wuhan, 430072)

Abstract: Using data on bond issued by listed firms from 2015 to 2021, this paper analyzes whether bond coupon rates affect firms' bank loan costs and the corresponding mechanisms. The results show that issuing bonds with lower coupon rates significantly reduces the cost of bank loans, and the above findings hold after a series of robustness tests. Second, the mechanism analysis shows that the effect of low bond coupon rates on loan costs is more significant in firms with less bank control and less financing constraints. In other words, when firms are less dependent on bank loans and more capable of obtaining alternative financing, issuing bonds with lower coupon rates will enhance their bargaining power and thus reduce the cost of loans, reflecting the "alternative financing" mechanism. However, there is no significant difference in the impact of bond coupon rates on loan costs among firms with different levels of information asymmetry and financial status, suggesting that the "signal mechanism" does not effectively explain the relationship between coupon rates and bank loan costs. Finally, the extended analysis finds that the primary-secondary market spread of bonds increases when firms with poor financial status issue bonds with lower coupon rates, indicating that firms with poor financial status have the tendency to depress their coupon rates. The findings of this paper provide corresponding empirical evidence for increasing the proportion of direct financing in the bond market, improving the bond market information environment, regulating the bond market behavior of enterprises, and strengthening the regulation of abnormal spreads between primary and secondary bond market.

Key words: Coupon rate; Loan cost; Alternative financing; Bargaining power; Signal transmission

专业主编：潘红波

珞珈管理评论

2023 年卷第 5 辑（总第 50 辑）

Luojia Management Review

No. 5, 2023 (Sum. 50)

税制改革与僵尸企业治理：
来自增值税税率简并下调改革的证据[*]

● 陈 冬[1] 郭茜林[1] 梁上坤[2] 陆佳妮[1]

（1 武汉大学经济与管理学院 武汉 430072；

2 中央财经大学会计学院 北京 100081）

【摘 要】 增值税改革的实体经济效应是重要的研究问题。以 2015—2019 年的中国 A 股上市公司为研究对象，本文研究发现：增值税税率简并下调改革使企业"僵尸化"概率降低 30%，这一效果在需求弹性大的企业、制造业企业中更显著。进一步研究显示，增值税税率简并下调改革降低了僵尸企业的总税负和流转税税负，改善了僵尸企业的经营业绩，表现为经营活动现金流量和留存收益增加、利润率上升、应收账款收现期缩短，降低了僵尸企业对财政补贴的依赖；没有发现增值税税率简并下调通过降低杠杆率来减少企业"僵尸化"的风险。研究发现表明，降低税负改善企业经营业绩对于治理僵尸企业具有重要意义。

【关键词】 增值税 僵尸企业 需求弹性 税率简并

中图分类号：F239 文献标识码：A

1. 引言

中国以增值税为核心的间接税改革勾勒出中国税收政策改革的基本轨迹（郭庆旺，2019；高培勇，2018）。然而，对"税收中性"的增值税进行改革能否以及如何改善企业实体经济行为，需要进行深入细致的研究。

---

* 基金项目：教育部人文社会科学研究规划项目"企业数字化转型影响企业税负的作用机制、经济后果及对策研究"（项目批准号：22YJA790004）；国家自然科学基金项目"美国税制改革对中国企业对外直接投资的作用机制和经济后果研究"（项目批准号：71772139）；国家自然科学基金项目"区域竞争、区域协同与企业产能效率提升"（项目批准号：72272164）；国家自然科学基金项目"中国企业成本黏性的动因和后果研究"（项目批准号：71872196）；本文为武汉大学自主科研项目（人文社会科学）研究成果，得到"中央高校基本科研业务费专项资金"资助。

通讯作者：陈冬，E-mail：dongchen@ whu. edu. cn。

　　僵尸企业的治理是我国"三去一降一补"供给侧改革的重要内容。一方面,僵尸企业的存续具有一定的危害性。僵尸企业依靠信贷补贴和财政补贴维持生存(范子英和王倩,2019),造成资源配置扭曲(谭语嫣等,2017),挤占正常企业的税负(李旭超等,2018),压抑正常企业的投资和创新(王永钦等,2018;金祥荣等,2019),挤出正常企业的劳动力就业(乔小乐等,2019),降低企业生产率(诸竹君等,2019)。另一方面,部分僵尸企业仍可能贡献增值税税收收入、吸纳就业①。因此,研究僵尸企业的有效分类治理而非简单出清,对于矫正资源配置、化解金融系统风险、促进企业健康发展、维持经济稳定和增长具有重要意义。

　　本文基于增值税税率简并下调改革,探索和揭示增值税改革作用于实体经济的微观机理。以2015—2019 年的中国 A 股上市公司为研究对象,本文研究发现:增值税税率简并下调改革降低了企业"僵尸化"的概率,这一效果在需求弹性大的企业、制造业企业中更显著。增值税税率简并下调改革降低了僵尸企业的总税负、流转税税负,提升了僵尸企业的经营业绩,表现为经营活动现金流量和留存收益增加、利润率上升、应收账款收现期缩短,降低了僵尸企业对财政补贴的依赖,促进僵尸企业复活。本文的研究没有发现增值税税率简并下调通过降低杠杆率来减少企业"僵尸化"的风险。

　　本文的研究具有以下两方面的贡献:第一,本文的研究为增值税与企业实体效应的研究带来启示。增值税具有"税收中性"特征(Carbonnier,2014),但是,实际上企业部分承担了增值税负担(苏国灿等,2020;Jacob et al.,2019)。增值税制度改革是我国近十多年税制改革的重要方面。增值税(或商品劳务税)在 OECD 国家税收收入占比平均超过 1/3(Brühne and Jacob,2020)。研究增值税税率简并下调治理僵尸企业的作用机制和异质性因素,可揭示以增值税为代表的间接税制度影响经济增长的微观机制。第二,本文的研究丰富和拓展了僵尸企业治理的相关研究。本文从增值税税率简并下调改革的角度发现降低增值税税负有助于提升企业经营业绩,减少企业对财政补贴的依赖,降低企业"僵尸化"的风险,为继续推进增值税改革和治理僵尸企业提供启示。

2. 文献综述、理论分析与研究假设

2.1　文献综述

2.1.1　增值税改革的政策效果研究

　　增值税转型改革、"营改增"、增值税税率简并下调是我国增值税改革的重要阶段,勾勒出我国增值税改革的轨迹。不同的增值税改革阶段均着眼于进项税,弥合进项税抵扣链条,消除进项税抵扣链条摩擦,不断推动增值税接近"税收中性"。其中,增值税转型改革允许企业抵扣购入固定资产的进项税额。"营改增"打通了全行业的增值税抵扣链条。目前,增值税改革的政策效果研究主要集

---

　　① 在未报告的回归分析中我们发现,僵尸企业虽无法创造企业所得税,但仍缴纳增值税,吸纳更多劳动力产生冗员。

中在研究增值税转型、"营改增"方面。

增值税由生产型转为消费型，将增值税抵扣链条扩展至企业固定资产投资，产生显著的固定资产投资促进效应(许伟和陈斌开，2016；Liu and Lu，2015)。增值税转型在促进固定资产投资的同时，可能对劳动力需求产生替代效应，也可能由于固定资产投资扩大，增加对劳动力的需求(申广军等，2016；刘璟和袁诚，2012)。

学者们已从多个维度研究了"营改增"的政策效果，主要涉及行业税负(王玉兰和李雅坤，2014)、企业税负(曹越和李晶，2016)、企业融资和创新投资(乔睿蕾和陈良华，2017；李林木和汪冲，2017)、社会分工(陈钊和王旸，2016；范子英和彭飞，2017)、财政收入(高培勇，2013)、居民福利(倪红福等，2016)、产业升级(李永友和严岑，2018)、城市发展(彭飞等，2018)等。

在后"营改增"时期增值税深化改革阶段，刘行和叶康涛(2018)发现2017年增值税税率简并下调产生正向的市场反应。刘柏惠等(2019)利用理论模型推演了多档增值税税率对资本配置效率的损耗。

相比之下，从2017年开始的增值税税率简并下调改革着眼于缓解和消除多档税率带来的"高征低扣""低征高扣"的进项税抵扣链条摩擦(寇恩惠和刘柏惠，2016)。多档税率的存在实质上导致抵扣链条上的企业之间被迫产生隐性的税收补贴，扭曲中间投入价格，降低资源配置效率和全要素生产率(刘柏惠等，2019)。通过增值税税率简并下调，抵扣链条的整体税负因税率下降而降低，企业留存收益和现金持有量增加，有利于改善企业经营业绩。因此，增值税税率简并下调为研究企业实体经济效应，例如僵尸企业的治理，提供了较为适宜的研究场景。

2.1.2 僵尸企业成因、后果和治理研究

僵尸企业的产生有制度层面和企业层面的影响因素。在制度层面，政府对经济的干预和刺激遗留了大批业绩差、依靠银行信贷补贴和财政补贴生存的僵尸企业(聂辉华等，2016；金成晓和李傲，2021)。因此，低成本的银行信贷、财政补贴成为饲养僵尸企业的资金来源(Fukuda and Nakamura，2011；聂辉华等，2016；范子英和王倩，2019；宋建波等，2019)。企业层面的成因分析方面，缺乏比较优势(申广军，2016)、产能过剩导致经营业绩差(侯亚景和罗玉辉，2017)、投资扭曲和费用化增加(范子英和王倩，2019)、负债水平高和短期偿债能力差是形成僵尸企业的重要影响因素(朱舜楠和陈琛，2016)。

僵尸企业业绩低下却挤占正常企业的贷款资源，诸多文献发现僵尸企业扭曲和降低资源配置效率(王永钦等，2018；刘莉亚等，2019；金祥荣等，2019)，阻碍劳动力流动并引发劳动力资源无效配置(乔小乐等，2019)，迫使正常企业承担过多税负(李旭超等，2018)，降低正常企业的生产率(诸竹君等，2019)，并增大银行风险(王海林和高颖超，2019)。

僵尸企业的治理策略研究目前给出的主要思路是降低僵尸企业负债水平和改善企业经营(吴晗和贾润崧，2016；方明月和孙鲲鹏，2019)。

2.2 理论分析与研究假设

我国于2017—2019年实施了增值税税率简并下调改革。2017年以前，"营改增"全面扩围后，不

考虑出口适用的零税率，我国增值税一般纳税人根据应税行为和应税服务适用 17%、13%、11%、6% 四档税率。2017 年 7 月，财政部和国家税务总局发布《关于简并增值税税率有关政策的通知》，将四档增值税税率简并下调为三档，原按 13% 征收的 23 类货物适用 11% 税率，增值税税率简并下调后一般纳税人的增值税税率为 17%、11%、6% 三档。2018 年 5 月发布《关于调整增值税税率的通知》，继续将两档增值税税率 17% 和 11% 分别下调为 16% 和 10%，完成下调后，一般纳税人的增值税税率为 16%、10%、6%。2019 年 4 月，16%、10% 两档税率分别下调为 13%、9%。目前增值税一般纳税人的税率档次为 13%、9%、6%。

增值税的"税收中性"原则认为，增值税税负通过定价完全由消费者承担（Marion and Muehlegger，2011）。然而，不少研究认为，企业作为纳税人实际上承担了部分增值税税负（Jacob et al.，2019）。类似的研究发现也存在于我国企业中，企业与消费者共同承担了增值税税负，而且企业承担的部分远大于消费者承担的部分（苏国灿等，2020）。多档税率并存是导致企业部分承担增值税税负的重要原因，企业价值受到冲击（刘行和叶康涛，2018）。

增值税税率简并下调改革可从企业销项税、进项税抵扣两个路径改善企业业绩和经营活动现金流量。

理想状态下，由于只对增值额征税，中间投入对应的增值税可以扣除，增值税作为价外税，其税负能够完全转嫁（Carbonnier，2007），增值税税负通过定价完全由消费者承担（Marion and Muehlegger，2011）。但是，实际上企业无法通过定价完全转移增值税税负。存在需求弹性的情况下，根据增值税负担的价格效应，增值税的存在提高了消费者承担的含税价格，消费者减少消费数量，产品需求量下降倒逼企业减少供给（Jacob et al.，2019；刘行和叶康涛，2018），企业收入和利润相应下降。因此，为降低消费者承担的含税售价，企业不得不承担部分增值税。增值税税率简并下调改革降低了消费者承担的含税价格，消费意愿上升，需求曲线上移，企业增加供给，销售价格上升，企业收入和利润得以改善。从价格效应来看，税率简并下调改革缓解了增值税税负对价格和利润的侵蚀。

从进项税额抵扣这一路径来看，增值税多档税率并存实质上是对抵扣链条上的企业差别征税，企业的销项税与进项税适用的税率不一致，增值税税负不能完全转移，企业承担部分增值税，引发税负效应。中间投入中来自税率差异不同的企业，其税负效应大小不同。当多档税率之间的差异越大时，税负效应越大，无法扣除的进项税增多，企业现金流被占用。这种抵扣差异扭曲中间投入品价格。反之，多档税率之间的差异缩小时，无法扣除的进项税减少，释放被占用的现金流。增值税税率简并下调改革缩小了税率差异，有助于缓解多档税率导致的抵扣摩擦以及由此产生的税负效应。

与此同时，增值税税负下降相应减少企业承担的城建税和教育费附加，进一步减少企业税费支出，改善企业业绩和经营活动现金流量。

缓解增值税抵扣链条摩擦还可改善上下游企业商业信用状况。增值税税率简并下调改革降低了全产业链的税负。下游企业经营业绩改善和现金持有量增加提升了偿还商业信用的能力，改善上游企业的应收账款回收效率。

僵尸企业的特点是资本占比低、负债水平高、经营业绩差（蒋多灵和陆毅，2017；范子英和王倩，2019）。综合上述分析，增值税税率简并下调改革可从以下方面降低企业"僵尸化"风险。第一，增值税税率简并下调改革减少企业承担的增值税负担，有利于增加企业留存收益和现金持有，减少企业对财政补贴的依赖，现金持有量增多减少僵尸企业对负债的依赖，提升企业内化债务融资风险的能力。第二，增值税税率简并下调改革降低抵扣链条整体税负，提升抵扣链条上企业的偿付能力，降低企业因上游企业拖欠增大的"僵尸化"风险。基于以上分析，提出如下研究假设：

H1：增值税税率简并下调有利于降低企业"僵尸化"风险。

需求弹性越大的企业越难以将税负通过定价转嫁到下游企业，企业由此承担的增值税税负越重，企业减少产量引致收入和利润降低（Kosonen，2015；刘行和叶康涛，2018；李永友和严岑，2018；Jacob et al.，2019）。对需求弹性大的企业而言，增值税税率简并下调更能减少因无法转嫁到下游企业和消费者的由企业自行承担的增值税税负。因此预期，在需求弹性大的企业组中，增值税税率简并下调改革降低企业"僵尸化"风险的效果更显著。基于以上分析，提出如下研究假设：

H2：在需求弹性大的企业中，增值税税率简并下调降低企业"僵尸化"风险的效果更显著。

3. 研究设计

3.1 数据来源与样本选择

本文以2015—2019年中国A股上市公司为初筛对象，对数据进行了以下处理：（1）剔除金融业样本；（2）剔除资产总额小于0的观测值；（3）剔除主要变量缺失的观测值，最终得到9069个观测值。此外，为了避免极端值对结果的影响，本文对连续型变量进行了1%和99%分位的缩尾处理。在回归时，使用稳健标准误并进行公司层面的聚类调整。本文使用的增值税税率数据、公司财务数据、治理数据、股权性质数据、省份层面宏观经济数据来源于国泰安数据库和万德数据库。

3.2 僵尸企业识别

本文对僵尸企业的识别方法参考 Fukuda 和 Nakamura（2011）、谭语嫣等（2017），以 FN-CHK 测算方法为基础，在此基础上，参考聂辉华等（2016），如果企业在 $t-1$ 期与 t 期均被认定为僵尸企业，才最终被识别为僵尸企业，记为 Zom。

3.3 模型设计和变量定义

由于增值税税率简并下调改革是从2017年开始逐年进行改革，本文构建以下多时点 DID 模型来检验假设 H1 增值税税率简并下调改革对企业"僵尸化"风险的影响：

$$\mathrm{Zom}_{i,t} = \alpha + \beta_1 \mathrm{Post}_{i,t} + \beta_i \mathrm{Controls} + \sum \mathrm{Firm} + \sum \mathrm{Year} + \varepsilon_{i,t} \qquad (1)$$

在模型（1）中，Zom 表示是否僵尸企业，如果当年被识别为僵尸企业则取值1，否则取0。Post 是表示增值税税率简并下调改革的虚拟变量，处理组为受到增值税税率简并下调改革影响的上市公司，上市公司受到改革影响的当年及以后年份取值为 1，受改革影响之前的年份取值为 0。具体而言，2017 年增值税税率简并下调是将 13%这一档税率降至 11%，因此，当上市公司 2016 年的增值税税率中有 13%这一档税率时，定义为受到 2017 年改革的影响。2018 年增值税税率简并下调改革是将 17%和 11%两档增值税税率分别降至 16%和 10%，因此，当上市公司 2017 年的增值税税率中有 17%或 11%这两档税率时，定义为受到 2018 年改革的影响。2019 年增值税税率简并下调改革是将 16%、10%两档税率分别降至 13%、9%，因此，当上市公司 2018 年的增值税税率中有 16%或 10%这两档税率时，定义为受到 2019 年改革的影响。对照组则是样本期间一直未受到增值税税率简并下调改革影响的上市公司。Post 的系数 β_1 捕捉了增值税税率简并下调改革对僵尸企业的影响。

参考谭语嫣等（2017）、王永钦等（2018）、杨龙见等（2020），控制变量包括企业层面、行业层面以及省份层面变量。公司层面控制变量包括：公司规模（Size），用总资产的自然对数衡量；资本密集度（Capdes），用人均固定资产的自然对数衡量；流动性（CV），用流动资产占流动负债的比重衡量；利润率（EA），用利润总额占总资产的比重衡量；资产负债率（LEV），用负债占资产的比重衡量；公司已上市年限（Listage），用当年年份减去上市年份加 1 取自然对数衡量；产权性质（SOE），用哑变量表示，国有企业取值为 1，非国有企业取值为 0。行业层面控制变量（使用证监会 2012 年版行业分类标准，非制造业使用一级分类，制造业使用二级分类）：行业集中度（Ind_HHI），用企业所在行业的赫芬达尔指数（公司营业收入/行业营业总收入的平方和）衡量；行业销售额增长率（Ind_growth），用企业所在行业销售收入增长率衡量。省份层面控制变量包括：地区经济发展水平（GDPpc），用人均 GDP 的自然对数衡量；政府财政支出（Expenditure），用地方财政一般预算支出占 GDP 的比重衡量；第一产业 GDP 份额（Primary），用第一产业 GDP 占总 GDP 比重来衡量；第二产业 GDP 份额（Secondary），用第二产业 GDP 占总 GDP 比重来衡量；人口自然增长率（Popgrowth），用（年内出生人数–年内死亡人数）/年平均人数衡量；贸易总额（Trade），用社会消费品零售总额占 GDP 比重衡量；进出口总额（Port），用进出口总额占 GDP 比重衡量。此外，本文还控制了年份固定效应（Year）和公司固定效应（Firm）。

4. 实证结果和分析

4.1 描述性统计

表 1 列出了 2015—2019 年僵尸企业数量和在全样本中所占比重的变化情况。从僵尸企业整体占比来看，僵尸企业在全样本中占比约 3.925%。从年度变化趋势来看，僵尸企业数量和比重在 2017 年增值税税率简并下调改革开始及后期期间呈现出大幅度下降趋势。2015—2016 年僵尸企业占比 4.5%~4.6%，2017 年僵尸企业比重较 2016 年减少 16.457%，2018 年僵尸企业比重较 2017 年下降 25.894%，2019 年僵尸企业在全样本中比重仅为 2.542%，年度变化趋势表明增值税税率简并下调改革有利于降低企业"僵尸化"风险。

表1   僵尸企业数量及占比变化

年 份	僵 尸 企 业	
	数量	全样本占比
2015	113	4.610%
2016	116	4.521%
2017	63	3.777%
2018	37	2.799%
2019	27	2.542%
合计	356	3.925%

表2列出了主要变量描述性统计，因变量 Zom 的均值为 0.039，表明样本中有 3.9% 的上市公司被识别为僵尸企业，标准差为 0.194。自变量 Post 的均值为 0.324，标准差为 0.468。从控制变量的特征来看，样本企业资产规模的自然对数（Size）的平均值为 22.62，标准差为 1.332；样本企业利润率（EA）的均值为 3.3%，最小值为 -32%，最大值为 21.5%；样本企业上市年限的自然对数（Listage）的均值为 2.426。此外，样本中有 40.4% 的企业为国有企业（SOE）。行业销售额增长率（Ind_growth）的均值为 14.8%。企业所在省份人均 GDP 水平的自然对数（GDPpc）的均值为 11.180；地方财政一般预算支出占 GDP 的比重（Expenditure）的均值为 20.5%。

表2   描述性统计结果

变量	样本量	均值	标准差	最小值	25%	中位数	75%	最大值
Zom	9069	0.039	0.194	0.000	0.000	0.000	0.000	1.000
Post	9069	0.324	0.468	0.000	0.000	0.000	1.000	1.000
Size	9069	22.620	1.332	19.890	21.690	22.450	23.390	26.530
Capdes	9069	12.740	1.157	9.467	12.060	12.720	13.440	15.780
CV	9069	1.882	1.603	0.246	1.024	1.426	2.131	10.640
EA	9069	0.033	0.071	-0.320	0.013	0.035	0.064	0.215
lev	9069	0.477	0.204	0.070	0.323	0.479	0.626	0.950
Listage	9069	2.426	0.623	0.693	1.946	2.565	2.996	3.258
SOE	9069	0.404	0.491	0.000	0.000	0.000	1.000	1.000
Ind_HHI	9069	0.053	0.072	0.008	0.013	0.017	0.067	0.319
Ind_growth	9069	0.148	0.127	-0.056	0.066	0.157	0.198	0.650
GDPpc	9069	11.180	0.408	10.270	10.830	11.210	11.500	12.010
Expenditure	9069	0.205	0.069	0.124	0.154	0.192	0.246	0.453
Primary	9069	0.064	0.044	0.003	0.040	0.053	0.092	0.207

续表

变量	样本量	均值	标准差	最小值	25%	中位数	75%	最大值
Secondary	9069	0.403	0.086	0.162	0.387	0.434	0.457	0.503
Popgrowth	9069	0.051	0.026	−0.007	0.030	0.050	0.070	0.111
Trade	9069	0.420	0.050	0.271	0.389	0.426	0.449	0.590
Port	9069	0.452	0.325	0.041	0.127	0.450	0.756	1.161

4.2 回归结果分析

4.2.1 增值税税率简并下调对企业"僵尸化"风险的影响

表 3 列示了增值税税率简并下调改革对企业"僵尸化"风险的影响。第(1)列是不加入任何控制变量的结果，在第(2)列至第(4)列依次加入公司层面、行业层面、省份层面控制变量。结果显示，第(1)至(4)列，调整控制变量对回归的结果影响较小，Post 的回归系数均在 1% 的水平上显著为负，这表明增值税税率简并下调改革会降低企业"僵尸化"的风险。在第(4)列同时控制公司层面、行业层面、省份层面控制变量时，Post 的回归系数为−0.026，从经济意义上来看，Post 增加一个标准差会使 Zom 减少 1.22 个百分点，平均而言使企业"僵尸化"风险减少 31.2%①，说明增值税税率简并下调对改善企业经营业绩，降低企业"僵尸化"风险具有明显效果。控制变量的结果也比较符合预期。企业资产负债率(LEV)、已上市年限(Listage)与 Zom 显著正相关，表明企业资产负债率越高，上市时间越长，越容易成为僵尸企业。利润率(EA)与 Zom 显著负相关，表明企业盈利能力越强，企业经营业绩越好，企业"僵尸化"风险越低。

表 3 　　　　　　　**增值税税率简并下调对企业"僵尸化"风险的影响**

变量	因变量：Zom					
	(1) 全样本	(2) 全样本	(3) 全样本	(4) 全样本	(5) 需求弹性小	(6) 需求弹性大
Post	−0.028 ***	−0.027 ***	−0.027 ***	−0.026 ***	−0.009	−0.039 **
	(−2.885)	(−2.839)	(−2.833)	(−2.741)	(−0.977)	(−2.230)
Size		0.005	0.005	0.006	−0.006	0.017
		(0.536)	(0.549)	(0.576)	(−0.586)	(0.994)
Capdes		0.007	0.007	0.007	0.005	0.013
		(1.486)	(1.458)	(1.545)	(0.861)	(1.305)
CV		0.008 ***	0.008 ***	0.008 ***	0.003	0.018 ***
		(2.818)	(2.827)	(2.873)	(1.165)	(2.646)

---

① 　−1.22% = −0.026×0.468；−31.2% = −0.026×0.468÷0.039

续表

变量	因变量：Zom					
	（1）全样本	（2）全样本	（3）全样本	（4）全样本	（5）需求弹性小	（6）需求弹性大
EA		−0.149 ***	−0.149 ***	−0.145 ***	−0.095 *	−0.123
		（−3.026）	（−3.006）	（−2.910）	（−1.824）	（−1.419）
LEV		0.223 ***	0.223 ***	0.223 ***	0.115 **	0.274 ***
		（4.703）	（4.702）	（4.699）	（2.419）	（3.203）
Listage		0.093 ***	0.091 ***	0.090 ***	0.047 *	0.199 ***
		（3.484）	（3.383）	（3.318）	（1.841）	（3.499）
SOE		0.013	0.014	0.011	−0.000	0.005
		（0.428）	（0.438）	（0.373）	（−0.069）	（0.091）
Ind_HHI			−0.044	−0.046	0.028	−0.101
			（−0.478）	（−0.496）	（0.373）	（−0.978）
Ind_growth			0.003	0.001	0.038	−0.052
			（0.097）	（0.053）	（1.206）	（−1.057）
GDPpc				−0.059	−0.160	0.016
				（−0.874）	（−1.521）	（0.148）
Expenditure				−0.625 *	−0.588	−1.193 **
				（−1.929）	（−1.194）	（−2.513）
Primary				0.746	−0.299	2.097 **
				（1.365）	（−0.436）	（2.054）
Secondary				−0.251	−0.227	−0.402
				（−1.055）	（−0.621）	（−1.167）
Popgrowth				−0.196	0.065	−0.574
				（−0.737）	（0.210）	（−1.282）
Trade				−0.109	−0.256 *	−0.086
				（−0.851）	（−1.934）	（−0.379）
Port				0.009	0.026	0.064
				（0.173）	（0.474）	（0.723）
Constant	0.054 ***	−0.487 **	−0.481 **	0.396	2.038 *	−0.971
	（15.299）	（−2.281）	（−2.226）	（0.455）	（1.660）	（−0.669）
Observation	9069	9069	9069	9069	4534	4535
Year FE	YES	YES	YES	YES	YES	YES
Firm FE	YES	YES	YES	YES	YES	YES
Adj_R²	0.013	0.033	0.033	0.035	0.022	0.047

注：括号内为 t 值，回归使用稳健标准误，并经企业层面的聚类调整。***、**和 * 分别表示在1%、5%、10%的水平上显著；下同。

4.2.2 需求弹性的影响

为了检验需求弹性的影响，本文参考刘行和叶康涛(2018)的做法，使用息税前利润/营业收入衡量需求弹性，利润率越高表示需求弹性越小。本文根据上市公司需求弹性的年度中位数将全样本划分为需求弹性大的子样本和需求弹性小的子样本。回归结果如表 3 第(5)至(6)列所示。需求弹性小的子样本中 Post 的系数不显著，而需求弹性大的子样本中，Post 的系数在 5%的水平上显著为负，从经济意义上来看，Post 每增加一个标准差，平均而言僵尸企业减少 48%。这表明，对于需求弹性大的上市公司而言，增值税税率简并下调的减税作用更明显，对企业"僵尸化"的治理作用更强。这与本文的假设 H2 一致。

5. 稳健性检验

5.1 平行趋势检验

为了验证本文多时点 DID 模型的适当性，检查是否存在违反平行趋势假设的情况，本文检验了增值税税率简并下调改革前和改革后企业"僵尸化"概率的变化趋势。如果发现改革前企业"僵尸化"概率就有显著减少的趋势，那么企业"僵尸化"风险的下降可能不是增值税税率简并下调改革引起的。结果如图 1 所示，−4 至 2 表示各期年份减去企业开始受到增值税税率简并下调改革影响的年份。可以看到，在增值税税率简并下调改革后，企业"僵尸化"概率才有显著的下降趋势，没有证据表明增值税税率简并下调改革前"僵尸化"概率有显著的变化趋势。图 1 的结果支持平行趋势假设的有效性。

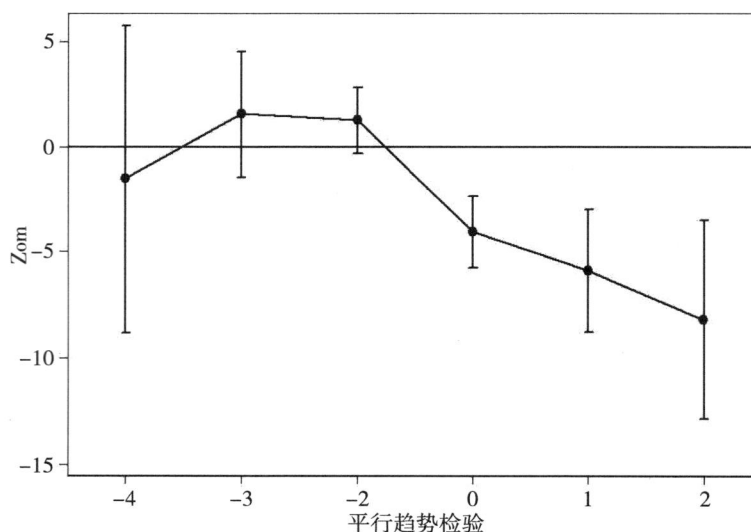

图 1　平行趋势检验

5.2 安慰剂测试

为了检验企业"僵尸化"风险的降低确实是增值税税率简并下调改革导致的，本文进行安慰剂检验，将政策推行时点分别前推一年和两年，对 Post 的取值做相应调整。若前推一年，则受到 2017 年增值税税率简并下调影响的企业的 Post 值自 2016 年开始取 1；若前推两年，则 Post 值自 2015 年开始取 1。受到 2018—2019 年改革影响企业的 Post 值的调整同理。前推一年的样本区间是 2014—2019 年，前推两年的样本区间是 2013—2019 年。结果如表 4 所示，将政策时点分别前推一年和两年时，无论全样本还是需求弹性大与小两个子样本中，Post 的系数均不显著。因此，本文的结果是稳健的。

表 4　　　　　　　　　　　　　　　　　　　安慰剂测试

变量	因变量：Zom					
	前推一年			前推二年		
	（1）	（2）	（3）	（4）	（5）	（6）
	全样本	需求弹性小	需求弹性大	全样本	需求弹性小	需求弹性大
Post	0.004	0.006	0.004	0.013	−0.005	0.016
	（0.440）	（0.808）	（0.283）	（1.425）	（−0.655）	（1.064）
Controls	YES	YES	YES	YES	YES	YES
Constant	−0.811	0.962	−2.388**	−0.932	0.545	−3.149***
	（−1.175）	（1.190）	（−1.975）	（−1.433）	（0.777）	（−2.802）
Observation	11475	5736	5739	13727	6862	6865
Year FE	YES	YES	YES	YES	YES	YES
Firm FE	YES	YES	YES	YES	YES	YES
Adj_R^2	0.036	0.022	0.045	0.036	0.021	0.040

5.3 更换僵尸企业衡量方法①

本文使用其他三种衡量僵尸企业的方法进行稳健性检验（Fukuda and Nakamura，2011；谭语嫣等，2017），分别为：（1）放宽前文僵尸企业识别方法中关于企业在 $t-1$ 期与 t 期均被认定为僵尸企业才最终被识别为僵尸企业的假设，只要当年被识别为僵尸企业，则 Zom1 记为 1，否则为 0；（2）借鉴蒋灵多和陆毅（2017），将前文步骤中的营业利润替换为扣除政府补助后的息税前利润，识别出的僵尸企业记为 Zom2；（3）将前文步骤中的财务费用替换为利息净支出，识别出的僵尸企业记为

---

① 由于因变量的衡量方法发生变化，观测值数量也相应变化。

Zom3。结果如表 5 所示，第（1）至（3）列、第（4）至（6）列、第（7）至（9）列分别为 Zom1、Zom2、Zom3 的回归结果，Post 与 Zom1、Zom2、Zom3 的系数分别在 5%、5% 和 1% 的水平上显著为负，并且 Zom1、Zom2 分组回归的结果表明只有在需求弹性大的子样本中，Post 的系数才显著为负，结果与前文一致。

表 5　　　　　　　　　　　　　　　　　更换僵尸企业衡量方法

变量	因变量：Zom1			因变量：Zom2			因变量：Zom3		
	（1）	（2）	（3）	（4）	（5）	（6）	（7）	（8）	（9）
	全样本	需求弹性小	需求弹性大	全样本	需求弹性小	需求弹性大	全样本	需求弹性小	需求弹性大
Post	−0.029**	0.001	−0.054**	−0.014**	0.000	−0.024**	−0.036***	−0.020*	−0.060***
	(−2.085)	(0.077)	(−2.160)	(−2.458)	(0.042)	(−2.138)	(−2.853)	(−1.712)	(−2.585)
Controls	YES	YES	YES	YES	YES	YES	YES	YES	YES
Constant	−1.608	1.101	−2.781	−0.171	0.320	−0.661	0.238	0.036	−0.843
	(−1.289)	(0.777)	(−1.359)	(−0.370)	(0.969)	(−0.751)	(0.165)	(0.018)	(−0.368)
Observation	10026	5012	5013	9069	4534	4535	9024	4510	4514
Year FE	YES	YES	YES	YES	YES	YES	YES	YES	YES
Firm FE	YES	YES	YES	YES	YES	YES	YES	YES	YES
Adj_R^2	0.080	0.031	0.080	0.022	0.009	0.027	0.116	0.047	0.128

5.4　控制行业×年份效应

由于增值税税率简并下调档次的变化受公司所处的行业类型影响，本文控制行业×年份效应，用以控制行业层面随时间变化的因素的影响。行业分类使用证监会 2012 年版标准，非制造业使用一级分类，制造业使用二级分类。结果如表 6 所示，前文的结果依然成立，Post 的系数在全样本以及需求弹性大的子样本中均显著为负。

表 6　　　　　　　　　　　　　　　　　控制行业×年份效应

变量	因变量：Zom		
	（1）	（2）	（3）
	全样本	需求弹性小	需求弹性大
Post	−0.032***	−0.005	−0.048**
	(−3.039)	(−0.459)	(−2.312)
Controls	YES	YES	YES
Constant	0.243	2.444*	0.924
	(0.270)	(1.877)	(−0.616)

续表

变量	因变量：Zom		
	（1） 全样本	（2） 需求弹性小	（3） 需求弹性大
Observation	9069	4534	4535
Year FE	YES	YES	YES
Firm FE	YES	YES	YES
Adj_R^2	0.052	0.057	0.086

5.5 考虑同期税收政策改革的可能影响

深化增值税改革的进程中，为继续降低企业增值税负担，我国进一步实施了增值税优惠政策，包括：（1）先进制造业等行业退还增值税留抵税额；（2）对主营业务为邮政、电信、现代服务和生活服务业的纳税人，按进项税额加计10%抵减应纳税额；（3）扩大取得不动产抵扣范围；（4）对内资研发机构和外资研发中心采购国产设备全额退还增值税；（5）出口退税税率优惠等政策。为了排除上述增值税优惠政策对前文结果的影响，针对政策（1）至（4），本文剔除了适用上述政策的相关行业的公司观测值进行回归；针对政策（5），借鉴刘行和叶康涛（2018）的做法，将从海外获得了营业收入的企业视为出口企业，没有海外营业收入的企业视为非出口企业，剔除出口退税税率优惠政策适用期间的出口企业观测值进行回归。结果如表7所示，考虑了同期税收政策改革的影响，增值税税率简并下调改革治理僵尸企业的效应仍稳健存在。

表7 考虑同期税收政策改革的可能影响

变量	因变量：Zom				
	（1）	（2）	（3）	（4）	（5）
Post	−0.029 ***	−0.026 ***	−0.026 ***	−0.026 ***	−0.027 *
	（−2.736）	（−2.678）	（−2.684）	（−2.776）	（−1.764）
Controls	YES	YES	YES	YES	YES
Constant	0.600	0.367	0.350	0.377	1.069
	（0.597）	（0.416）	（0.395）	（0.431）	（0.915）
Observation	7850	8976	9029	9027	6603
Year FE	YES	YES	YES	YES	YES
Firm FE	YES	YES	YES	YES	YES
Adj_R^2	0.037	0.035	0.035	0.035	0.025

5.6　考虑控制权转移

　　僵尸企业虽然陷入经营困难,但是作为具有价值的上市公司"壳资源"可能吸引反向收购,或者通过重组,由"僵尸"状态"复活"。因此,在前文回归的控制变量的基础上,控制了是否发生控制权转移,以控制并购重组的潜在影响。Transfer 定义为若企业当年发生过控制权转移则取 1,否则取 0。表 8 第(1)至(3)列报告了控制 Transfer 的回归结果,本文还在表 8 列(4)至(6)控制了 $Transfer_{t+1}$ 以减少控制权转移事件的噪音。表 8 中结果与前文结果一致。

表 8　　　　　　　　　　　　　　　　　**考虑控制权转移**

变量	因变量:Zom					
	(1) 全样本	(2) 需求弹性小	(3) 需求弹性大	(4) 全样本	(5) 需求弹性小	(6) 需求弹性大
Post	−0.026***	−0.009	−0.039**	−0.029***	−0.008	−0.043**
	(−2.745)	(−0.974)	(−2.229)	(−2.873)	(−0.865)	(−2.337)
Transfer($Transfer_{t+1}$)	−0.001	0.001	0.001	−0.000	−0.000	0.004
	(−0.116)	(0.088)	(0.055)	(−0.025)	(−0.036)	(0.313)
Controls	YES	YES	YES	YES	YES	YES
Constant	0.397	2.034*	−0.971	2.921**	4.397**	2.544
	(0.456)	(1.662)	(−0.669)	(1.967)	(2.156)	(1.246)
Observation	9069	4534	4535	7994	3996	3998
Year FE	YES	YES	YES	YES	YES	YES
Firm FE	YES	YES	YES	YES	YES	YES
Adj_R^2	0.035	0.022	0.047	0.037	0.025	0.042

5.7　行业异质性

　　增值税税率具有明显的行业属性。制造业的产业链较长,易受到增值税改革冲击(陈钊和王旸,2016)。从增值税税率简并下调改革的税率对象来看,例如 2018 年税率由 17% 降至 16%,2019 年税率由 16% 降至 13%,制造业适用的标准税率改革力度最大。因此,尝试按制造业、非制造业进行分组检验。根据证监会行业分类标准,将样本分为制造业和非制造业进行回归。结果如表 9 所示,在制造业样本中,增值税税率简并下调显著降低了企业僵尸化风险。

变　量	（1）制造业	（2）非制造业
Post	−0.035**	−0.017
	（−2.570）	（−1.235）
Controls	YES	YES
Constant	0.453	1.239
	（0.357）	（0.973）
Observation	5576	3493
Year FE	YES	YES
Firm FE	YES	YES
Adj_R^2	0.042	0.031

表9　　　　　　　　　　　　　　　　行业异质性

6. 进一步分析

6.1 机制检验

　　僵尸企业的经营业绩差，自身无法创造现金流维持生存，依赖政府补贴等维持生存（范子英和王倩，2019）。我们预期，增值税税率简并下调改革通过降低企业税负，能够改善僵尸企业的生产和经营状况，减少僵尸企业对财政补贴的依赖，降低企业"僵尸化"的风险，复活"僵尸"企业。因此，本文建立以下模型检验这些可能的作用机制。

$$\text{Totaltax}_{i,t}(\text{Turnover}_{i,t}, \text{ETR}_{i,t}) = \alpha + \beta_1 \text{Zom}_{i,t} \times \text{Post}_{i,t} + \beta_i \text{Controls} + \sum \text{Firm} + \sum \text{Year} + \varepsilon_{i,t} \tag{2}$$

$$\text{ROS}_{i,t+1}(\text{ROA}_{i,t+1}/\text{Cash}_{i,t+1}/\text{Retain}_{i,t+1}/\text{Recei}_{i,t+1}) = \alpha + \beta_1 \text{Zom}_{i,t} \times \text{Post}_{i,t} + \beta_i \text{Controls} + \sum \text{Firm} + \sum \text{Year} + \varepsilon_{i,t} \tag{3}$$

$$\text{Subsidy}_{i,t} = \alpha + \beta_1 \text{Zom}_{i,t} \times \text{Post}_{i,t} + \beta_i \text{Controls} + \sum \text{Firm} + \sum \text{Year} + \varepsilon_{i,t} \tag{4}$$

　　其中，Totaltax 表示企业的总税负，参考刘骏和刘峰（2014）的算法，以企业支付各项税费产生的净现金流占营业收入的比重衡量。Turnover 表示企业流转税税负，根据教育费附加/3%减去消费税计算得出。ETR 表示所得税税负，参考 Tang 等（2017），用所得税费用除以利润总额衡量。参考刘骏和刘峰（2014），本文选择资产规模（Size）、资产负债率（Lev）、资本密集度（Capint）、存货密集度（Invint）、总资产回报率（ROA）、销售毛利率（Margin）、产权性质（SOE）作为控制变量。

　　ROS 表示销售利润率，用企业 $t+1$ 年的利润总额占营业收入的比重衡量。ROA 表示资产报酬率，用企业 $t+1$ 年的净利润占总资产的比重衡量。Cash 表示现金持有量，结合本文研究逻辑，使用企业经营活动现金净流量的增量占总资产的比重衡量。Retain 表示留存收益，使用企业留存收益增量占总资产的比重衡量。Recei 是应收账款收现期。参考许年行等（2019）、杨兴全和尹兴强（2018），控制了资产规模（Size）、资产负债率（Lev）、公司上市年龄（Listage）、营业收入增长率（Growth）、流动比率（CV）、第一大股东持股比例（Shrcr1）、独立董事比例（Indep）等变量。

Subsidy 表示企业收到的政府补助，该数据来源于国泰安数据库，根据上市公司报表附注中"营业外支出"科目的明细项目"政府补助"汇总整理得到。参考余明桂等（2010），本文控制了资产规模（Size）、资产负债率（Lev）、地区财政赤字（Def）、是否处于垄断性行业、国家重点支持行业或高度管制行业（Ind_D）等变量。

表 10 Panel A、Panel B 和 Panel C 分别列示了企业税负、业绩、政府补助三种机制的检验结果。Panel A 中，当因变量为总税负（Totoaltax）与流转税税负（Turnover）时，Zom×Post 的系数显著为负；当因变量为所得税税负（ETR）时，Zom×Post 的系数不显著，说明增值税税率简并下调后僵尸企业总税负和流转税税负显著降低，而所得税税负没有显著变化。Panel B 中，Zom×Post 与现金持有量（Cash）、留存收益（Retain）、资产报酬率（ROA）、销售利润率（ROS）均显著正相关，与应收账款收现期（Recei）显著负相关，表明增值税税率简并下调后僵尸企业业绩得到显著改善，表现为经营活动现金流、留存收益增多，盈利能力提升，应收账款周转效率提升，收现期缩短。Panel C 中，Zom×Post 与财政补贴（Subsidy）的系数显著为负，表明增值税税率简并下调后僵尸企业收到的政府补助显著减少。综上所述，表 10 的结果显示，增值税税率简并下调改革能够降低企业税负，改善企业业绩，减少僵尸企业对财政补贴的依赖，从而降低企业"僵尸化"的风险。

表 10　　　　　　　　　　　　　　　　　机 制 检 验

Panel A 企业税负

变量	（1） Totoltax	（2） Turnover	（3） ETR
Zom×Post	−0.009 ***	−0.005 *	−0.015
	（−2.700）	（−1.796）	（−0.538）
Size	0.002	−0.004 ***	−0.008
	（1.103）	（−3.365）	（−1.221）
Lev	−0.024 ***	−0.007	0.026
	（−4.191）	（−1.463）	（1.000）
Capint	−0.002	0.007	−0.028
	（−0.274）	（1.320）	（−0.927）
Invint	0.006	−0.010	0.045
	（0.446）	（−1.416）	（1.181）
ROA	−0.037 ***	−0.025 ***	−1.359 ***
	（−3.409）	（−3.734）	（−14.726）

续表

Panel A 企业税负

变量	（1） Totoltax	（2） Turnover	（3） ETR
Margin	0. 116 ***	0. 084 ***	0. 016
	（9. 479）	（11. 751）	（0. 454）
SOE	0. 003	0. 001	0. 015
	（0. 770）	（0. 457）	（0. 805）
Constant	−0. 002	0. 137 ***	0. 433 ***
	（−0. 046）	（4. 695）	（2. 790）
Observation	6112	8657	7405
Year FE	YES	YES	YES
Firm FE	YES	YES	YES
Adj_R^2	0. 120	0. 156	0. 103

Panel B 企业业绩

变量	（1） Cash	（2） ROA	（3） ROS	（4） Retain	（5） Recei
Zom×Post	0. 019 *	0. 018 **	0. 110 ***	0. 020 **	−0. 169 *
	（1. 761）	（2. 104）	（4. 146）	（2. 221）	（−1. 832）
Size	0. 004	−0. 027 ***	−0. 062 ***	−0. 027 ***	0. 197 ***
	（0. 658）	（−6. 956）	（−4. 562）	（−6. 669）	（5. 144）
Lev	0. 027	0. 044 **	0. 119	0. 078 ***	−0. 219 *
	（1. 076）	（2. 449）	（1. 540）	（4. 119）	（−1. 791）
Listage	−0. 010	−0. 074 ***	−0. 184 ***	−0. 067 ***	−0. 147
	（−0. 559）	（−5. 345）	（−3. 708）	（−4. 820）	（−1. 582）
Growth	0. 026 ***	0. 010 ***	0. 033 ***	0. 010 ***	−0. 072 ***
	（6. 379）	（5. 974）	（4. 944）	（5. 494）	（−5. 301）
CV	−0. 000	0. 000	0. 000	0. 001	−0. 017
	（−0. 265）	（0. 313）	（0. 022）	（0. 670）	（−1. 188）
Shrcr1	0. 002	−0. 005	0. 019	−0. 020	0. 170
	（0. 053）	（−0. 187）	（0. 218）	（−0. 781）	（0. 988）
Indep	0. 036	0. 020	−0. 012	0. 013	−0. 605 ***
	（0. 777）	（0. 769）	（−0. 130）	（0. 504）	（−3. 250）
Constant	−0. 083	0. 774 ***	1. 834 ***	0. 728 ***	0. 113
	（−0. 607）	（8. 941）	（6. 111）	（8. 234）	（0. 137）

续表

Panel B 企业业绩

变量	（1） Cash	（2） ROA	（3） ROS	（4） Retain	（5） Recei
Observation	7604	7604	7604	7604	7604
Year FE	YES	YES	YES	YES	YES
Firm FE	YES	YES	YES	YES	YES
Adj_R^2	0.037	0.066	0.046	0.063	0.035

Panel C 政府补助

变　量	（1） Subsidy
Zom×Post	−0.002**
	(−2.519)
Size	−0.001***
	(−4.375)
Lev	0.001
	(1.360)
Def	−0.001
	(−1.541)
IndD	0.000
	(0.748)
Constant	0.032***
	(5.358)
Observation	9421
Year FE	YES
Firm FE	YES
Adj_R^2	0.021

6.2　僵尸企业复活

进一步考虑增值税税率简并下调能否复活僵尸企业。本文在主回归以及稳健性检验 3 中四种僵尸企业识别方法的基础上定义僵尸企业复活(分别为表 11 中第（1）至（4）列)。Resurge 是表示僵尸企业是否复活的虚拟变量，若企业在 $t-1$ 年被识别为僵尸企业，而 t 年没有被识别为僵尸企业，则定义其在 t 年复活，取值 1，否则为 0。表 11 的结果显示，第（1）、（2）、（4）列 Post 的系数均显著为正，表明增值税税率简并下调能够促进僵尸企业复活。具体而言，第（1）列中，Post 的系数为 0.023，从经济意义上来看，Post 每增加一个标准差，平均使僵尸企业复活概率增加 27.6%。

表 11   僵尸企业复活

变量	（1） Resurge1	（2） Resurge2	（3） Resurge3	（4） Resurge4
Post	0.023 * （1.785）	0.046 *** （2.614）	0.010 （1.236）	0.063 *** （3.547）
Controls	YES	YES	YES	YES
Constant	0.428 （0.509）	−0.649 （−0.590）	0.253 （0.434）	−0.701 （−0.758）
Observation	8605	9100	8602	8567
Year FE	YES	YES	YES	YES
Firm FE	YES	YES	YES	YES
Adj_R^2	0.009	0.011	0.010	0.045

6.3　排除去杠杆途径的替代性假说：偿还债务、名股实债

　　银行贷款是僵尸企业僵而不死的重要原因之一。僵尸企业减少也可能是由于企业采取去杠杆措施，通过偿还债务、名股实债等方式减少负债，降低资产负债率，从而不被识别为僵尸企业导致的。本文使用依次检验法对这一替代性假说进行了中介效应的检验，模型如下：

$$\text{Zom}_{i,t} = \alpha + \beta_1 \text{Post}_{i,t} + \beta_i \text{Controls} + \sum \text{Firm} + \sum \text{Year} + \varepsilon_{i,t} \tag{5}$$

$$\text{Cdebt\_ratio}_{i,t}(\text{Debt\_nsrd}_{i,t}) = \alpha + \beta_1 \text{Post}_{i,t} + \beta_i \text{Controls} + \sum \text{Firm} + \sum \text{Year} + \varepsilon_{i,t} \tag{6}$$

$$\text{Zom}_{i,t} = \alpha + \beta_1 \text{Post}_{i,t} + \beta_2 \text{Cdebt\_ratio}_{i,t}(\text{Debt\_nsrd}_{i,t}) + \beta_i \text{Controls} + \sum \text{Firm} + \sum \text{Year} + \varepsilon_{i,t} \tag{7}$$

　　由于僵尸企业维持生存的主要资金来源之一为银行借款，本文参考王伟同等（2020），使用流动负债占总负债的比重（Cdebt_ratio）衡量负债结构以反映企业对银行借款等流动负债的偿还。Debt_nsrd 表示名股实债，参考许晓芳等（2020）中的行业中位数法进行估计，并使用资产总额进行标准化。结果如表 12 所示。可以看出，偿还债务以及名股实债渠道都没有通过作用机制检验，基本排除了企业通过去杠杆方式降低企业"僵尸化"风险的替代性假说。此外，本文还使用交互项检验，结果也排除了去杠杆这一潜在的替代性解释。

表 12   排除去杠杆途径的替代性假说：偿还债务、名股实债

变量	偿还债务			名股实债		
	（1） Zom	（2） Cdebt_ratio	（3） Zom	（4） Zom	（5） Debt_nsrd	（6） Zom
Post	−0.026 *** （−2.741）	0.008 * （1.687）	−0.026 *** （−2.749）	−0.029 *** （−2.712）	0.002 （0.285）	−0.029 *** （−2.707）

续表

变量	偿还债务			名股实债		
	(1) Zom	(2) Cdebt_ratio	(3) Zom	(4) Zom	(5) Debt_nsrd	(6) Zom
Cdebt_ratio			0.004			
			(0.166)			
Debt_nsrd						−0.028
						(−0.761)
Controls	YES	YES	YES	YES	YES	YES
Constant	0.396	3.152***	0.382	0.281	0.021	0.282
	(0.455)	(6.425)	(0.437)	(0.275)	(0.039)	(0.275)
Observation	9069	9069	9069	7183	7183	7183
Year FE	YES	YES	YES	YES	YES	YES
Firm FE	YES	YES	YES	YES	YES	YES
Adj_R^2	0.035	0.165	0.035	0.038	0.076	0.038

7. 研究结论和启示

本文结合增值税税率简并下调改革，研究税制改革能否治理僵尸企业，揭示增值税改革作用于实体经济的微观机理。以 2015—2019 年的中国 A 股上市公司为研究对象，本文研究发现：增值税税率简并下调降低了企业"僵尸化"的概率，这一效果在需求弹性大的企业中更显著。增值税税率简并下调改革降低了僵尸企业的总税负、流转税税负，提升了僵尸企业的经营业绩，减少了僵尸企业对财政补贴的依赖，但增值税税率简并下调改革并未通过降杠杆减少企业"僵尸化"的风险。

本文的研究具有以下方面的启示：

(1)降低税负是救治僵尸企业和避免企业"僵尸化"的重要政策工具。减税增加企业现金积累、改善经营业绩，从而降低经营风险，减少企业对财政补贴的依赖，降低企业"僵尸化"风险。本文的研究发现也意味着识别和分类治理僵尸企业具有必要性，对于可通过内部现金积累改善企业经营、恢复"自我造血"功能的僵尸企业，应避免简单出清，这对于一个地区的经济稳定和增长、维持就业具有重要意义。同时，本文的发现也对新冠肺炎疫情背景下企业新一轮加杠杆引发的潜在"僵尸化"风险具有启示作用。

(2)供应链全链条的减税政策比单一的减税政策更能促进企业发展，产生实体经济效应。我国实施丰富的税收优惠政策，包括减计收入、加计扣除成本费用、优惠税率、地区税收优惠政策、行业税收优惠政策等。与这些税收优惠政策不同的是，增值税税率简并下调以法规的形式加以确立，减少供应链企业面临的"低征高扣""高征低扣"摩擦，缓解或消除供应链企业在增值税抵扣链上存在的因多档税率引致的企业间隐性税收补贴，矫正中间投入品成本，降低整个供应链的增值税负担，产生较为明显的实体经济效应。

◎ **参考文献**

[1]曹越，李晶."营改增"是否降低了流转税税负——来自中国上市公司的证据[J].财贸经济，2016(11).

[2]陈钊，王旸."营改增"是否促进了分工：来自中国上市公司的证据[J].管理世界，2016(3).

[3]范子英，彭飞."营改增"的减税效应和分工效应：基于产业互联的视角[J].经济研究，2017，52(2).

[4]范子英，王倩.转移支付的公共池效应、补贴与僵尸企业[J].世界经济，2019，42(7).

[5]方明月，孙鲲鹏.国企混合所有制能治疗僵尸企业吗？——一个混合所有制类啄序逻辑[J].金融研究，2019(1).

[6]高培勇.中国财税改革40年：基本轨迹、基本经验和基本规律[J].经济研究，2018，53(3).

[7]郭庆旺.减税降费的潜在财政影响与风险防范[J].管理世界，2019，35(6).

[8]侯亚景，罗玉辉."供给侧结构性改革"背景下我国金融业不良资产的"处置之道"[J].经济学家，2017(1).

[9]蒋灵多，陆毅.最低工资标准能否抑制新僵尸企业的形成[J].中国工业经济，2017(11).

[10]金成晓，李傲.财政补贴、僵尸企业与经济结构[J].商业研究，2021(5).

[11]金祥荣，李旭超，鲁建坤.僵尸企业的负外部性：税负竞争与正常企业逃税[J].经济研究，2019，54(12).

[12]寇恩惠，刘柏惠.增值税税率设计的国际借鉴与实现路径[J].税务研究，2016(11).

[13]李旭超，鲁建坤，金祥荣.僵尸企业与税负扭曲[J].管理世界，2018，34(4).

[14]李永友，严岑.服务业"营改增"能带动制造业升级吗？[J].经济研究，2018，53(4).

[15]刘柏惠，寇恩惠，杨龙见.增值税多档税率、资源误置与全要素生产率损失[J].经济研究，2019，54(5).

[16]刘璨，袁诚.增值税转型改变了企业的雇佣行为吗？——对东北增值税转型试点的经验分析[J].经济科学，2012(1).

[17]刘骏，刘峰.财政集权、政府控制与企业税负——来自中国的证据[J].会计研究，2014(1).

[18]刘莉亚，刘冲，陈垠帆，等.僵尸企业与货币政策降杠杆[J].经济研究，2019，54(9).

[19]毛德凤，彭飞.降成本政策能激发企业创新意愿吗——基于2020年中国私营企业调查的证据[J].广东财经大学学报，2022，37(5).

[20]倪红福，龚六堂，王茜萌."营改增"的价格效应和收入分配效应[J].中国工业经济，2016(12).

[21]聂辉华，江艇，张雨潇，等.我国僵尸企业的现状、原因与对策[J].宏观经济管理，2016(9).

[22]彭飞，许文立，范美婷."营改增"对城市发展的影响及其作用机制研究[J].财政研究，2018

（3）.

[23]乔睿蕾，陈良华. 税负转嫁能力对"营改增"政策效应的影响——基于现金—现金流敏感性视角的检验[J]. 中国工业经济，2017(6).

[24]乔小乐，宋林，戴小勇. 中国制造业僵尸企业的劳动力资源错配效应研究[J]. 财贸经济，2019，40(11).

[25]申广军，陈斌开，杨汝岱. 减税能否提振中国经济？——基于中国增值税改革的实证研究[J]. 经济研究，2016，51(11).

[26]宋建波，苏子豪，王德宏. 政府补助、投融资约束与企业僵尸化[J]. 财贸经济，2019，40(4).

[27]苏国灿，童锦治，魏志华，等. 中国间接税税负归宿的测算：模型与实证[J]. 经济研究，2020，55(11).

[28]谭语嫣，谭之博，黄益平，等. 僵尸企业的投资挤出效应：基于中国工业企业的证据[J]. 经济研究，2017，52(5).

[29]王海林，高颖超. 僵尸企业对银行的风险溢出效应研究——基于 CoVaR 模型和社会网络方法的分析[J]. 会计研究，2019(4).

[30]王伟同，李秀华，陆毅. 减税激励与企业债务负担——来自小微企业所得税减半征收政策的证据[J]. 经济研究，2020，55(8).

[31]王永钦，李蔚，戴芸. 僵尸企业如何影响了企业创新？——来自中国工业企业的证据[J]. 经济研究，2018，53(11).

[32]王玉兰，李雅坤. "营改增"对交通运输业税负及盈利水平影响研究——以沪市上市公司为例[J]. 财政研究，2014(5).

[33]吴晗，贾润崧. 银行业如何支持实体经济的供给侧改革？——基于企业进入退出的视角[J]. 财经研究，2016，42(12).

[34]许年行，谢蓉蓉，吴世农. 中国式家族企业管理：治理模式、领导模式与公司绩效[J]. 经济研究，2019，54(12).

[35]许晓芳，周茜，陆正飞. 过度负债企业去杠杆：程度、持续性及政策效应——来自中国上市公司的证据[J]. 经济研究，2020，55(8).

[36]许伟，陈斌开. 税收激励和企业投资——基于 2004—2009 年增值税转型的自然实验[J]. 管理世界，2016(5).

[37]杨龙见，王路，刘冲. 社保降费、融资约束与僵尸企业处置[J]. 财贸经济，2020，41(8).

[38]余明桂，回雅甫，潘红波. 政治联系、寻租与地方政府财政补贴有效性[J]. 经济研究，2010，45(3).

[39]朱舜楠，陈琛. "僵尸企业"诱因与处置方略[J]. 改革，2016(3).

[40]诸竹君，黄先海，王煌. 僵尸企业如何影响企业加成率——来自中国工业企业的证据[J]. 财贸经济，2019，40(6).

[41]Brühne, A. I., Jacob, M. Corporate tax avoidance and the real effects of taxation: A review[R]. Working Paper, 2020, 34.

［42］Carbonnier, C. The incidence of non-linear price-dependent consumption taxes［J］.Journal of Public Economics,2014,118.

［43］Fukuda, S., Nakamura, J. Why did "zombie" firms recover in Japan? ［J］. World Economy, 2011, 34 (7).

［44］Jacob, M., Michaely, R., Müller, M. A. Consumption taxes and corporate investment［J］. The Review of Financial Studies, 2019, 32(8).

［45］Kosonen, T. More and cheaper haircuts after VAT cut? On the efficiency and incidence of service sector consumption taxes［J］, Journal of Public Economics, 2015, 131.

［46］Liu, Q., Lu, Y. Firm investment and exporting：Evidence from China's value-added tax reform［J］, Journal of International Economics, 2015, 97(2).

［47］Tang, T., Mo, P. L. L., Chan, K. H. Tax collector or tax avoider? An investigation of intergovernmental agency conflicts［J］. The Accounting Review, 2017, 97(2).

Tax Reform and Zombie Enterprises Governance：
Evidence from VAT Rate Consolidation and Reduction Reform

Chen Dong[1]　Guo Xilin[1]　Liang Shangkun[2]　Lu Jiani[1]

（1　School of Economics and Management, Wuhan University, Wuhan, 430072；

2　School of Accountancy, Central University of Finance and Economics, Beijing, 100081）

Abstract：The real economy effect of VAT reform is an important research issue. This paper examines whether the tax reform can govern zombie enterprises and reveals the micro-mechanism of the VAT reform's effect on the real economy in the context of VAT rate consolidation and reduction reform. Taking China's A-share listed companies from 2015 to 2019 as samples, the study finds that VAT rate consolidation and reduction reform reduces the probability of zombification of enterprises by 30 per cent in economic significance, and this effect is more significant in enterprises with high elasticity of demand. Further research shows that the VAT rate consolidation and reduction reform reduces the total tax burden and turnover tax burden of zombie enterprises, improves their business performance, reduces their reliance on fiscal subsidies. No evidence is found that the VAT rate consolidation and reduction reform reduces the risk of zombification by reducing leverage.

Key words：Value-added tax；Zombie enterprises；Elasticity of demand；VAT rate consolidation and reduction

专业主编：潘红波

客户压力与审计质量[*]
——基于业绩快报的实证证据

● 赵良玉¹　　刘芬芬²

（1　武汉大学经济与管理学院　武汉　430072；2　湖北经济学院　武汉　430205）

【摘　要】本文利用未经审计业绩快报作为上市公司的期望盈余度量客户对审计师的压力，研究其对审计质量的影响。基于 2005—2018 年 A 股公司的业绩快报数据，发现上市公司压力越大，财务报表越有可能出现日后重述。在考虑了披露公司自选择、尽快披露动机、变量度量可靠性和遗漏变量等问题后，上述发现仍保持稳健。在进一步研究中发现，审计师往下调整盈余会面临更大压力；客户压力越大时，审计师更换的可能性越大；审计师的专业特长和审计监管有助于抵制上市公司压力，提升审计质量。本文的研究表明上市公司压力可能是审计师无法有效履职的根源，提升审计师对抗上市公司压力的意愿和能力可能是提升财务报告质量、发现遏制财务舞弊的有效方法，是注册制下压实审计责任的着力点。

【关键词】客户压力　业绩快报　审计质量　审计监管

中图分类号：F239　　　文献标识码：A

1. 引言

在注册制全面实施的背景下，审计师的独立专业被投资者、监管层寄予厚望，审计失败不仅给投资者带来巨额损失，还会严重冲击资本市场的稳定。为了保证审计的独立，监管方出台了一系列政策，例如，规定事务所提供审计服务的同时不能提供非审计服务，规定审计满一定年限必须更换，规定审计师不能和客户有其他任何利益往来，规定对上市公司审计业务实施随机现场检查。可审计失败仍时有发生，我们认为问题的根源可能在于上市公司对于审计师的压力。虽然审计法规明确规定上市公司不得影响干扰审计师的独立判断，但是无法对此直接监督，因为客户压力不会表现为明

---

* 基金项目：国家自然科学基金青年项目（项目批准号：71802151）；教育部人文社会科学青年基金项目（项目批准号：18YJC630258）。

通讯作者：刘芬芬，E-mail：liufenfens@ 163. com。

显的强迫或威胁，而是隐含在各种正常的沟通交流中。

在客户压力对审计质量影响的学术研究中，客户重要性会导致审计质量下降的结论似乎暗示上市公司会利用自己的重要性来迫使审计师降低要求（Gaver and Paterson，2007；喻小明等，2008；吕伟和于旭辉，2009；Kanagaretnam et al.，2010；Chen et al.，2010；陆正飞等，2012）。上市公司对审计师施加压力，会导致重要客户影响审计质量，但是反之则未必成立，因为重要客户对审计质量的影响还可能来自审计师自身对风险的调整应对，重要客户通常是大客户，而大公司的审计风险通常也较小。在公司治理对审计质量影响的研究中，研究者发现良好的公司治理会约束管理层，提高审计的独立性，进而提高审计质量（肖作平，2006；董南雁和张俊瑞，2009），似乎暗示较差的公司治理会无视管理层对审计师施加压力而导致审计质量下降。但是好的公司治理也会直接约束管理层的盈余管理行为（Beasley，1996；Klein，2002；Malek et al.，2020），会促使管理层选择好的审计师（Srinidhi，2014），会提高会计信息系统的质量，这些因素也都会引起审计质量的提高。还有研究发现审计师变更后审计质量较低，可能来自上市公司的压力（刘伟和刘星，2007；Chen et al.，2016），也可能来自对公司情况的不熟悉（Cameran et al.，2015）。由以上研究可知，对于上市公司有无对审计师施加压力以影响审计结果还没有充分的证据。

本文试图利用上市公司业绩快报数据的特殊性来研究客户压力对审计质量的影响。业绩快报不同于业绩预告，它不是基于预测而是基于公司会计核算的事实，在财务报告正式披露之前的业绩披露。业绩快报也不同于正式报告，二者的主要区别在于是否经过了审计师完全审计。业绩快报盈余反映的是上市公司单方面认定并报告的盈余，是上市公司期望的盈余。未经审计的盈余公告可能会给审计师带来压力，主要原因如下：其一，原本私下的沟通变成了公开的调整，审计师在调整中会面临更大的压力；其二，管理层通过公告的数字给审计师制定了一个锚定的点，审计师出于锚定效应的心理作用有向业绩快报数字靠拢的压力；其三，管理层通过公告，传递了其对期望盈余的坚决性，增加了审计师调整时的心理压力。审计师在面临客户的压力时，一方面会增加其妥协降低审计质量的可能，另一方面会影响审计师的决策和判断进而影响审计质量。

本文利用2005—2018年所有A股公司的业绩快报数据进行实证检验，利用业绩快报偏差作为上市公司压力的度量①，利用上市公司财务报表日后被重述作为审计质量的度量，实证发现：上市公司的压力越大，审计质量越低；审计师往下调整时会面临更大压力；客户压力越大，审计师更换的可能越大；审计师的行业专长和审计监管的加强能够提升审计师抵制客户压力的动机和能力，进而提升审计质量。在稳健性检验中，我们用操纵性应计和财务舞弊检验了使用实际报告盈余替代真实盈余的合理性，同时在考虑了业绩快报披露的自选择、上市公司提前披露业绩动机、变量度量和遗漏变量等因素后，实证结果仍保持稳健。

本文的学术贡献主要体现在三个方面。第一，本文对上市公司压力的度量更为微观和直接。已

①　业绩快报盈余和真实盈余偏差越大，审计师面临客户的压力也会越大。由于真实盈余的不可见性，无法直接以此来度量，我们使用实际报告盈余来替代看不到的真实盈余。我们认为此替代具有一定合理性，因为实际报告盈余相对于真实盈余还包含审计师因妥协而未调整和审计师未能发现部分，导致偏差更小，不利于实证结果发现，其次我们在稳健性检验中发现业绩快报偏差越大，上市公司的操纵性应计和财务欺诈也越多，说明审计师在调整越多的同时，未调整部分也越多。

有研究多是从客户对审计师重要性的视角来度量客户压力，而本文则从上市公司对期望盈余的显示来度量其对审计师的压力。第二，本文的研究增加了对审计质量和审计失败的理解。上市公司的压力显著降低了审计质量，与此同时审计师的抵制增加了其被更换的可能，因而会削弱审计师抵制的动机。第三，本文的研究丰富了对审计独立性的理解，相对于提供非审计服务（Duh et al.，2009；Quick and Warming-Rasmussen，2009；Patel and Prasad，2013）、审计任期（De Angelo，1981；沈玉清等，2010；江伟和李斌，2011）、审计师私人关系（Dowdell and Krishnan，2004；Lennox，2005；Guan et al.，2016；He et al.，2017）等对审计独立性的影响，上市公司施加压力对审计独立性的侵害更为隐蔽，后果也更为严重。

本文在政策和实务层面也具现实意义。首先，本文的研究表明上市公司的压力会损害审计质量，削弱审计的有效性。但是审计的性质决定了审计必然采取"明审"的方式，不太可能通过"盲审"来消除上市公司对审计师的压力。可行之策在于提升审计师对抗上市公司压力的意愿和能力，进而降低上市公司通过施压审计师来操纵财务报告的动机。强化审计监管和审计处罚，虽是单方面施加给审计师的，但给了审计师有力对抗上市公司压力的工具，"板子"虽然打在了审计师的身上，但必然"疼在"上市公司。实质上不仅能提高审计质量，而且可以更好地保护审计师，才能压实审计的责任，促使审计在注册制改革下更好地履行其职责。其次，本文的研究表明沪深两市交易所提倡和鼓励的业绩快报制度在提高会计信息及时性的同时，还可以反映出上市公司对盈余的期望和其对审计师的压力大小，进而帮助审计报告的使用者更好地理解审计结果。

本文其余部分安排如下：第二部分是文献评述；第三部分是理论分析和研究假设的提出；第四部分为研究设计，包括样本选择、变量定义、模型设定的说明；第五部分为实证结果及稳健性检验；第六部分为进一步分析；最后是本文的研究结论及局限。

2. 文献评述

审计的价值在于对会计信息的可靠性提供合理保证，使会计信息能够如实反映企业的经济状况，降低信息不对称，促进资源的有效配置和合约的有效执行（DeFond and Zhang，2014）。然而，审计师事务所作为商业实体，需要依靠对客户的审计收费来维持经营，这种对客户的经济依赖性很可能会影响审计的独立性，进而影响审计质量（Mautz and Sharaf，1961）。Koch 和 Salterio（2017）预测并通过实验验证，当管理层对审计师施加压力时，审计师会减少对客户激进会计处理的审计调整。

即便客户没有直接要求，审计师也很可能出于保持良好的客户关系而无意识地偏向客户进而损害审计质量（Geiger et al.，1998；Hennes et al.，2014；Ege and Stuber，2022）。Moser（2021）通过两期模型来研究审计师的报告行为，在模型中，两位审计师通过为各自现有客户选择审计质量并使用审计报告作为信号来争取新客户，他发现，在某些情况下，审计师会降低审计质量以增加被新客户聘用的可能性。Ege 和 Stuber（2022）利用保险行业独特披露，识别出审计师合理允许客户机会主义地利用会计估计中的自由裁量权扭亏为盈的情况，他们发现，事务所的宽容与随后的市场份额变化呈正相关，该结果表明审计师会因为对客户的宽容而赢得客户。

审计师的独立性是影响审计质量的重要因素之一（DeFond and Zhang，2014），现有文献主要通过客户的重要性对审计独立性的影响来研究客户压力对审计质量的可能影响。陆正飞等（2012）研究集团客户重要性对审计师独立性的影响，发现集团客户越重要，审计师出具非标意见的概率越高，但影响主要体现在小所之中。曹强等（2012）以审计师对财务重述公司出具严厉审计意见的可能性衡量审计质量，发现客户重要性水平越高，审计师越不倾向于对财务重述公司出具严厉审计意见，但随着客户风险性质严重程度的提高，二者的关系由负相关转变为不相关。Chen 等（2010）分别在事务所层面和个人层面上考察客户重要性和审计质量之间的关系，发现在 2001 年以前，无论事务所还是个人层面，客户重要性与其出具的非标意见概率显著负相关，但在 2001 年审计师法律风险增加以后，事务所层面上二者的负相关关系在统计上并不显著，而在个人层面上，二者的关系变为显著正相关。贾楠和李丹（2015）以赴美上市的中国概念股为样本来研究客户的经济依赖是否会降低事务所的审计质量，发现对客户没有经济依赖的事务所审计质量显著高于有经济依赖的事务所；二者审计质量的差距随着客户重要性程度的提高显著变大。付强和廖益兴（2022）通过关键审计事项披露来研究审计师的独立性，他们发现，在客户越重要的情况下，公司的盈余管理和关键审计事项披露的正相关关系越不明显，原因在于审计师会受到经理人的游说而减少关键审计事项披露以掩盖盈余管理。

由上述文献可知，对于客户压力的研究，由于其无法观测性，主要是通过审计师担忧丢失客户损失收入的角度来进行。但是对客户压力的研究不但没有对客户压力进行直接度量，甚至对于客户是否确有施加压力也只是间接推定。

3. 制度背景与假设提出

为了促进会计信息的及时发布，我国监管机构逐步建立了一套完善的业绩快报制度。2004 年 12 月深圳证券交易所《关于在中小企业板块上市公司中试行年度业绩快报制度有关事项的通知》中首次提出符合条件的上市公司需要在年报发布之前披露业绩快报。2005 年上海证券交易所在《关于鼓励上市公司披露年度业绩快报等有关事项的通知》中提出鼓励有条件上市公司披露年度业绩快报。沪深两市在业绩快报的披露中都要求公司声明"本公告所载主要财务数据为初步核算数据，未经会计师事务所审计"。

业绩快报不同于业绩预告，不是管理层预测，而是基于初步核算的事实。在业绩快报发布时，虽然审计师可能已经入驻上市公司并开始了审计工作，但业绩快报的发布不需要经过审计师签字或认可，审计师也不对业绩快报的内容承担责任，因此业绩快报是上市公司单方面的公告，是上市公司未经审计的业绩披露，它显示出上市公司对年度盈余的认定和期望，也显示了上市公司对审计师的压力。未经审计的盈余公告可能会给审计师带来压力，主要原因如下：其一，原本私下的沟通变成了公开的调整，审计师在调整中会面临更大的压力；其二，管理层通过公告的数字给审计师制定了一个锚定的点，审计师出于锚定效应的心理作用有向业绩快报数字靠拢的压力；其三，管理层通过公告，传递了其对期望盈余的坚决性，增加了审计师调整时的心理压力。

上市公司对审计师的压力会影响审计质量。一方面，出于满足盈利预期、保持高质量财务报告的声誉或者避免财务或职业惩罚等多方面的动机，管理层并不愿意进行过多的审计调整（Cao et al.，

2012；Haislip et al.，2017；Bronson et al.，2021)。实际报告和业绩快报的偏差还可能会引起市场的过度解释而导致对股价产生不利影响(Bronson et al.，2011；Hollie et al.，2012)，因而上市公司也有动机向审计师施加压力以减少偏差。在上市公司的压力下，审计师更有可能做出妥协而丧失独立性。Bronson 等(2021)发现，公司公告业绩快报时点距离审计结束的时间跨度越长，越可能出现重大错报，原因在于时间跨度越长，审计师识别出的审计调整可能越多，但根据这些审计调整修改财务报告的可能性较低。

另一方面，审计师可能会预期业绩快报公告会增加其后续与管理层进行审计调整的谈判难度，进而增加其感知的客户压力(Bhaskar et al.，2019)，因此，业绩快报公告之后，审计师很可能会以该数字为方向性目标，对发现的错报进行合理化而不作为重大错报进行调整。根据动机推理理论，审计师的方向性目标会影响其决策过程，减少批判性思维和职业怀疑，从而导致较低质量的判断(Nolder and Kadous，2018)。感知的客户压力会使审计师更偏向客户的喜好而不是基于自己的独立判断，进而(有意或无意)影响审计师对审计证据以及重要审计调整的判断，审计师可能会更加依赖和相信上市公司提供的数据和材料，减少额外的材料收集和交叉取证，可能导致审计不充分、不深入(Salterio，1996；Ng and Tan，2007；Brown and Wright，2008；Pike et al.，2013；Bhaskar et al.，2019；Bronson et al.，2021)。Bhaskar 等(2019)通过对照实验发现，客户提前公告业绩会对审计师构成无形的压力，导致审计师在后续审计期间避免进行审计调整而接受客户激进的会计处理。

基于以上分析，我们提出如下假设。

H1：上市公司压力越大，审计质量越低。

4. 研究设计

4.1 样本选择

深圳证券交易所和上海证券交易所分别从 2004 年、2005 年开始鼓励或要求上市公司披露业绩快报，样本选择从 2005 年开始。此外，考虑到疫情对审计工作影响的特殊情况，样本截至 2018 会计年度。在这些样本中，由于 ST 公司的特殊性予以剔除；由于金融类公司在会计上的差异，遵循惯例也予以剔除；剔除掉变量缺失样本，最后共得到 7649 个观测值。本文用到的所有数据均取自 CSMAR 数据库。

4.2 变量定义

4.2.1 被解释变量

审计质量(Mistake)，财务报表重述是直接和极端的审计质量度量，它表明审计师对有重大错报的财务报告发表了无保留意见(DeFond and Zhang，2014)，因此本文使用是否发生了引起日后报表重述的错报来度量审计失败，是则为 1，否则为 0。

4.2.2　解释变量

上市公司压力（Pressure），考虑到不同公司的规模，本文使用业绩快报偏差的绝对值经每股资产进行标准化后的数值作为上市公司压力的度量。

4.2.3　控制变量

根据已有的研究，我们主要加入上市公司特征和审计特征两类控制变量，具体为公司规模（Size）、净资产回报率（Roa）、财务杠杆（Lev）、账面市值比（Bm）、应收账款占总资产比例（Rcv）、存货占总资产比例（Inv）、经营性活动产生现金流量的净额占总资产比例（Cfo）、成长性（Growth）、营运能力（Turnover）、最终控制人性质（Soe）、是否十大会计师事务所（Big10）、审计师行业专长（Special）、当年的审计费用（Auditfee），以及控制年度和行业效应。变量的具体定义见表 1。

表 1　　　　　　　　　　　　　　　　　主要变量定义

变量性质	变量名	变量定义
被解释变量	Mistake	以是否发生了引起日后报表重述的错报作为审计质量的度量，有则为 1，无则为 0
解释变量	Pressure	以业绩快报偏差的绝对值经资产标准化后来度量上市公司压力，即业绩快报盈余减去审计后年报盈余的绝对值，然后除以每股资产
控制变量	Size	公司规模，用年末总资产的自然对数衡量
	Roa	净资产收益率
	Lev	财务杠杆，用资产负债率来衡量
	Bm	市账比，B/M
	Rcv	应收账款占总资产比重
	Inv	存货占总资产比重
	Cfo	经营性活动产生现金流量的净额与总资产的比例
	Soe	最终控制人类型，国有控股则取值为 1，否则为 0
	Growth	公司成长性，用销售收入增长率衡量
	Turnover	营运能力，用营业收入除以总资产平均余额衡量
	Big10	是否十大会计师事务所，是则为 1，否则为 0
	Special	审计师行业专长，以审计师审计同行业公司数目的平均值来度量
	Auditfee	审计费用
	Year	年度虚拟变量
	Industry	行业虚拟变量

4.3 模型设定

结合已有研究，对本文假设的检验我们构建以下回归模型：

$$\text{Mistake} = \beta_0 + \beta_1 \text{Pressure} + \sum \text{Firm\_control} + \sum \text{Auditor} + \text{Year} + \text{Ind} + \varepsilon \qquad (1)$$

模型中的因变量为报表重述(Mistake)；自变量为上市公司压力(Pressure)；其他为公司特征控制变量、审计特征控制变量以及年度和行业的控制变量。由于因变量为 0、1 变量，所有检验采用 Logit 回归。为了保证本文结论的稳健性，我们同时进行 Probit 和 OLS 回归检验作为补充。根据理论分析和假说推导，我们预期系数 β_1 显著为正。

5. 实证结果及分析

5.1 描述性统计

表 2 汇报了主要变量的描述性统计，为了避免极端值对结果的影响，我们对所有连续变量进行了上下 1% 的 Winsorize 处理。由表 2 可知，Mistake 的均值为 0.037，说明样本中有 3.7% 的公司年报存在错报，引起了日后报表重述；Pressure 的均值为 0.001，说明样本中所有公司的业绩快报偏差占总资产的比例平均为 0.1%，另外中位数 0 小于均值，由此可知大部分偏差来自少部分公司；Turnover 的均值为 0.61，说明在排除事务所强制性轮换、事务所合并、国资委规定的因素之外，样本中有 61% 公司的审计师在下一年至少有一名被替换掉；Big10 的均值为 0.579，说明 57.9% 的公司是由十大会计师事务所审计的；Special 的均值为 1.129，说明样本中公司的审计师平均在同行业中审计了 1.129 家公司，最大值也仅为 2.5，数值偏小可能有两个原因：第一，我们的行业分类直接按照证监会 2012 年的行业分类标准，有 3 位代码，分类较细；第二，我国的财务年度统一为日历年，因此所有上市公司的年度审计都集中在同一时间段，限制了审计师开拓更多的客户。其他变量的描述性统计不再赘述。

表 2   主要变量描述性统计

变量	观测数	均值	标准差	最小值	Q1	中位数	Q3	最大值
Mistake	7649	0.0367	0.1881	0.0000	0.0000	0.0000	0.0000	1.0000
Pressure	7649	0.0013	0.0041	0.0000	0.0000	0.0001	0.0013	0.0531
Size	7649	21.5900	1.0880	19.6500	20.8000	21.4300	22.1700	26.3000
Roa	7649	0.0638	0.0523	-0.3307	0.0349	0.0599	0.0892	0.2259
Lev	7649	0.3605	0.1993	0.0417	0.1956	0.3372	0.5057	0.9413
Bm	7649	0.5592	0.2222	0.1212	0.3834	0.5570	0.7315	1.0610

续表

变量	观测数	均值	标准差	最小值	Q1	中位数	Q3	最大值
Rcv	7649	0.1332	0.1019	0.0003	0.0522	0.1162	0.1914	0.4861
Inv	7649	0.1421	0.1182	0.0000	0.0677	0.1155	0.1799	0.6550
Cfo	7649	0.0426	0.0713	-0.1965	0.0041	0.0426	0.0848	0.2325
Soe	7649	0.2136	0.4099	0.0000	0.0000	0.0000	0.0000	1.0000
Growth	7649	0.2011	0.3791	-0.5462	0.0066	0.1396	0.3075	2.5210
Turnover	7649	0.6096	0.3960	0.0306	0.3561	0.5164	0.7475	2.3380
Big10	7649	0.5789	0.4938	0.0000	0.0000	1.0000	1.0000	1.0000
Special	7649	1.1290	0.3034	1.0000	1.0000	1.0000	1.0000	2.5000
Auditfee	7649	13.3800	0.5797	12.3000	13.0200	13.3000	13.7100	15.7300

5.2 回归分析

表 3 报告了假设 H1 的回归结果，分别采用了 Logit、Probit 以及 OLS 回归模型。其中，因变量为报表重述(Mistake)，自变量为客户压力(Pressure)。由表 3 可知，在三种模型检验中，客户压力(Pressure)的系数分别为 59.304、31.189 和 5.430，对应 t 值分别为 7.28、7.15 和 10.32，都在 1% 水平上显著为正，说明审计师受到的客户压力越大，财务报表在将来被重述的可能也越大。由此证实了假设 H1 的预测。其他变量的系数与已有研究基本一致，不再赘述。

表 3   **H1 客户压力对错报的检验**

变量	(1) Logit Mistake	(2) Probit Mistake	(3) OLS Mistake
Pressure	**59.304***	**31.189***	**5.430***
	(7.28)	**(7.15)**	**(10.32)**
Size	0.066	0.029	0.003
	(0.55)	(0.58)	(0.91)
Roa	-3.298**	-1.783***	-0.144***
	(-2.54)	(-2.95)	(-2.74)
Lev	1.255***	0.567***	0.044***
	(2.79)	(2.76)	(2.67)
Bm	0.798*	0.326*	0.019
	(1.91)	(1.76)	(1.32)

续表

变量	（1） Logit Mistake	（2） Probit Mistake	（3） OLS Mistake
Rcv	−1.484*	−0.689*	−0.049*
	(−1.76)	(−1.86)	(−1.79)
Inv	−0.792	−0.376	−0.024
	(−1.10)	(−1.18)	(−0.95)
Cfo	−1.108	−0.493	−0.023
	(−1.09)	(−1.08)	(−0.63)
Soe	0.030	0.012	0.001
	(0.18)	(0.17)	(0.13)
Growth	0.064	0.035	0.002
	(0.39)	(0.46)	(0.27)
Turnover	−0.089	−0.038	−0.001
	(−0.41)	(−0.41)	(−0.09)
Big10	−0.378***	−0.183***	−0.012***
	(−2.79)	(−3.11)	(−2.71)
Special	−0.793***	−0.355***	−0.018**
	(−2.62)	(−2.94)	(−2.47)
Auditfee	−0.482**	−0.203**	−0.018***
	(−2.53)	(−2.53)	(−3.13)
Constant	2.519	0.706	0.213***
	(1.13)	(0.72)	(3.14)
Year	yes	yes	yes
Industry	yes	yes	yes
N	7649	7649	7649
Pseudo/Adj R-squared	0.097	0.098	0.031

注：*、**和***分别表示在 10%、5%、1%的水平统计显著(双尾检验)，下同。

5.3 稳健性检验

5.3.1 遗漏变量问题

业绩快报偏差越大，财务报表重述的可能性也越大，我们的主检验结果表明审计质量的确受到客户压力的不利影响。为了保证此结果的稳健性，我们固定了公司和年份进行重新检验，结果见表4。由表4可知，对报表重述（Mistake）的回归中，上市公司压力（Pressure）的系数仍然在1%水平上显著为正，结果仍然支持假设 H1。

表4 客户压力对错报的双向固定效应模型检验

变量	（1） Logit Mistake	（2） Probit Mistake	（3） OLS Mistake
Pressure	**93. 413 *****	**55. 205 *****	**4. 463 *****
	（5. 03）	**（5. 48）**	**（7. 59）**
Size	1. 230 ***	0. 715 ***	0. 025 ***
	（2. 64）	（3. 14）	（2. 65）
Roa	0. 900	0. 676	0. 087
	（0. 39）	（0. 52）	（1. 27）
Lev	1. 689	0. 847	0. 054 *
	（1. 20）	（1. 26）	（1. 85）
Bm	1. 396	0. 809 *	0. 032
	（1. 60）	（1. 77）	（1. 57）
Rcv	−1. 004	−0. 578	−0. 025
	（−0. 37）	（−0. 41）	（−0. 42）
Inv	−1. 184	−0. 514	0. 005
	（−0. 63）	（−0. 49）	（0. 09）
Cfo	0. 135	0. 063	0. 000
	（0. 08）	（0. 07）	（0. 00）
Soe	1. 582 *	0. 922 *	0. 024
	（1. 71）	（1. 74）	（1. 05）
Growth	−0. 515 **	−0. 319 **	−0. 012 *
	（−1. 97）	（−2. 22）	（−1. 78）
Turnover	1. 228 *	0. 748 **	0. 020
	（1. 78）	（2. 01）	（1. 16）
Big10	−1. 012 ***	−0. 568 ***	−0. 029 ***
	（−3. 18）	（−3. 52）	（−3. 94）
Special	−0. 381	−0. 169	−0. 010
	（−0. 74）	（−0. 65）	（−1. 08）

续表

变量	（1） Logit Mistake	（2） Probit Mistake	（3） OLS Mistake
Auditfee	−0.884**	−0.522**	−0.018*
	(−2.15)	(−2.41)	(−1.80)
Constant	−26.261***	−11.963***	−0.296
	(−3.22)	(−2.94)	(−1.51)
Year	yes	yes	yes
Firm	yes	yes	yes
N	951	951	7193
Pseudo/Adj R-squared	0.182	0.182	0.204

5.3.2 业绩快报公司自选择问题

《上海证券交易所股票上市规则》和《深圳证券交易所股票上市规则》中都对主板公司规定"上市公司可以在定期报告披露前发布业绩快报"，由此可知，主板上市公司自愿选择是否披露业绩快报。公司自愿披露业绩快报的动机可能是多样的，比如业绩较好的公司希望尽早披露好消息；业绩较差的公司可能希望通过业绩快报让投资者逐步调整预期，因而，自愿披露可能导致公司样本的筛选。

为了避免业绩快报公司自选择问题的影响，我们剔除了主板自愿披露业绩快报的样本，仅对中小板和创业板公司再次进行了检验，结果见表 5。由表 5 可知，上市公司压力(Pressure)对报表重述(Mistake)的系数仍然在 1% 水平上显著为正，结果仍然保持稳健。

表 5　　　　　　　　　　　业绩快报公司自选择问题检验

变量	（1） Logit Mistake	（2） Probit Mistake	（3） OLS Mistake
Pressure	**58.266*****	**30.926*****	**5.528*****
	(6.23)	**(6.25)**	**(9.62)**
Size	−0.067	−0.022	−0.000
	(−0.46)	(−0.35)	(−0.01)
Roa	−3.620**	−1.938***	−0.154***
	(−2.35)	(−2.71)	(−2.63)

续表

变量	（1） Logit Mistake	（2） Probit Mistake	（3） OLS Mistake
Lev	1. 788 ***	0. 810 ***	0. 055 ***
	（3. 23）	（3. 25）	（2. 94）
Bm	0. 683	0. 252	0. 015
	（1. 36）	（1. 14）	（0. 91）
Rcv	−1. 136	−0. 541	−0. 040
	（−1. 21）	（−1. 29）	（−1. 31）
Inv	−0. 933	−0. 398	−0. 019
	（−0. 97）	（−0. 96）	（−0. 63）
Cfo	−1. 403	−0. 591	−0. 027
	（−1. 14）	（−1. 05）	（−0. 63）
Soe	0. 120	0. 042	0. 005
	（0. 54）	（0. 42）	（0. 59）
Growth	0. 090	0. 039	0. 001
	（0. 45）	（0. 44）	（0. 14）
Turnover	−0. 540 *	−0. 228 *	−0. 014
	（−1. 87）	（−1. 83）	（−1. 62）
Big10	−0. 524 ***	−0. 246 ***	−0. 016 ***
	（−3. 43）	（−3. 68）	（−3. 27）
Special	−1. 445 ***	−0. 608 ***	−0. 027 ***
	（−3. 66）	（−3. 83）	（−3. 47）
Auditfee	−0. 155	−0. 068	−0. 008
	（−0. 71）	（−0. 74）	（−1. 18）
Constant	−11. 891 ***	−3. 095 **	0. 171 **
	（−4. 11）	（−2. 51）	（2. 00）
Year	yes	yes	yes
Industry	yes	yes	yes
N	6021	6021	6206
Pseudo/Adj R-squared	0. 121	0. 122	0. 048

5.3.3 主要审计已完成，上市公司希望提前披露业绩

在实际工作中，交易所为避免上市公司年度报告过于集中披露，会根据均衡披露原则同上市公司确定预约披露日期。由此可知，上市公司的财务报告披露时间可能晚于其预期。此外，上市公司和审计师可能就主要审计结果已经达成了一致，因为披露准备工作尚未完成而无法正式披露，但是出于各种动机又希望提前披露。在此两种情况下，上市公司的业绩快报虽未经审计师保证，但已与实际盈余无差别，为了避免此情况对实证结果的影响，我们剔除掉业绩快报偏差为 0 的样本再次进行了检验，结果见表 6。由表 6 可知，其结果和主检验结果并无实质差别。

表 6　　　　　　　　　　　　提前披露业绩动机的自选择问题检验

变量	(1) Logit Mistake	(2) Probit Mistake	(3) OLS Mistake
Pressure	**56. 817***	**29. 739***	**5. 262***
	(6. 50)	**(6. 40)**	**(8. 55)**
Size	0. 051	0. 021	0. 004
	(0. 34)	(0. 33)	(0. 68)
Roa	−2. 684*	−1. 540**	−0. 160**
	(−1. 71)	(−2. 06)	(−2. 11)
Lev	1. 300**	0. 641**	0. 054**
	(2. 32)	(2. 46)	(2. 21)
Bm	1. 188**	0. 515**	0. 037*
	(2. 20)	(2. 12)	(1. 66)
Rcv	−1. 529	−0. 668	−0. 061
	(−1. 46)	(−1. 41)	(−1. 47)
Inv	−0. 379	−0. 181	−0. 019
	(−0. 39)	(−0. 42)	(−0. 47)
Cfo	−0. 984	−0. 432	−0. 027
	(−0. 74)	(−0. 70)	(−0. 48)
Soe	−0. 114	−0. 063	−0. 006
	(−0. 56)	(−0. 67)	(−0. 65)
Growth	0. 228	0. 110	0. 009
	(1. 20)	(1. 21)	(1. 01)
Turnover	−0. 055	−0. 031	−0. 000
	(−0. 20)	(−0. 26)	(−0. 01)

续表

变量	（1） Logit Mistake	（2） Probit Mistake	（3） OLS Mistake
Big10	−0.239	−0.129*	−0.009
	（−1.45）	（−1.73）	（−1.36）
Special	−0.671*	−0.300**	−0.017
	（−1.83）	（−2.02）	（−1.62）
Auditfee	−0.474**	−0.214**	−0.023***
	（−2.12）	（−2.16）	（−2.68）
Constant	2.506	0.885	0.261**
	（0.97）	（0.75）	（2.50）
Year	yes	yes	yes
Industry	yes	yes	yes
N	4147	4147	4218
Pseudo/Adj R-squared	0.122	0.123	0.046

5.3.4 业绩快报偏差与审计未调整

业绩快报偏差越大，审计未调整部分是越大还是越小取决于审计师是否妥协和上市公司编制的未经审计报表是否存在更多错报，我们的主检验结果表明审计师在压力下更可能出现报表重述，也即财务报表中所含未调整或未发现的错报也越大，因而蕴含的审计风险也越大。为了保证此结果的稳健性，我们使用操纵性应计和财务舞弊作为审计师未调整和未发现舞弊的度量直接对业绩快报偏差进行检验，结果见表7的第（1）、（2）列。其中对操纵性应计（Abs_da）使用 OLS 模型检验，对财务舞弊（Fraud）使用 Logit 模型检验。由表7第（1）列可知，对操纵性应计（Abs_da）的回归中，上市公司压力（Pressure）的系数在1%水平上显著为正，说明业绩快报偏差越大，即审计师调整越多的情况下，操纵性应计反而越高；由表7第（2）列可知，对财务舞弊（Fraud）的回归中，上市公司压力（Pressure）的系数也在1%水平上显著为正，说明在审计师调整越多的情况下，财务舞弊的可能反而越大。这些结论说明在上市公司的压力下，尽管审计师进行了大量调整，但是仍有大量未调整和未发现的舞弊存在，由此再次支持了假设 H1。

表7   **业绩快报偏差与审计未调整**

变量	（1） Abs_da	（2） Fraud
Pressure	**1.743*****	**45.685*****
	（14.71）	**（4.01）**

续表

变量	（1） Abs_da	（2） Fraud
Size	−0. 000	−0. 354 **
	（−0. 05）	（−2. 06）
Roa	−0. 095 ***	−3. 346 *
	（−8. 23）	（−1. 93）
Lev	0. 023 ***	0. 394
	（5. 58）	（0. 46）
Bm	−0. 032 ***	1. 646 **
	（−8. 71）	（2. 22）
Rcv	0. 012 *	−0. 532
	（1. 79）	（−0. 46）
Inv	0. 028 ***	1. 572 **
	（4. 29）	（2. 05）
Cfo	−0. 150 ***	−4. 305 **
	（−15. 61）	（−2. 57）
Soe	−0. 006 ***	−0. 228
	（−3. 75）	（−0. 58）
Growth	0. 025 ***	−0. 216
	（16. 63）	（−0. 59）
Turnover	0. 010 ***	−0. 938
	（5. 58）	（−1. 62）
Big10	−0. 000	−0. 053
	（−0. 10）	（−0. 22）
Special	0. 001	−0. 633
	（0. 49）	（−1. 18）
Auditfee	−0. 001	0. 522 *
	（−0. 37）	（1. 80）
Constant	0. 070 ***	−16. 582 ***
	（4. 09）	（−6. 45）
Year	yes	yes
Industry	yes	yes
N	10426	8683
Pseudo/ Adj R-squared	0. 158	0. 161

5.3.5　变量的不同度量

为了降低变量度量对实证结果的敏感性，在分别更换自变量和因变量的度量后，我们对结果进行了重新检验。审计失败是指会计师未能发现或者报告客户违反会计准则的事实而出具了不恰当的审计意见，是审计质量的反映（秦荣生，2002；Francis，2004；DeFond and Zhang，2014；Arens et al.，2017；原红旗等，2020）。审计师或事务所因为自己的审计意见不恰当而受到证监会的处罚是典型的审计失败，因此我们使用是否引起审计师或事务所日后被证监会处罚作为审计质量的替代度量再次进行了检验，结果见表 8 的第（1）列。我们在主检验中使用业绩快报偏差的绝对值经总资产标准化后的数值来度量上市公司压力，为了避免利润和资产之间并不绝对成比例，对使用总资产来标准化存在的顾虑，我们同时使用业绩快报偏差绝对值经销售收入标准化后的数值来度量上市公司压力，变量名称为 Pressure1，检验结果见表 8 的第（2）列。由表 8 可知，其结果与主检验保持一致。

表 8　　　　　　　　　　　　　　　更换变量度量后的检验

变量	（1） Failure	（2） Mistake
Pressure	**48. 946*****	
	（4. 12）	
Pressure1		**15. 759*****
		（6. 33）
Size	0. 156	0. 055
	（0. 83）	（0. 47）
Roa	−3. 597**	−2. 915**
	（−2. 02）	（−2. 15）
Lev	0. 413	1. 286***
	（0. 52）	（2. 84）
Bm	−0. 244	0. 763*
	（−0. 33）	（1. 82）
Rcv	1. 468	−1. 432*
	（1. 16）	（−1. 70）
Inv	1. 693	−0. 876
	（1. 59）	（−1. 19）
Cfo	1. 892	−1. 261
	（1. 08）	（−1. 26）
Soe	−0. 377	0. 022
	（−0. 82）	（0. 13）

续表

变量	(1) Failure	(2) Mistake
Growth	0. 111	0. 088
	(0. 38)	(0. 56)
Turnover	-2. 096***	0. 009
	(-3. 11)	(0. 05)
Big10	-0. 436*	-0. 375***
	(-1. 71)	(-2. 78)
Special	-0. 035	-0. 788***
	(-0. 07)	(-2. 63)
Auditfee	0. 265	-0. 470**
	(0. 84)	(-2. 48)
Constant	-19. 763***	2. 513
	(-6. 36)	(1. 13)
Year	yes	yes
Industry	yes	yes
N	8195	7649
Pseudo/Adj R-squared	0. 166	0. 093

6. 进一步分析

6.1 调整方向

业绩快报偏差反映了审计师对上市公司期望盈余的调整，不同的调整方向是否面对客户不同的压力呢？我们对此进行了检验。审计师往下调整(即报告盈余小于快报盈余)取值为 1，其他为 0，检验结果见表 9。由表 9 可知，调整方向(Adjust direction)的系数在三种模型检验中都显著为正，说明审计师往下调整时的确面对更大的压力，他们尽管纠正了一部分错误或盈余管理，但仍有更多错报未被发现。

表 9　　　　　　　　　　　　　　调整方向带来影响的检验

变量	(1) Logit Mistake	(2) Probit Mistake	(3) OLS Mistake
Adjust direction	**0. 486*****	**0. 214*****	**0. 017*****
	(3. 71)	**(3. 68)**	**(3. 74)**

续表

变量	（1） Logit Mistake	（2） Probit Mistake	（3） OLS Mistake
Size	0.069	0.029	0.003
	（0.59）	（0.57）	（0.71）
Roa	−4.925***	−2.354***	−0.185***
	（−3.71）	（−3.66）	（−3.51）
Lev	1.192***	0.538***	0.042***
	（2.66）	（2.64）	（2.58）
Bm	0.433	0.168	0.008
	（1.04）	（0.92）	（0.54）
Rcv	−1.471*	−0.719*	−0.050*
	（−1.75）	（−1.95）	（−1.81）
Inv	−0.829	−0.363	−0.026
	（−1.14）	（−1.13）	（−1.02）
Cfo	−1.127	−0.541	−0.030
	（−1.09）	（−1.17）	（−0.80）
Soe	−0.002	0.002	−0.000
	（−0.02）	（0.02）	（−0.07）
Growth	0.102	0.046	0.003
	（0.63）	（0.62）	（0.56）
Turnover	−0.101	−0.044	−0.001
	（−0.48）	（−0.49）	（−0.13）
Big10	−0.375***	−0.177***	−0.012***
	（−2.82）	（−3.06）	（−2.63）
Special	−0.767***	−0.351***	−0.018**
	（−2.61）	（−2.95）	（−2.47）
Auditfee	−0.396**	−0.169**	−0.015**
	（−2.13）	（−2.17）	（−2.57）
Constant	1.489	0.355	0.200***
	（0.68）	（0.37）	（2.92）
Year	yes	yes	yes
Industry	yes	yes	yes
N	7649	7649	7649
Pseudo/Adj R-squared	0.083	0.084	0.020

6.2 审计师更换

上市公司的压力越大，审计师在妥协的同时承担的审计风险也在上升，因此抵制必然也越大，也越有可能"得罪"管理层而被事务所更换；审计风险的上升也会增加审计师主动更换规避风险的可能；上市公司压力较大时，审计师的工作满意度必然降低，也会增加其更换的可能。客户压力越大，审计师是否越有可能发生更换呢？我们对此进行了检验。审计师更换（Change）用除事务所强制轮换、事务所合并、国资委规定因素之外，至少存在一名审计师在下一年未参与该公司的审计来度量。检验结果见表 10，上市公司压力（Pressure）对审计师更换（Change）的回归系数都在 5% 水平上显著为正，说明客户压力越大，次年审计师越有可能发生更换。

表 10 次年审计师更换情况检验

变量	（1） Logit Change	（2） Probit Change	（3） OLS Change
Pressure	**9.447****	**5.856****	**2.160****
	(2.17)	**(2.21)**	**(2.17)**
Size	−0.076**	−0.047**	−0.018**
	(−2.32)	(−2.31)	(−2.31)
Roa	0.627	0.390	0.148
	(1.52)	(1.53)	(1.52)
Lev	*0.103*	*0.064*	*0.024*
	(0.71)	*(0.72)*	*(0.70)*
Bm	0.095	0.057	0.023
	(0.74)	(0.72)	(0.74)
Rcv	0.064	0.039	0.015
	(0.26)	(0.26)	(0.26)
Inv	−0.040	−0.025	−0.009
	(−0.17)	(−0.17)	(−0.17)
Cfo	−0.557*	−0.346*	−0.132
	(−1.65)	(−1.66)	(−1.64)
Soe	0.028	0.017	0.007
	(0.48)	(0.47)	(0.48)
Growth	0.022	0.013	0.005
	(0.41)	(0.40)	(0.42)

续表

变量	（1） Logit Change	（2） Probit Change	（3） OLS Change
Turnover	−0.081	−0.050	−0.019
	（−1.24）	（−1.24）	（−1.23）
Big10	0.129***	0.081***	0.031***
	（3.18）	（3.20）	（3.18）
Special	0.012	0.008	0.003
	（0.18）	（0.19）	（0.18）
Auditfee	0.048	0.030	0.012
	（0.95）	（0.95）	（0.96）
Constant	2.259***	1.402***	0.787***
	（3.19）	（3.21）	（5.53）
Year	yes	yes	yes
Industry	yes	yes	yes
N	11499	11499	11499
Pseudo/Adj R-squared	0.010	0.010	0.005

6.3　审计师专业经验

为了进一步了解审计师行业专长是否有助于抵制客户压力，降低审计错报，我们将压力和审计师行业专长的交乘项加入模型进行检验，结果见表 11。由表 11 可知，交乘项 Pressure×Special 的系数在三种检验模型中分别在 10%、5%、1% 的水平上显著为负，由此可知，具有行业专长的审计师，在同等的客户压力之下，提供了更高质量的审计报告，降低了错报。

表 11　　　　　　　　　　　　　　审计师专业经验

变量	（1） Logit Mistake	（2） Probit Mistake	（3） OLS Mistake
Pressure	63.897***	33.736***	6.281***
	（7.31）	（7.23）	（11.11）
Special	−0.426**	−0.197**	−0.008
	（−2.11）	（−2.34）	（−1.31）

续表

变量	（1） Logit Mistake	（2） Probit Mistake	（3） OLS Mistake
Pressure×Special	**−43. 629 ***	**−23. 111 ****	**−4. 708 *****
	（−1. 90）	**（−2. 08）**	**（−4. 06）**
Size	0. 065	0. 029	0. 003
	（0. 55）	（0. 58）	（0. 91）
Roa	−3. 176 **	−1. 748 ***	−0. 137 ***
	（−2. 42）	（−2. 87）	（−2. 61）
Lev	1. 301 ***	0. 583 ***	0. 045 ***
	（2. 88）	（2. 83）	（2. 76）
Bm	0. 809 *	0. 329 *	0. 020
	（1. 94）	（1. 78）	（1. 38）
Rcv	−1. 424 *	−0. 660 *	−0. 048 *
	（−1. 69）	（−1. 78）	（−1. 74）
Inv	−0. 816	−0. 380	−0. 025
	（−1. 14）	（−1. 19）	（−0. 97）
Cfo	−1. 137	−0. 496	−0. 025
	（−1. 11）	（−1. 08）	（−0. 67）
Soe	0. 023	0. 009	0. 000
	（0. 14）	（0. 12）	（0. 08）
Growth	0. 053	0. 030	0. 001
	（0. 32）	（0. 40）	（0. 20）
Turnover	−0. 095	−0. 040	−0. 001
	（−0. 44）	（−0. 44）	（−0. 10）
Big10	−0. 386 ***	−0. 186 ***	−0. 013 ***
	（−2. 85）	（−3. 17）	（−2. 78）
Special	−0. 485 **	−0. 204 **	−0. 018 ***
	（−2. 53）	（−2. 54）	（−3. 16）
Auditfee	−0. 486 **	−0. 204 **	−0. 018 ***
	（−2. 54）	（−2. 54）	（−3. 16）
Constant	1. 767	0. 360	0. 196 ***
	（0. 80）	（0. 37）	（2. 92）
Year	yes	yes	yes
Industry	yes	yes	yes
N	7649	7649	7649
Pseudo/Adj R-squared	0. 098	0. 099	0. 033

6.4 审计监管

审计师不仅面临着上市公司的压力，还面临着监管处罚和法律诉讼的压力。审计师在监管的压力下，出于风险的考虑也有抵制上市公司压力的动机(宋衍蘅和何玉润，2008)。那么审计监管的加强是否能有效增强审计师抵制客户压力的能力呢？我们对此进行了检验。中国证监会 2015 年发布了《关于印发中国证监会推广随机抽查工作实施方案的通知》，要求各证监局从 2016 年开始对属地内上市公司的审计进行现场检查随机抽查工作，以加强审计监管。由上述规定可知，2016 年后审计师面对的审计监管压力会更大。因此我们使用是否 2016 年后作为审计监管(Supervision)的度量，在回归模型中加入交乘项进行检验。由表 12 可知，交乘项(Pressure×Supervision)的系数在三种检验模型中的系数分别为-9.191、-5.575 和-1.269，分别在 5%、5% 和 1% 水平上显著为负，说明伴随着 2016 年后审计监管的加强，在同等压力下，审计师抵制客户压力的动机更强，显著降低了审计错报，提升了审计质量。

表 12　　　　　　　　　　　审计监管加强后果的检验

变量	(1) Logit Mistake	(2) Probit Mistake	(3) OLS Mistake
Pressure	62.896***	33.477***	6.046***
	(7.39)	(7.32)	(10.79)
Supervision	-0.761	-0.359	0.000
	(-1.27)	(-1.35)	(.)
Pressure×Supervision	**-9.191****	**-5.575****	**-1.269*****
	(-2.26)	**(-2.42)**	**(-3.17)**
Size	0.075	0.033	0.004
	(0.63)	(0.65)	(1.00)
Roa	-3.613***	-1.906***	-0.155***
	(-2.82)	(-3.16)	(-2.95)
Lev	1.237***	0.562***	0.043***
	(2.75)	(2.73)	(2.67)
Bm	0.780*	0.317*	0.018
	(1.86)	(1.71)	(1.25)
Rcv	-1.479*	-0.687*	-0.050*
	(-1.75)	(-1.85)	(-1.81)
Inv	-0.785	-0.374	-0.024
	(-1.09)	(-1.17)	(-0.95)

续表

变量	(1) Logit Mistake	(2) Probit Mistake	(3) OLS Mistake
Cfo	−1.037	−0.466	−0.022
	(−1.02)	(−1.02)	(−0.58)
Soe	0.025	0.011	0.001
	(0.15)	(0.15)	(0.12)
Growth	0.076	0.038	0.002
	(0.46)	(0.51)	(0.32)
Turnover	−0.082	−0.036	−0.000
	(−0.38)	(−0.39)	(−0.05)
Big10	−0.379***	−0.183***	−0.012***
	(−2.81)	(−3.11)	(−2.69)
Special	−0.800***	−0.357***	−0.018**
	(−2.63)	(−2.95)	(−2.49)
Auditfee	−0.490**	−0.205**	−0.018***
	(−2.57)	(−2.56)	(−3.17)
Constant	2.460	0.674	0.210***
	(1.11)	(0.69)	(3.09)
Year	yes	yes	yes
Industry	yes	yes	yes
N	7649	7649	7649
Pseudo/Adj R-squared	0.097	0.099	0.033

7. 结 论

资本市场服务实体经济和投资者的功能依赖于资本市场的有效运转。而审计对会计信息真实可靠的鉴证功能,降低了信息不对称,降低了投资者事前的逆向选择和管理层事后的道德风险,对于资本市场的有效运转起着重要的作用(Watts, 1977; Watts and Zimmerman, 1983; DeFond and Zhang, 2014)。然而频发的财务造假及较低的财务报告质量不仅增添了对审计的质疑,更影响了资本市场配置资源的效率。对于财务造假及较低的财务报告质量,上市公司固然难辞其咎,可作为"看门狗"的审计师是否有失其职呢?从乐视网、辉山乳业、康得新、康美药业等一个个绩优公司"前赴后继"地爆出财务造假来看,审计发现遏制财务舞弊的效果似乎并不理想。

我们的研究发现或许揭示了部分原因。即审计师的不独立来自上市公司的压力。上市公司的压力越大，导致审计错报和审计失败的可能性也越大，虽然审计师的抵制能有效降低审计失败，但增大了自身被更换的可能。总之，审计师除了职业道德、更强的专业能力和法定要求的披露截止日期之外，似乎没有足够的工具和力量来对抗上市公司的压力。因此，我们建议监管机构在监管审计质量的同时，能给审计师对抗上市公司压力更大的支持。如果监管是充分有效的，上市公司意识到自己的压力丝毫不会改变审计师的行为，意识到即便辞退审计师，聘请的下一个审计师也会是同样情况，如此上市公司反而不会施加压力，也能更好压实审计的责任，促使审计在注册制改革下更好地履行中介作用。

◎ 参考文献

[1] 曹强，胡南薇，王良成．客户重要性、风险性质与审计质量——基于财务重述视角的经验证据[J]．审计研究，2012（6）．

[2] 董南雁，张俊瑞．公司治理强度、审计力度与审计质量[J]．南开管理评论，2009，12（2）．

[3] 付强，廖益兴．审计独立性对关键审计事项披露的影响——客户重要性视角[J]．审计与经济研究，2022，37（1）．

[4] 顾晓安，陈钰颖．审计监督与企业投资效率：基于会计信息质量的中介效应[J]．浙江树人大学学报（人文社会科学），2019，19（6）．

[5] 贾楠，李丹．会计师事务所对客户的经济依赖会削弱审计质量吗？——来自赴美上市的中国概念股的实证证据[J]．审计研究，2015（5）．

[6] 刘伟，刘星．审计师变更、盈余操纵与审计师独立性——来自中国 A 股上市公司的经验证据[J]．管理世界，2007（9）．

[7] 陆正飞，王春飞，伍利娜．制度变迁、集团客户重要性与非标准审计意见[J]．会计研究，2012（10）．

[8] 吕伟，于旭辉．客户依赖、审计师独立性与审计质量——来自上市公司的经验证据[J]．财贸研究，2009，20（3）．

[9] 马超．经理人异质性、大股东掏空抑制与盈余管理[J]．广东财经大学学报，2021，36（3）．

[10] 伍利娜，王春飞，陆正飞．企业集团审计师变更与审计意见购买[J]．审计研究，2013（1）．

[11] 喻小明，聂新军，刘华．事务所客户重要性影响审计质量吗？——来自 A 股市场 2003—2006 年的证据[J]．会计研究，2008（10）．

[12] 原红旗，张楚君，孔德松，施海娜．审计失败与会计师事务所声誉损失：来自 IPO 审核的证据[J]．会计研究，2020（3）．

[13] Arens, A. A. Auditing and assurance services：An integrated approach（15）[M]．Pearson Publication, Upper Saddle River, NJ：Prentice Hall, 2017.

[14] Bhaskar, L. S., Hopkins, P. E., and Schroeder, J. H. An investigation of auditors' judgments when companies release earnings before audit completion[J]．Journal of Accounting Research, 2019, 57（2）．

[15] Bronson, S. N., Masli, A., and Schroeder, J. H. Releasing earnings when the audit is less complete：

Implications for audit quality and the auditor/client relationship[J].Accounting Horizons, 2021, 35(2).

[16]Brown, H. L., and A. M. Wright. Negotiation research in auditing[J]. Accounting Horizons, 2008, 22 (1).

[17]Cameran, M., Francis, J. R., Marra, A. and Pettinicchio, A. Are There adverse consequences of mandatory auditor rotation? Evidence from the Italian experience[J]. Auditing: A Journal of Practice and Theory, 2015, 34(1).

[18]Chen, F., Peng, S., Xue, S.,et, al. Do audit clients successfully engage in opinion shopping? Partner-level evidence[J]. Journal of Accounting Research, 2016, 54(1).

[19]Chen, S., Sun, S. Y. J. and Wu, D. Client importance, institutional improvements, and audit quality in China: An office and individual auditor level analysis[J]. Accounting Review, 2010, 85(1).

[20]Chy, M., De Franco, G., and Su, B. The effect of auditor litigation risk on clients' access to bank debt: Evidence from a quasi-experiment[J]. Journal of Accounting and Economics, 2021, 71 (1).

[21] DeAngelo, L. E. Auditor independence, low balling, and disclosure regulation [J]. Journal of Accounting and Economics, 1981, 3(2).

[22]DeFond, M. and Zhang, J. Y. A review of archival auditing research[J].Journal of Accounting and Economics, 2014, 58(2-3).

[23]Ege, M. S., and Stuber, S. B. Are auditors rewarded for low audit quality? The case of auditor lenience in the insurance industry[J].Journal of Accounting and Economics, 2022, 73(1).

[24]Francis, J. R. What do we know about audit quality? [J]. The British Accounting Review, 2004, 36 (4).

[25]Guan, Y., Su, L., Wu, D. and Yang, Z. Do school ties between auditors and client executives influence audit outcomes? [J]. Journal of Accounting and Economics, 2016, 61(2-3).

[26]Haislip, J. Z., Myers, L. A., Scholz, S., and Seidel, T. A. The consequences of audit-related earnings revisions[J]. Contemporary Accounting Research, 2017, 34 (4).

[27]Klein, A. Audit committee, board of director characteristics, and earnings management[J]. Journal of Accounting and Economics, 2002, 33(3).

[28]Koch, C., and Salterio, S. E. The effects of auditor affinity for client and perceived client pressure on auditor proposed adjustments[J]. Accounting Review, 2017, 92 (5).

[29]Lennox, C., Wang, Z.-T. and Wu, X. Earnings management, audit adjustments, and the financing of corporate acquisitions: Evidence from China[J]. Journal of Accounting and Economics, 2018, 65(1).

[30]Malek, E. D., Costas, L. and Mohammad, A. Corporate governance and earnings management in concentrated markets[J]. Journal of Business Research, 2020, 108.

[31]Messier, W. F., Jr. and Schmidt, M. Offsetting misstatements: The effect of misstatement distribution, quantitative materiality, and client pressure on auditors' judgments[J]. Accounting Review, 2018, 93 (4).

[32]Moser, H. Dressing for the occasion? Audit quality in the presence of competition for new clients[J].

Accounting Review, 2021, 96 (6).

[33] Ng, T., and H. Tan. Effects of qualitative factor salience, expressed client concern and qualitative materiality thresholds on auditors' audit adjustment decisions [J]. Contemporary Accounting Research, 2007, 24 (4).

[34] Pike, B. J., M. B. Curtis, and L. Chui. How does an initial expectation bias influence auditors' application and performance of analytical procedures? [J]. The Accounting Review, 2013, 88 (4).

[35] Salterio, S. The effects of precedents and client position on auditors' financial accounting policy judgment [J]. Accounting, Organizations and Society, 1996, 21 (5).

Listed Company Pressure and Audit Failure
—Empirical Research Based on Preliminary Earnings Estimate

Zhao Liangyu[1]   Liu Fenfen[2]

(1   School of Economics and Management, Wuhan University, Wuhan, 430072;

2   School of Accounting, Hubei University of Economics, Wuhan, 430205)

Abstract：This paper explores whether listed companies have exerted pressure on auditors by examine the impact of unaudited earnings deviation on audit failure and audit turnover. Based on the data of preliminary earnings estimate of A-share companies from 2005 to 2018, using deviation of preliminary earnings estimate from annual report as client pressure and CSRC penalties for auditor and client restatements as proxy for audit failures, we find that the greater pressure exerted by client firm, the more likely it will lead to audit failure, the greater the possibility of auditors being replaced abnormally in the following year. We also find that auditors' resistance to client pressure can significantly reduce We also found that auditors' resistance to pressure from listed companies can significantly reduce audit failure, but also significantly increase the possibility of auditors being replaced abnormally. These results remain robust after considering self-selection of preliminary earnings estimate, performance disclosure in advance, changes in regulations of preliminary earnings estimate, and variable measurement. Our findings indicate that the pressure of listed firms may be the cause of auditors' inability to perform their duties effectively, and promoting the willingness and ability of auditors to resist the pressure of client firms may be an effective way to improve the quality of financial reports and curb financial fraud.

Key words：Client pressure；Audit quality；Preliminary earnings estimate；Financial restatement

专业主编：潘红波

连接宏观环境与微观企业行为：
营销领域的进展与比较[*]

● 张三保　李坷歆

（武汉大学经济与管理学院　武汉　430072）

【摘　要】管理研究长期以来存在着宏观和微观分野，促进了学术专业化和同行间交流。然而，现实企业汇聚了来自宏观和微观两个方面的影响力，单一视角已难以准确理解其中的机制。近十年来，连接宏观和微观领域的研究受到营销学界的日益重视，积累了一系列高水平实证研究成果。本文聚焦于这一领域，分别从宏观环境和微观企业两个层次，系统梳理 2011—2022 年发表于中英文高水平营销期刊上的宏微观结合实证研究。首先，分析了政治、经济、社会文化、技术、环境、法律等宏观环境对微观企业行为的影响。其次，考察了企业的营销战略、战术、经营行为和财务战略分别对宏观政治、经济、社会文化和环境的影响。最后，基于既有研究结论构建出一个分析宏微观双向影响的整合框架，并结合既有研究不足从四个方面指出了未来研究方向。

【关键词】宏观　微观　企业行为　宏微观互动　中国

中图分类号：F713. 50　　　文献标识码：A

1. 引言

　　长期以来，管理研究存在着泾渭分明的宏观和微观的分野。这种分工促进了学术的专业化和同行之间的交流。然而，现实企业汇聚了来自宏观和微观两个方面的影响力，二者既相互区别又相互联系，共同构成复杂的现实世界。因此，单一的宏观或微观视角，已难以准确理解二者交互作用产生影响的机制（张三保和张志学，2014）。如何将微观和宏观的研究方法与理论相结合，是当代管理学界面临的关键挑战之一。在百年未有之大变局的时代背景下，剧变的宏观环境给组织营销带来巨

---

　　* 基金项目：国家自然科学基金面上项目"中国营商环境、总经理自主权与企业技术创新"（项目批准号：72072137）。

　　通讯作者：张三保，E-mail：zhang@ whu. edu. cn。

大的不确定性。深入推进宏微观结合的研究，把控二者之间的联系，对于市场营销学科的建设乃至市场和社会的健康发展至关重要且迫在眉睫。

Journal of Management 于 2011 年发布专刊，呼吁管理学界通过连接宏观与微观领域，实现既在研究方法与理论创新上开拓新途，又逾越科学与实践之间的鸿沟（Aguinis et al.，2011）。营销领域的既有研究多关注单个分析层次（个人、团体/团队、组织、行业、国家、地理区域等）的现象，但在近十年来日趋重视连接宏观和微观领域的研究，并积累了一系列成果。学者们广泛运用跨层次分析方法揭示丰富的营销行为内核，以助力理解营销行为发生的背景，并阐明了跨层次行为的多重后果。既有研究表明，宏观环境的多方面因素会对微观企业的各层级因素产生影响，同时微观企业也会对宏观环境产生反作用。

有鉴于此，本研究聚焦市场营销领域，致力于系统回顾 2011—2022 年宏微观结合的中英文高质量实证研究，构建连接宏观与微观的研究框架，并进一步指出未来研究方向。

2. 宏微观主题与国内外比较

2.1 文献来源

本文文献来源于营销相关领域的 9 本中英文顶尖期刊。其中，英文文献来源包括 *Journal of Consumer Research*、*Journal of Marketing*、*Marketing Science* 及 *Journal of Marketing Research* 四本期刊。中文文献则选自国家自然科学基金委员会管理科学部认定的 22 种重要期刊和其他管理类重要期刊中可能发表营销研究成果的五本期刊，包括《管理世界》《南开管理评论》《营销科学学报》《经济管理》和《中国工业经济》。

文献搜集过程如下：首先，从上述期刊 2011 年 1 月至 2022 年 12 月期间所发表的论文中，初步筛选出题目同时包含了政治、经济、社会文化、技术、环境、法律等宏观环境因素和微观企业行为因素的 221 篇相关文献。其中在《管理世界》《南开管理评论》《经济管理》《中国工业经济》等管理学期刊中仅搜集营销板块主题文献；在上述四本英文杂志及《营销科学学报》等营销学专业期刊中筛选所有主题内容。随后，逐篇分析论文摘要和全文，进一步确认涉及宏微观交叉研究领域的文献，最终确定了 126 篇英文文献和 38 篇中文文献。如表 1 所示，其中，*Marketing Science* 和《管理世界》分别发表了数量最多的宏微观结合论文。

表 1　　　**中英文期刊发表营销领域宏微观研究篇数统计（2011—2022 年）**

英文期刊	英文篇数	中文期刊	中文篇数
Marketing Science	49	《管理世界》	15
Journal of Marketing	34	《营销科学学报》	9
Journal of Marketing Research	29	《经济管理》	7

英文期刊	英文篇数	中文期刊	中文篇数
Journal of Consumer Research	14	《中国工业经济》	4
—	—	《南开管理评论》	3
英文总篇数	126	中文总篇数	38

中英文期刊各年度发表的宏微观结合论文数量如图 1 所示,四本英文期刊普遍领先于五本中文期刊(除 2020 年持平之外)。整体而言,统计区间仅有首尾三年超过了 20 篇相关论文,并在 2022 年达到最高值(34 篇)。

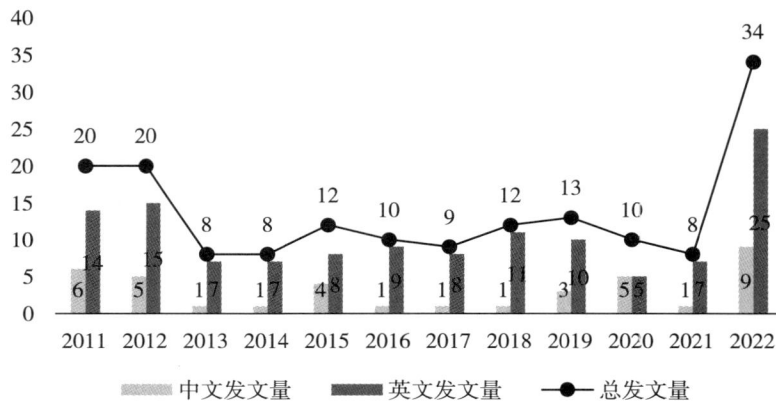

图 1　中英文期刊逐年发文量对比(2011—2022 年)

2.2　宏微观研究情况

2.2.1　宏观因素

如图 2 所示,对既有中英文研究主题的统计表明,影响企业营销行为的六类宏观因素中,讨论频次由高至低依次为社会文化因素(47 次)、技术因素(39 次)、环境因素(36 次)、经济因素(21 次)、政治因素(15 次)、法律因素(9 次)。中英文研究主题对比可以看出,社会文化因素受关注最多,而法律因素受关注最少。中文研究更偏重环境因素(12 次),而英文研究更关注技术因素(33 次)和环境因素(24 次)。

2.2.2　微观因素

由于 *Journal of Consumer Research*、《营销科学学报》等营销专业期刊中非营销主题内容纳入筛选范围,营销视角宏微观研究中的微观因素不仅包括营销战略(strategy)及战术(tactic),还涉及公司治理、财务战略、人力资源战略等主题。

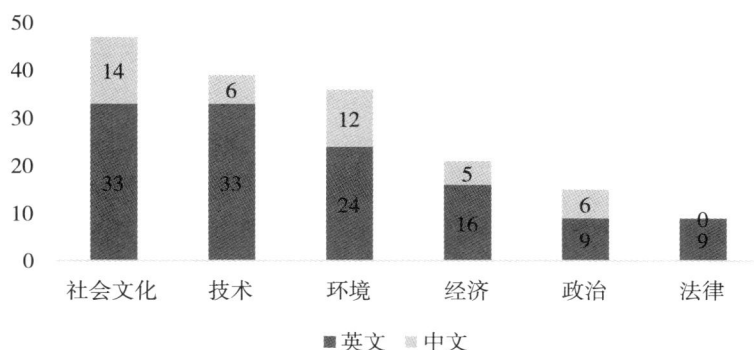

图 2　宏观环境因素的中英文研究主题分布（2011—2022 年）

微观企业因素的中英文研究主题分布如图 3 所示。其中，讨论频次前三位的主题依次为营销战略（99 次）、企业经营结果（33 次）、研究与开发战略（18 次）。三大主题反映出近十年来营销视角已经出现管理大类范围内相当广泛的交叉研究。其中，营销战略主题中比较突出的是品牌战略、商品定价、线上销售等；企业经营结果主要包括企业绩效、利润等；研究与开发战略即创新。对比中英文研究主题可以看出，国内研究在竞争战略等因素上较为突出，但在与开发等宏观技术因素对应的企业行为研究上较为欠缺。

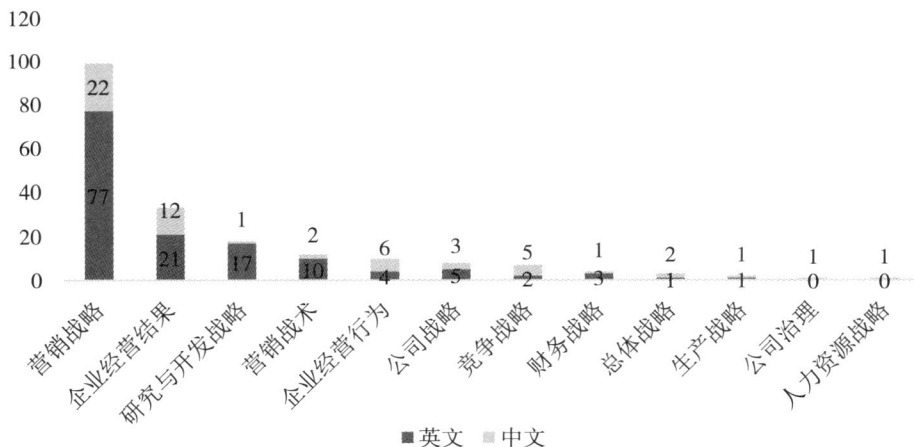

图 3　微观企业因素的中英文研究主题分布（2011—2022 年）

3. 宏观环境对微观企业行为的影响

3.1　政治因素的影响

政治因素可以直接影响市场，进而影响企业在市场上业务的开展。对于企业而言，政治因素是一种可能增加风险的外部环境因素，如果不能有效应对，可能导致业务的重大损失。

3.1.1 制度环境与变革

（1）制度环境。制度环境复杂性将增强外部环境的不确定性，导致企业自由裁量权减少，进而导致程序上的延迟、额外的文书工作以及对环境刺激的反应时间增加（Saboo et al.，2013）。如果制度环境混乱，企业更倾向于采取微观政治策略（如构建政治联盟），来推动新产品成功获批（Sethi et al.，2012）。

（2）制度变革。在美国，政府增强对用户隐私的感知控制，导致企业的个性化广告点击量上升（Tucker，2014）。在印度，废钞改革使消费者将现金作为投机的非法票据，进而导致政策效果的降低和零售商废钞的堆积（Yewon et al.，2022）。在中国，国家品牌战略导致企业相关制度性行为增加，进而对品牌资产产生正向影响（孙立和何佳讯，2019）。

3.1.2 政策

（1）税收政策。作为消费税的一种，卷烟税的提高会导致市场份额向强势品牌转移（Wang, et al.，2021）。即税收提高的政策变动对市场领导者的负面影响，比市场中的其他企业更小。

（2）货币政策。2011 年前后，稳健的货币政策导致流动性不断收紧，由此带来的压力使得中国企业的资金和土地紧张状况更加严重。为应对外部环境变化，企业不得不做出业务调整（中国企业家调查系统，2011）。

（3）产业政策。为了应对日益增长的环境问题，各国政府通过推广绿色产业政策，扶持对环境危害较小的产品。然而，此类激励措施的启动效果并不显著。相反，措施的终止会呈现明显的消极效果（He, et al.，2021）。即政府的绿色产业激励政策可能会适得其反，因为企业将有针对性地调整其生产计划和库存水平，以投机获得政府的激励。

（4）区域发展政策。中国第一批经济示范区的样本表明，政府生态指导性对生态区域品牌资产状况和市场联想具有预测性（赵卫宏等，2015）。又如，"一带一路"政策通过产品定制化战略，对中国企业跨国渠道经营产生正向影响（王永贵和洪傲然，2020）。

（5）其他政策。中国 2013 年"转发 500 条可判刑"这一互联网信息环境整治举措出台后，公司股吧交流越活跃的公司，其正向盈余管理行为越少，且这种影响主要表现在股吧发帖更关注财会信息以及潜在盈余管理动机更强的公司（孙鲲鹏等，2020）。

3.1.3 政府行为

政府执法行为效率低下的情况下，企业利用商业关系比政治关系对绩效有更强的正向影响（Sheng，2011）。政府支持行为的增加，可能会导致农产品收购中契约明确性对农户投机行为的抑制作用削弱、对收购商投机行为的抑制作用增强（杜楠等，2015）。

3.1.4 政治关系

在外部，由于政治不确定性可能抑制企业绩效，企业应谨慎利用商业和政治关系以适应不断变化的制度和市场环境（Sheng，2011）。在内部，企业收益依赖于政治关系的程度，会对企业价值产生正的非线性影响，但同时也会增加企业风险（Josephson，2019）。在周边，企业利益相关者可能会希望企业通过公开表示社会政治问题立场来展示其价值观，这种企业社会政治激进主义具有加强和切断利益相关者关系的潜力（Bhagwat，2020）。

3.1.5　政治因素小结

影响企业行为的政治因素从宏观到中观依次可划分为制度环境与变革、政策、政府行为和政治关系。其中，制度环境与变革属于全局层面上的政治因素影响，如制度环境的复杂性和混乱、制度变革中印度废钞改革和中国的国家品牌战略等。政策是具体的政府条例颁布，如卷烟税、绿色产业政策等。政府行为是政府的执法行为、支持行为等对企业商业联系、投机行为等产生影响的中观要素。政治关系是与商业关系等并列的企业外部关系之一，是更小层面上能对企业价值和风险产生影响的因素。宏观政治因素对微观企业的影响研究见表2。

表2　　　　　　　　　政治因素影响微观企业的研究结论汇总（2011—2022 年）

因素细分	详　细　结　论
制度环境与变革	（1）制度环境 ·制度环境复杂性→企业自由裁量权（-）、程序延迟（+）、文书工作（+）、对环境刺激的反应时间（+） ·制度环境混乱→企业采取微观政治策略使新产品成功获得批准（+） （2）制度变革 ·政府对用户隐私的感知控制→企业个性化广告点击量（+） ·废钞改革→现金形成投机非法票据（+）→政策结果（-）、零售商处废钞（+） ·国家品牌战略→企业相关制度性行为（+）→品牌资产（+）
政策	（1）税收政策 ·卷烟税→强势品牌市场份额（+） （2）货币政策 ·流动性→企业资金和土地紧张（+） （3）产业政策 ·绿色政策终止→企业生产计划及库存水平（-） （4）区域发展政策 ·生态指导性→生态区域品牌资产状况和市场联想（+） （5）其他政策 ·互联网整治举措出台后，公司股吧交流→正向盈余管理行为（-）
政府行为	·政府执法行为效率→企业商业联系（-） ·政府支持行为→契约明确性对农户投机行为的抑制作用（-）、对收购商投机行为的抑制作用（+）
政治关系	·企业利用政治关系→政治不确定性应对（+） ·企业收益依赖于政治关系的程度→企业价值（+）、企业风险（+） ·企业社会政治激进主义→利益相关者关系（+/-）

(1)因素测量与数据来源。宏观政治因素中制度环境、政府行为、政治关系等难以客观衡量的维度,既有研究主要通过向学术评级者、高级管理人员、项目经理等发放问卷或者进行深度访谈以获得一致、信效度良好的结果。制度变革、政策等能够对应到政府颁布的具体条例(废钞改革、卷烟税等),均可明确划分颁布前后的时间区间,主要通过自然实验法分析企业的微观跨期行为和结果。

(2)影响模式与路径。政治因素对微观企业行为的影响模式也分为如上两类,制度环境、政府行为、政治关系等主要作为调节因素,制度变革、政策等作为自变量直接影响微观企业行为。

(3)因素间交互情况。除政治因素的单独影响外,亦有部分研究针对多种宏观因素的混合影响。譬如,杜楠等(2015)研究非对称依赖渠道关系中的契约治理和投机行为,调查了市场不确定性(宏观环境因素中市场环境)与政府支持(宏观政治因素中政府行为)的影响。

3.2 经济因素的影响

宏观经济因素通过市场波动影响企业,经济增长率、利率、失业率、通货膨胀率等都是能够对企业经营产生重要影响的宏观经济变量。

3.2.1 经济周期

增加广告份额对利润和市场份额的正面影响,在经济收缩时比在扩张时更大。同样,研发投资对于市场份额和利润增长的积极效应,在收缩时期比在扩张时期更大(Steenkamp & Fang, 2011)。但也有研究认为,经济收缩期间,研发和广告支出的变化对利润和股票回报的影响,取决于企业的市场份额、财务杠杆和产品市场状况(Raji, 2011)。

品牌的长期价格弹性,会随商业周期而变化。具体而言,长期价格弹性在经济扩张期间下降,而在经济衰退期间上升(Heerde et al., 2013)。在美国,自有品牌市场份额会呈现反周期的情况,并且在收缩期间能够获得部分永久性的增长(Lamey et al., 2012)。

3.2.2 经济环境变动

(1)外部经济冲击。供给侧,外部冲击对品牌资产的影响被价格定位、广告支出、产品线长度、分销广度、品牌架构和市场地位六个战略品牌因素所调节(Rajavi et al., 2022)。需求侧,外部经济冲击会导致家庭购物篮分配和消费行为发生明显的结构性变化,进而会影响零售商和制造商的公司业绩(Scholdra et al., 2022)。具体地区如圣地亚哥,外部经济冲击导致汽车行业的市场需求两年内减少了30%,进而对经销商网络产生冲击(Albuquerque & Bronnenberg, 2012)。

(2)货币危机。货币危机中,消费者行为具有不同层次的消费平滑特征。这些行为调整导致了消费支出的重大重新配置,进而从需求侧对企业生产经营产生重要影响(Dutt & Padmanabhan, 2011)。

(3)股市泡沫。泡沫时期,企业通常会筹集新的股权资本,筹集数量与泡沫的规模成正比(Sorescu, 2018)。尽管存在泡沫,这些举措仍能够为其公司和经济增加价值。

3.2.3 经济政策

(1)经济转型升级。经济转型升级会导致企业所处宏观环境变化剧烈,企业经营管理的根本逻辑也相应发生根本性变化（Dijksterhuis，1999）。技术环境变动大的情境下，企业宜选择技术主导型的品牌成长方式；市场环境变动大的情境下，企业宜选择市场主导型的品牌成长方式（许晖等，2017）。另外，企业与政府应联合应对经济转型升级。比如，企业积极参与政府组织的制度性行为，可显著正向影响品牌真实性、品牌溢价和品牌忠诚（孙立和何佳讯，2019）。

（2）经济自由化。虽然经济自由化会导致拥有先进技术和管理方法的外国竞争者对现有公司构成严重威胁，但它们也为现有公司提供了获得新的营销知识的机会。例如，印度的自由化改革导致许多公司加强产品促销以应对外来竞争者，其中对国内市场有更多了解的公司获得了更为积极的效果（Ramani & Srinivasan，2019）。

3.2.4 新经济形态

（1）共享经济。共享经济挑战了营销的三个关键基础：机构、过程和价值创造（Giana et al.，2019），具体而言，数据成为驱动市场组织和运行的关键生产要素，造成了独特的消费者和企业问题（Chen et al.，2019）。共享经济平台的进入，潜在地改变了传统酒店业和需求波动较大的传统行业的竞争格局。例如，Airbnb 的灵活供应，恢复了因酒店季节性定价而失去的基础需求，甚至在美国一些城市刺激了更多需求（Li & Srinivasan，2019）。Airbnb 的进入，也会对现有租赁公司产生经济上的负面影响，并至少在未来十年时间里对所在地酒店业产生持续影响（Georgios et al.，2017）。共享经济中的其他需求变动，也可能会对共享酒店产生影响。比如，一部分拼车服务供应商退出美国某州市场后，共享酒店的需求在地理上更加集中（Zhang et al.，2022）。

（2）零工经济。共享经济下，雇用零工成为企业新的选择。企业在共享经济中采用半柔性的雇佣策略，会对其正式员工的雇佣、产品线设计、消费者剩余和社会福利产生影响（张文珠等，2019）。

3.2.5 经济因素小结

影响微观企业行为的经济因素，按照其产生的影响规模由大到小依次为经济周期、经济环境变动和经济政策。其中，经济周期扩张和收缩对整个国家、区域乃至世界市场产生影响；经济环境变动如外部冲击、货币危机、股市泡沫等多为国家量级的影响因素；经济政策是国内经济转型升级、经济自由化等全局要素变动。新经济形态则是作为可能在行业层面产生重大影响的变量纳入研究。宏观经济因素对微观企业的影响研究见表 3。

表 3　　　　　经济因素影响微观企业的研究结论汇总（2011—2022 年）

因素细分	详细结论
经济周期	·广告份额、研发投资→利润(+)、市场份额(+)在经济收缩时比经济扩张时更大 ·经济收缩时，研发、广告支出→利润和股票回报（取决于企业的市场份额、财务杠杆和产品市场状况） ·经济周期→品牌的长期价格弹性(−) ·经济周期→自有品牌市场份额(−)

续表

因素细分	详 细 结 论
经济环境变动	(1)外部经济冲击 ·外部经济冲击→品牌资产(战略品牌因素调节) ·外部经济冲击→家庭购物篮分配和消费行为(结构性变化)→零售商和制造商的公司业绩 ·外部经济冲击→地区的汽车行业市场需求(−)→经销商网络冲击(+) (2)货币危机 ·货币危机→消费者支出的重新配置→企业生产经营 (3)股市泡沫 ·泡沫规模→企业股权资本筹集(+)→公司价值(+)、经济价值(+)
经济政策	(1)经济转型升级 ·技术环境变动→企业选择技术主导型的品牌成长方式；市场环境变动→企业选择市场主导型的品牌成长方式 ·企业制度性行为→品牌真实性、品牌溢价和品牌忠诚(−) (2)经济自由化 ·经济自由化→公司应对外来竞争者的产品促销(+)→对国内市场更了解的公司效果(+)
新经济形态	(1)共享经济 ·共享经济→数据重要性(+) ·Airbnb 进入→需求(+) ·拼车服务→共享酒店集中(−) (2)零工经济 ·半柔性雇佣策略→正式员工的雇佣、产品线设计、消费者剩余、社会福利

(1)因素测量与数据来源。宏观经济因素中，经济周期、经济环境变动(外部经济冲击、货币危机、股市泡沫)的衡量，主要根据宏观经济数据的变动进行判断。经济政策包括经济转型升级和经济自由化，都有能够落实的具体经济政策，可供进行自然实验的两阶段分析。新经济形态中，共享经济主要是 Airbnb、拼车服务等进入市场的直接举措，零工经济主要作为共享经济的协同背景纳入研究。

(2)影响模式与路径。在对微观企业行为的影响上，宏观经济因素中的具体政策主要作为自变量，经济环境变动则是调节变量。也有消费端作为中介变量进而影响微观企业的研究。例如，外部经济冲击通过影响地区的市场需求进而影响经销商，货币危机通过影响消费者的支出配置进而影响企业的生产经营等，都是通过消费端作为中介传导到生产端。

(3)因素间交互情况。宏观经济因素与其他因素的交互，主要体现在经济政策的颁布往往由政治因素决定。

3.3　社会文化因素的影响

3.3.1　国家层面

(1)国家/民族文化。Hofstede 文化维度不同的国家，企业提升口碑和绩效的行为对客户关系影响的有效性不同(Samaha et al.，2014)，使用各种金融和非金融工具激励销售代表的有效性也不同

（Hohenberg & Homburg，2016）。民族文化会直接影响消费者的金融决策，并调节金融服务公司的营销手段的影响（Petersen et al.，2015）。同样，管理者可以在品牌建设活动中吸收当地文化，使品牌定位与目标国家形象相适应以达到更好的营销结果（Klein et al.，2019）。

（2）中国情境。基于本国拥有独特的民族文化和悠久的历史文化，国内营销学者开发出了适用于中国情境的代际品牌资产量表（何佳讯等，2011），探索并验证了中国文化背景中反向代际品牌资产的形成过程及结构关系（何佳讯等，2012），总结出了适用于中国情境下品牌延伸成功的影响因素理论（于春玲等，2012）。

（3）跨国情境。跨国公司营销渠道的构建需要考虑跨文化的背景（Grewal et al.，2018）。不同出口目的地及其市场竞争水平，对资本品质量存在抑制效应（陈爱贞和赵冬颜，2022）。跨国品牌在东道国市场需要考虑东道国和母国的多方面因素以获取品牌合理性（汪涛等，2022）。在中国，一方面国际品牌"引进来"的经营模式受到区位因素、行业因素、文化因素和经验因素的影响（卢晓等，2012）；好莱坞电影国内上映的品牌名称翻译也需要考虑独特的文化背景（Gao et al.，2020）；跨国企业国内广告的"亲华"策略需要同步考虑中国消费者和来源国消费者的情感诉求（冯文婷等，2011）。另一方面，中国品牌"走出去"的品牌传播策略需要基于国家文化原型，同时根据东道国类型等进行权变决策（刘英为等，2020）。原产国效应/来源国效应是指消费者将品牌与国家/地区印象相关联，进而影响购买决定的现象。在国外销售的中国产品由于来源国效应消费者购买意愿不强，这需要从国家层面提升品类影响力和品牌形象进而带动国家形象的改善（刘建丽和刘瑞明，2020；范庆基，2011）。不只中国，许多新兴市场的国内品牌往往与低价低质的形象联系在一起，这使得来自新兴市场的国内品牌采用各种方法来伪装自己是外国品牌（Zhang，2015）。

3.3.2 群体层面

（1）宗教观念。宗教会导致消费者对企业的失败产生更加积极的反应，这是由于世界上许多宗教都推崇宽恕的宗教价值，企业还可以通过道歉和赔偿进一步化解消费者对其失败的反应（Hyodo & Bolton，2021）。但另一方面，当企业的获利行为与宗教神圣价值观对立时，消费者可能会产生愤怒反应（McGraw et al.，2012）。

（2）意识形态。保守主义与自由主义是一组典型的意识形态。保守主义者倾向于在道德判断上支持团体内的忠诚、权威和纯洁；自由主义者倾向于基于他们对道德行为的内在感受而进行道德判断。购买方面，保守主义和自由主义的倾向能够显著影响消费者获取、使用和回收的意图与行为（Kidwell et al.，2013）。保守主义倾向于购买比别人好的产品，从而在社会等级的纵向上与别人区分开来；自由主义则倾向于购买与众不同的产品，从而在社会等级的横向上与别人区分开来（Ordabayeva & Fernandes，2018）。售后方面，保守主义消费者对已消费的产品和服务比自由主义消费者更容易满意（Fernandes et al.，2022），也更少投诉、更少对投诉解决方案提出异议（Kiju et al.，2017a；Kiju et al.，2017b）。这引导企业在营销工作中对不同类别意识形态的顾客采取不同的产品策略。集体主义与个人主义也是一组对营销有影响的意识形态。不对称定价（企业在成本上升时提高价格，但在成本下降时保持价格）在集体主义（相对于个人主义）国家中不那么普遍。这是由于集体主义文化中相互依赖的消费者比个人主义文化中的独立消费者更容易认为不对称定价是不公平的（Chen et al.，2018）。

（3）平等观念。程度更高的平等观念能够增加地位提升消费所带来的地位收益（Ordabayeva & Chandon，2011），因此营销人员在定价时应该考虑客户群体的平等程度。种族平等方面，"黑人的命也是命"（Black Lives Matter，BLM）是美国黑人人权运动口号，品牌对其的支持对消费者响应（如关注和喜欢）产生了负面影响（Yang et al.，2022）。性别平等方面，女性在高层管理团队中影响力的相对增加与公司的客户导向和长期财务业绩呈正相关（Srivastava，2022）。电影业也正在与权力结构中性别和种族相关方面的不平等作斗争。好莱坞电影项目中，导演选择、预算分配方面偏向男性、中大型董事，且对于由女性和少数族裔主演的电影来说，这些偏见更强（Karniouchina et al.，2022）。绿色消费领域，与中下层和上层相比，中产阶级有更大的绿色消费倾向（Yan et al.，2021），这启示企业在面对不同阶层消费者时展现不同程度的绿色理念。

（4）文化独特感。文化独特感是一种消费者识别到自身的文化与其他文化有所不同的感受，体验到文化独特性的消费者可能更喜欢与有关文化群体相关的品牌（Torelli et al.，2017），排斥文化有差异旅居地的品牌（金彩等，2022）。本地主义是文化独特性的进一步发展，指积极地向他人灌输与本地意识形态一致的思想。本地饮食主义是消费者更倾向那些来自本地的而不是外来的原料和烹饪风格（Reich et al.，2018）。

（5）社会学习。营销中关于社会学习的研究可以从因果同伴影响、产品特征如何影响传染、持续使用在传染过程中的作用、网络中个体特征的混合属性如何影响扩散、不同的传染管理策略如何相互补充等方面切入（Aral，2011）。陌生环境中消费者会本能地通过周围的社交网络了解新产品（Miller & Mobarak，2015），社交共享的过程会对企业针对共享群体的定价策略产生影响（Galbreth et al.，2012），邻里之间相互信任和相互沟通促进社会学习过程间接地推动了销售（Lee & Bell，2013），陌生人网络中的观察学习也对销售额产生了积极影响（Zhang et al.，2015）。共同消费产生的共同体验享受，对共同消费的享乐商品的扩散曲线以及广告在销量方面的有效性具有重要影响（Delre et al.，2016）。隐喻是社会学习的外在表现，企业除了可以使用隐喻来理解自身品牌客户与竞争对手品牌的区别之外，还可以用来分析品牌的重度用户与轻度用户之间的差异（Rozin et al.，2012）。

（6）双文化。全球化带来了拉美裔美国人和亚裔美国人等新的人口群体的出现，这些双文化群体表现出更大的认知灵活性，因此企业需要重新规划其品牌策略。譬如，建立悖论品牌是赢得双文化消费者的一个成功策略（Rodas et al.，2021）。

3.3.3　个体层面

（1）姓氏效应。"姓氏效应"是指一个人童年姓氏的首字母在字母表中的位置越靠后，成年后希望获得物品的速度就越快。这是由于不同名字的孩子在队列中处于不同的位置，他们得到物品发放的顺序会影响成年后对物品的需求反应时间（Carlson & Conard，2011）。企业可以使用姓氏创建先验细分方案，以获得物品反应速度为标准将潜在客户划分为两类，对于名字排在字母表后面的人快速响应更有利于快速建立客户基础。

（2）全球—本地身份认知。全球身份认知指消费者的全球认同度更高，相比国家和民族的概念，更认为自己是全球文化的一个组成部分。本地身份认知指消费者更认同本土的文化特征，与地区偏好的概念类似。如果消费者更具有全球身份认知，则他们更有可能参与品牌的环境可持续性倡议

（Salnikova et al.，2022），也会更加倾向于在旅游到访地消费（Nie et al.，2022）。

（3）信息保护观念。假如消费者可以自主选择个人信息保护的程度，则消费者会在需要企业针对性推荐时降低个人信息保护水平并接受符合自身偏好的推荐（汪敏达等，2022），这启示企业应推动分类型的个人信息保护。

3.3.4 社会文化因素小结

社会文化因素由大到小可划分为国家、群体和个体三个层面。国家层面，国家或民族文化独特性会影响营销战略的适应性。比如，中国特有的民族文化和历史文化，会影响品牌资产的形成；当涉及两个及以上国家的社会文化差异时，跨国情境问题就产生了，其会对国家间商品流通和品牌传播等产生影响。群体层面，宗教观念，保守主义和自由主义、集体主义与个人主义等意识形态，性别、种族、社会地位等平等观念，以及文化独特感是四类相对平行的文化特质；社会学习是群体中动态的交互过程，双文化是这种群体中交互过程的典型案例之一。个体层面，姓氏效应、全球身份认知、信息保护观念是相对平行的社会文化概念。宏观社会文化因素对微观企业的影响研究见表4。

表4　　　　　　社会文化因素影响微观企业的研究结论汇总（2011—2022 年）

因素细分	详 细 结 论
国家层面	（1）国家/民族文化 ·Hofstede 文化维度不同的国家，企业提升口碑和绩效的行为→客户关系 ·Hofstede 文化维度不同的国家，各种金融和非金融工具激励销售代表→激励有效性 ·民族文化→消费者金融决策→金融服务公司营销手段影响（调节） ·品牌定位与目标国家形象相适应→营销结果（+） （2）中国情境 ·中国民族文化、历史文化→代际品牌资产形成过程及结构关系、量表 （3）跨国情境 ·出口目的地及其市场竞争水平→资本品质量（-） ·区位因素、行业因素、文化因素和经验因素→国际品牌"引进来"的经营模式 ·文化背景→好莱坞电影国内上映的品牌名称翻译 ·中国消费者和来源国消费者的情感诉求→跨国企业国内广告的"亲华"策略 ·国家文化原型、东道国类型→中国品牌"走出去"的品牌传播策略 ·原产国效应/来源国效应→购买意愿（+）、国内品牌伪装自己是外国品牌（-）
群体层面	（1）宗教观念 ·宗教→消费者对企业失败的积极反应（+） ·企业的获利行为与宗教神圣价值观对立→消费者愤怒（+） （2）意识形态 ·保守主义和自由主义的倾向→消费者获取、使用和回收的意图与行为 ·保守主义倾向→购买比别人好的商品（+）→社会等级纵向区分（+） ·保守主义倾向→购买后满意（+）、投诉（-）

续表

因素细分	详 细 结 论
群体层面	·集体主义文化→不对称定价接受程度（−） （3）平等观念 ·平等观念→地位提升消费所带来的地位收益（+） ·品牌支持美国黑人人权运动→消费者响应（−） ·女性在高层管理团队中影响力→客户导向（+）、长期财务业绩（+） ·性别和种族相关方面的不平等→好莱坞电影导演选择、项目预算分配方面偏向男性、中大型董事 （4）文化独特感 ·文化独特性体验→文化群体相关的品牌倾向（+） ·文化独特性体验→文化有差异旅居地的品牌倾向（−） ·本地饮食主义→消费者的本地原料和烹饪风格倾向（+） （5）社会学习 ·社交共享→企业的定价和利润 ·邻里之间相互信任和相互沟通→社会学习（+）→销售（+） ·陌生人网络中的观察学习→销售额（+） ·共同消费对共同体验享受的社会影响→共同消费的享乐商品的扩散曲线、广告在销量方面的有效性 （6）双文化 ·双文化群体→企业建立悖论品牌
个体层面	（1）姓氏效应 ·姓氏靠后→成年后对物品的需求反应时间（−） （2）全球身份认知 ·全球身份倾向→品牌的环境可持续性倡议参与（+） ·全球身份倾向→旅游到访地消费（+） （3）信息保护观念 ·消费者愿意在需要企业针对性推荐时降低个人信息保护水平并接受符合自身偏好的推荐

（1）因素测量与数据来源。社会文化因素的研究中，国家层面的文化差异主要通过 Hofstede 文化维度进行衡量，宗教、意识形态（保守主义 vs. 自由主义）、全球—本地身份认知等主要通过量表收集信息，姓氏效应等作为客观数据存在。

（2）影响模式与路径。社会文化因素对微观企业行为的影响主要是调节效应。例如，文化维度不同的国家，企业的市场行为和消费者的决策方式都会有所不同、不同意识形态的群体也会在购买与使用商品时有所不同；另外也有文化独特性、全球—本地身份认知等作为直接因果关系的自变量对品牌倾向等产生影响。

3.4 技术因素的影响

技术对营销产生了深远的影响，改变了公司与客户接触和互动的方式。以中国为例，信息技术应用通过提升生产率和降低成本，对企业的跨省销售起正向作用（何小钢和罗奇，2022）。技术使营销变得更加数据驱动，改变了公司与客户及潜在客户沟通的方式，并使客户更容易找到和比较产品。

3.4.1 互联网

（1）互联网渠道。互联网渠道的增加并不总会降低价格和提高消费者福利。关键的战略问题不仅在于是否引入互联网渠道，还在于如何引入。这取决于它是由制造商、现有零售商还是新的独立的电子零售商引入（Yoo & Lee，2011）。

（2）互联网广告。互联网广告可以针对搜索关键字，接近有购买意愿的消费者。将广告与网站内容相匹配和增加广告的突出性，都可以独立地增加购买意图（Goldfarb & Tucker，2011），进而通过印象和点击率，间接转换为销售量（Dinner et al.，2014）。但互联网广告无法避免"偷猎现象"，即一家公司通过直接在竞争对手的关键词上投放广告，来"挖走"竞争对手的消费者（Sayedi et al.，2014）。同时，如果不考虑接触互联网广告的人比接触传统广告的人拥有更高品牌知识水平，传统广告似乎比互联网广告更有效（Draganska et al.，2014）。类似研究认为，互联网广告只是传统广告的补充，二者的整合可能会优化公司在建立品牌和鼓励客户获取方面的表现（de Vries et al.，2017）。"社交电视"是传统电视广告与互联网广告整合的优秀例子，即一边看电视，一边在社交媒体上与节目在线互动，这可以让观众更投入、更忠诚（Fossen & Schweidel，2019）。

（3）在线社区/社交媒体交流。客户加入公司的在线社区，会导致客户支出显著增加。这些增加的支出，主要是通过更频繁地向公司下单而不是增加单次购物的总量来实现的（Manchanda et al.，2015）。任何一个用户生成内容网站的成功，都取决于其内容贡献者。因此，公司应重视为获取和留住内容贡献者的投资（Zhang et al.，2012），在病毒式营销活动和产品传播中培育有影响力的社交网络成员（Chen et al.，2017）。同时，应重视客户生成的内容对平台上所有消费者决策产生的广泛影响（Albuquerque et al.，2012）。这种影响正在改变消费者在线购物的方式（Ghose et al.，2012）。但也有研究表明，网络口碑中的评论分数对销量影响不明显，反而是评论数量对销量影响显著（龚诗阳等，2012）。这说明，网络口碑主要通过让更多消费者知晓产品来间接促进销量，而非直接说服消费者购买。

类似地，以中国微博为对象的研究表明，公司推文和有影响力的转发，可以独立增加观看次数从而使更多消费者知晓产品（Gong et al.，2017）。一方面，企业可以通过社交媒体上的共同关注来识别品牌联盟机会（Malhotra & Bhattacharyya，2022），使用社交媒体进行个性化的客户回应以受益并考虑品牌传播（Hewett et al.，2016）。也有研究将社交媒体上的用户生成内容建构为顾客共创价值体验，证实其会多维度多层次对企业品牌资产产生影响（张洪等，2022）。另一方面，负面的在线评论通常会对企业造成损害（Ordabayeva et al.，2022）。因此，企业必须学会如何通过文本交流，来有效降低负面的、高唤醒的情绪，以实现成功的服务恢复（Herhausen et al.，2022）。

值得注意的是，可能存在虚假评论现象，使分析数据混乱且损害消费者利益（He et al.，2022）。分析工具上，基于网络口碑传播影响的寡头卖家两阶段定价模型（张明玺等，2013）、基于社交媒体的品牌声誉追踪器（Rust et al.，2021）等，都是比较成熟的实验室数据分析模型。

3.4.2 人工智能

（1）大数据。信息技术的应用改变了营销分析的工具，导致对大型数据密集型计算分析的重视

（Rust & Huang，2014），也凸显了营销分析师的重要性（Wedel & Kannan，2016）。以大数据分析为代表的新一代信息技术的快速普及与商业化应用，提升了企业在市场感知、顾客连接、品牌资产管理、营销计划与执行、营销组合运用等方面的营销能力（康俊等，2021）。

（2）文本挖掘。文本挖掘方法与语义网络分析工具相结合，可以使企业洞察用户在互联网上生成的内容（Netzer et al.，2012）。除此之外，还有一些模型可供选择：使用在线客户评论的自动化营销系统（Lee & BradLow，2011；Wedel & Kannan，2016）、自动化文本情感分析模型（Sonnier et al.，2011）、综合管理信息系统（Borah et al.，2020）、深度学习卷积—长短期记忆融合模型（CNN-LSTM）（Chakraborty et al.，2022）。但这样的自动化文本分析只能支持而不是取代管理决策。

（3）人工智能服务。人工智能使企业能够对消费者进行细分以实施高度个性化的广告活动，还能够克服客户数据传输中的隐私和可扩展性问题（Anand & Lee，2022）。然而更多地使用自动化并不一定会带来更高的服务质量（Rust & Huang，2012），比如人工智能医疗服务的个性化程度不够令消费者不满（Longoni et al.，2019）。除此之外有些情境下消费者对人工智能的接受存在权变。产品或服务报价比预期更糟糕的情况下，消费者在与 AI 代理打交道时会增加购买可能性和满意度；而对于比预期更好的报价，消费者对人类代理的反应更积极（Garvey et al.，2022）。

3.4.3　创新

（1）技术创新。广泛的技术创新导致品牌从单一所有权向共享所有权转变。更多的利益相关者能够与传统的品牌所有者和管理者共同创造品牌意义和体验（Swaminathan et al.，2020）。

（2）服务创新。服务创新主要通过互联网或人来实现。互联网赋能的服务创新对公司价值有积极而显著的直接影响，人赋能的服务创新通过提升客户满意度对公司价值有整体显著的积极影响（Dotzel et al.，2013）。

（3）虚拟现实（VR）/增强现实（AR）。虚拟现实是消费者产品信息的来源，但是消费者无法在这些数字环境中物理触摸产品，因此"替代触摸"的概念被提出，即广告中应该使消费者产生类似触摸到产品的感受，这样的替代触摸会正向影响消费者的心理所有权和产品估值（Luangrath et al.，2022）。增强现实技术尤其对新进入线上渠道或品类的客户的正向影响更强（Tan et al.，2022）。

（4）信息嵌入式监管工具。为响应数字时代消费方式和消费场景的改变，信息嵌入式监管工具被提出。它能比命令控制型监管工具对线上绿色消费行为产生更大的积极影响（王建明和赵婧，2022）。

3.4.4　技术因素小结

技术因素中互联网、人工智能、创新是研究跨度内营销学者关注的主体内容。对于互联网，渠道和广告的研究从不同的细分角度切入探讨了对企业营销策略的具体影响，在线社区和在线社交媒体是互联网媒介下的客户集群，其中客户的交互行为、生成的在线评论等信息会对企业销量、品牌资产等产生影响。对于人工智能，大数据作为一种数据的承载量级，其快速普及与商业化应用对企业的外部环境造成冲击，文本挖掘是一种应对非数字数据来源的分析方法，人工智能服务通过个性化应对客户与其的交流互动。对于创新，技术创新和服务创新是在技术环境快速变动的条件下，营销领域出现的增量变动，虚拟现实、增强现实、信息嵌入式监管工具是创新的具体成果。宏观技术因素对微观企业的影响研究见表 5。

表 5 　　　　　　　　**技术因素影响微观企业的研究结论汇总（2011—2022 年）**

因素细分	详 细 结 论
互联网	（1）互联网渠道 ·互联网渠道→价格、消费者福利（取决于如何引入） （2）互联网广告 ·广告与网站内容相匹配、广告的突出性→购买意图（+） ·互联网广告印象、点击率→销售量 ·"社交电视"→观众投入、忠诚（+） （3）在线社区/社交媒体交流 ·客户加入在线社区→客户下单频率（+）→客户支出（+） ·网络口碑中评论数量→知晓商品的消费者数量（+）→销量（+） ·公司推文和有影响力的转发→观看次数（+）→知晓商品的消费者数量（+） ·顾客共创价值体验→对企业品牌资产产生影响 ·虚假评论→消费者利益（-）
人工智能	（1）大数据 ·大数据的快速普及与商业化应用→企业在市场感知、顾客连接、品牌资产管理、营销计划与执行、营销组合运用等方面的营销能力（+） （2）文本挖掘 （3）人工智能服务 ·人工智能→广告活动个性化（+）、客户数据传输中的隐私和可扩展性问题（-） ·人工智能医疗服务个性化程度→消费者不满（+）
创新	（1）技术创新 ·技术创新→品牌从单一所有权向共享所有权转变 （2）服务创新 ·互联网赋能的服务创新→公司价值（+） ·人赋能的服务创新→客户满意度（+）→公司价值（+） （3）虚拟现实（VR）/增强现实（AR） ·虚拟现实→触摸感（+）→消费者的心理所有权和产品估值（+） ·增强现实→新进入线上渠道或品类的客户（+） （4）信息嵌入式监管工具 ·信息嵌入式监管工具→线上绿色消费行为（+）

　　（1）因素测量与数据来源。宏观技术因素中互联网渠道的引入等是明确的事件；客户在线社区的交流、网络口碑等，主要通过爬虫技术获取评论文本和转发量等数据；人工智能的个性化、虚拟现实等是进行了实验变量的操纵；增强现实是通过移动程序平台上客户的功能使用获得数据。

（2）影响模式与路径。技术因素对企业的影响有直接的因果关系，增强现实的使用、在线社区的加入、评论、转发等都直接对微观企业行为产生影响。有调节变量的作用，人工智能的个性化调节了消费者对医疗服务的满意程度。中介变量有在线社区的观看次数、知晓的消费者数量、下单频率等，中介了在线社区交流对微观企业的影响；触摸感中介了营销广告中虚拟现实技术对消费者的心理所有权和产品估值的影响。

3.5 环境因素的影响

营销环境由内部和外部环境因素组合构成。它们会影响企业业务运营和服务客户的能力。这些环境因素的变化会对企业的营销策略产生重大影响。

3.5.1 整体环境

整体环境包括所有间接影响企业经营和工作条件的外部因素。例如，企业可以对客户和创新采取不同重点策略，两者的策略匹配在动态环境中比在稳定环境中对绩效的影响更显著（Fang et al., 2011）。

3.5.2 市场环境

（1）市场类型。增长型市场指成长较快的、正处于蓬勃发展时期的市场环境。在竞争变化和市场快速增长普遍存在的动态增长型市场环境中，企业的客户获取成本比保留成本对市场地位和竞争更为敏感。因此，企业应该分别考虑获取和保留客户的战略（Min et al., 2016）。

新兴市场是快速增长和工业化的发展中国家市场。由于充满不确定性和变化，企业需要注重营销敏捷性（Hughes & Chandy, 2021）。借贷方面，新兴市场的银行更有可能从事非正式贷款（Bao et al., 2018）。配送方面，新兴市场配送战略的实施会受到道路基础设施不发达和零售商店渗透率低的影响，从而不能充分满足客户的需求，但制造商可以通过不对称地改变不同零售渠道的价格和分销决策来获取竞争优势地位（Sharma et al., 2019）。非正式产权方面，新兴市场微型企业家很少能够获得正式的财产权，由于被"征用"的威胁，他们在营销实践中创新的可能性要比那些有正式财产权的商店企业家小得多（Hassan et al., 2022）。

成熟市场与新兴市场交融也会对企业经营产生影响。一种情况是成熟市场企业进入新兴市场。例如，一个只有无组织零售商的竞争市场中，有组织零售的出现会为市场注入效率，导致无组织零售商数量的减少（Jerath et al., 2016）。业务现代化也会对传统零售商销售业绩产生积极影响（Anderson et al., 2022）。跨国企业对于新兴市场套利机会和创新机会保持着高度的警觉性，能够根据所识别的机会创造性地对可利用的资源模块进行"巧"配，以激发不同资源模块的协同效应并提供价值增值（许晖和单宇，2019）。另一种情况是新兴市场企业进入发达市场。在发达市场中成长起来的新兴市场企业会通过向领导者、竞争对手和企业间网络学习，克服缺乏直接经验的问题（Banerjee et al., 2015）。

（2）市场特征。第一，市场的模糊性和不确定性。积极方面，消费者的价格不确定性可能对企业有利。譬如，当意大利高速上的消费者不知道价格信息时，加油站的价格成本利润率比知道价格时高 31%（Rossi & Chintagunta，2018）。消极方面，市场模糊规避可能导致管理者对最终用户的下游导向，进而导致技术商业化失败（Molner et al.，2019）。因此，企业可以通过权变的手段应对市场模糊性。例如，新产品开发时，如果企业认为市场模糊性高，即使企业可能没有任何开发意图，可能也会宣布寻求新产品机会的计划（Ofek & Turut，2013）。又譬如农产品收购时，市场不确定性会强化契约明确性对农户（依赖程度较高的一方）投机行为的抑制作用（杜楠等，2015）。

第二，低端市场/金字塔底层市场/低收入市场。一般认为市场规模的扩大会增加价格竞争并降低利润，但如果是规模小于阈值的低端市场，那么规模的扩大实际上可能会抑制价格竞争并提高利润（Amaldoss & Shin，2011）。由于低收入市场的特殊性，企业需要构建全新的商业模式（邢小强等，2011）、进行技术和商业模式破坏性创新（周江华等，2012）才能撬动金字塔底层的财富。

第三，多市场接触/竞争。企业在多个市场中相遇称为多市场接触，拥有更丰富竞争经验的企业更有可能产生多市场接触，多市场接触对企业之间的非伦理营销行为有正向影响（曾伏娥等，2014），市场集中度调节二者间的关系（曾伏娥和袁靖波，2016），但同时多市场接触与企业绩效之间负相关（邓新明和郭雅楠，2020）。进入多市场时，企业更倾向联盟进入（Cai & Raju，2016）。

（3）市场竞争。其一，员工福利方面，市场竞争的影响存在显著的行业差异，在低附加值行业中，市场竞争对员工培训有显著的负影响，对员工社会保障有显著的正影响；在高附加值行业中，市场竞争对员工培训和员工工作环境有显著的正影响，对员工社会保障有显著的负影响（周浩和汤丽荣等，2015）。服务质量方面，市场竞争对企业服务可靠性水平决策的影响是不对称的，因企业及其竞争对手的类型、市场集中度的不同而不同（Zhou et al.，2021）。提前销售方面，市场竞争会导致企业进行提前销售，但这样的提前销售并不能增加利润（Cachon & Feldman，2017）。价格歧视方面，国家定价和竞争性价格歧视会对零售门店的盈利能力产生影响（Li et al.，2018），市场竞争还可能导致企业采取地域价格歧视（Chen et al.，2017）。

其二，竞争者进入。电影业中，竞争对手进入会导致影院更频繁地放映预期成功的电影，并更快地采用新电影（Orhun et al.，2016）。竞争者进入会导致企业改变现有的竞争策略，比如美国国家品牌制造商在应对商店品牌进入时可能会采取容纳、置换或缓冲三种策略（Nasser et al.，2013）。拥有新核心技术的竞争者进入市场后，会对现有市场中企业产生冲击，但是如果二者能够通过合同确认技术的特许使用权，则能够缓解竞争和冲击（Jiang & Shi，2018）。

其三，价格战会影响品牌的市场定位，并使单个品牌的业绩结果难以预测。只有竞争对手的价格恢复、焦点品牌的零售价降低后，品牌才能实现可观的销售、收入和份额收益（Sotgiu & Gielens，2015）。

其四，竞争程度。市场中企业必须遵循一系列由法律、法规和社会实践或压力决定的规则进行竞争，但更激烈的竞争会导致遵循市场规则的投资减少（Branco & Villas-Boas，2015）。在行业竞争程度较大的环境下，由于其他竞争者的制约，掠夺效应对现金流风险的影响较小，但在行业竞争程度较小的行业中，掠夺效应对企业现金流风险影响的深度和广度更大（陈志斌和王诗雨，2015）。

（4）市场细分/市场分割。当弱细分市场（更偏好竞争产品的消费者组成）的吸引力较低或吸引力很高但广告费昂贵时，企业应在其强势细分市场（对其产品有高度偏好的消费者组成）投放更密集的广告（Esteves & Resende，2016）。市场分割对企业的价格影响是双面的，一方面，市场分割通过影响生产要素的配置等方式降低企业生产率，进而降低企业价格加成；另一方面，市场分割背景下，地方政府对企业的保护行为降低了企业面临的市场竞争程度，从而提升了企业价格加成水平（李晓萍和陈侃，2018）。

（5）市场份额。市场份额可以在规模经济、增加销售额、增加客户群、提高议价能力等方面对企业营销战术产生影响，进而通过市场力量和质量信号影响公司利润（Bhattacharya et al.，2022）。广告方面，市场份额高的企业拥有较高的消费者品牌忠诚，进而只需要较低的广告脉冲即可启动（Freimer & Horsky，2008；Freimer & Horsky，2012）。客户留存方面，市场份额领先的公司在留住客户方面并不显著具有成本优势，但它们在获得客户方面具有巨大的成本优势，而且这种优势往往随着市场渗透而增加（Min et al.，2016）。财务绩效方面，市场份额会对财务绩效及其弹性产生正向但数值大大低于其他中间营销指标的影响（Edeling & Himme，2018）。

（6）地理/客户集中度。企业的地理集中度分为密度集聚（区域内行业内的企业数量）、产品集聚（区域内企业提供的产品类型重叠）和时间集聚（消费时刻的重叠），不同的集聚方式对接收的电子商务信息量有不同影响（Liu et al.，2018）。客户集中度会对企业创新绩效产生负面影响，这是因为高集中度使得客户难以与企业形成合作关系（顾雷雷和王鸿宇，2022）。

3.5.3 媒体环境

媒体可以对企业营销产生积极影响。美国媒体对气候变化或全球变暖的报道对混合动力汽车的销售产生了总体积极的影响（Chen et al.，2019）。但媒体也会对企业营销产生消极影响。媒体在"霸王事件"信息传导过程中通过有偏的放大机制产生了不良轰动效应，给霸王集团带来了短期内无法恢复的损失（熊艳等，2021）。

3.5.4 自然环境

营销实践中有时会在新产品推广的时候应用与大自然有关的元素激发消费者对自然的敬畏，但不同类型的自然敬畏感（"优美大自然"和"威胁大自然"）会对消费者的新产品采纳产生不同的影响。具体而言，与中性条件相比，优美大自然的敬畏感会增加消费者对中度不一致新产品（vs. 一致新产品）的选择，威胁大自然的敬畏感会降低消费者对中度不一致新产品的选择（柳武妹，2022）。

3.5.5 环境因素小结

研究跨度内宏观环境因素从整体环境起，按照不同类别划分为市场环境、媒体环境、自然环境，其中市场环境是对微观企业行为产生影响最深刻和广泛的环境因素。市场环境因素中，市场类型有增长型市场、新兴市场，市场特征有模糊性和不确定性、低端/底层/低收入市场，多市场接触作为不同特征市场的交互影响，市场竞争包括竞争者进入、价格战、竞争程度等多方面的影响因素。市场细分/分割、市场份额、客户/地理集中度是其他市场环境因素，都是从不同维度切分宏观市场环境对微观企业行为产生影响的要素。宏观环境因素对微观企业的影响研究见表6。

表6　　　　　　　　　环境因素影响微观企业的研究结论汇总(2011—2022年)

因素细分	详 细 结 论
整体环境	·动态环境中，企业的客户和创新策略匹配→绩效(比稳定环境中更大)
市场环境	(1)市场类型 ·增长型市场→企业获取和保留客户的战略应该分别考虑 ·新兴市场→企业需要注重营销敏捷性 ·有组织零售进入新兴市场→无组织零售商数量(−) ·微型企业家非正式产权→营销实践创新(−) ·新兴市场企业进入发达市场→向领导者、竞争对手和企业间网络学习(+)→市场经验(+) (2)市场特征 ·市场模糊规避→管理者对最终用户的下游导向→技术商业化失败 ·市场不确定性→契约明确性对农户(依赖程度较高的一方)投机行为的抑制作用(+) ·低收入市场→企业需要构建全新的商业模式 ·低收入市场→企业进行技术和商业模式破坏性创新 ·多市场接触→企业之间的非伦理营销行为(+) ·多市场接触→企业绩效(−) (3)市场竞争 ·市场竞争→员工培训、社会保障和工作环境(−) ·市场竞争→企业服务可靠性水平决策(取决于企业及其竞争对手的类型以及市场集中度) ·市场竞争→企业提前销售(+) ·美国国家品牌制造商在应对商店品牌进入时可能会采取容纳、置换或缓冲三种策略 ·竞争程度→遵循市场规则的投资(−) (4)市场细分/市场分割 ·市场分割→生产要素配置→企业生产率(−)→企业价格加成(−) ·市场分割背景下，地方政府对企业的保护行为→企业面临的市场竞争程度(−)→企业价格加成水平(+) (5)市场份额 ·市场份额→市场力量和质量信号→公司利润 ·市场份额→消费者品牌忠诚(+)→广告方面只需要较低的广告脉冲即可启动 ·市场渗透→获得客户的成本优势(+) (6)地理/客户集中度 ·不同的集聚方式对接收的电子商务信息量有不同影响 ·客户集中度→企业创新绩效(−)
媒体环境	·对气候变化或全球变暖的报道→混合动力汽车的销售(+) ·媒体报道中有偏的放大机制→不良轰动效应(+)→企业损失(+)
自然环境	·自然敬畏感→消费者新产品采纳

　　(1)因素测量与数据来源。研究跨度内环境因素的数据来源如下，增长型市场、新兴市场、低收

入市场等市场特征、市场份额是客观存在的,市场不确定性等采用量表对市场上的行为主体进行调查,客户集中度采取所在行业的赫芬达尔指数进行衡量。媒体环境在收集了大量新闻文章后,使用文本分析的方法进行编码得出最后的报道相关数据。自然环境中通过实验操纵被试的感知得出不同类型自然敬畏感的分组。

(2)影响模式与路径。宏观环境因素对微观企业行为的影响有因果关系,譬如市场份额、客户集中度等直接对企业绩效和利润产生影响;调节变量如市场不确定性会强化契约明确性对农户投机行为的抑制作用;中介变量比如市场份额对公司利润的影响需要市场力量和质量信号来中介、对广告的影响需要消费者品牌忠诚来中介、媒体报道的有偏给企业带来损失需要不良轰动效应中介。增长型市场、新兴市场、低收入市场等作为外生条件纳入研究。

(3)因素间交互情况。宏观环境因素是非常广泛、具有极强包容性的分类,任何一个环境因素都不能与其他五个宏观因素割裂来看,但主要还是市场环境中包含较多经济因素的考量。

3.6 法律因素的影响

法律法规和法律环境能够对一国的营销实践、系统和机构产生特定的影响,对营销的法律约束是为了保护消费者与企业,构建良好营商环境。

3.6.1 法律法规

(1)无过错服务失败下的客户权利法案。美国、欧盟、加拿大等都出台了服务失败情况下的客户权利法案来保证意外的恶劣天气、停电、罢工等外生因素影响下的客户权利。但企业为了避免更多的成本付出,会通过设计灵活的服务恢复策略来应对政府干预,同时企业根据顾客决定进行定向补偿,从而提高利润和减少投诉(Chen et al.,2012)。

(2)营养标识法案。在美国,《营养标识法案》的出台意味着食品包装上需要更明确标注营养成分,但这可能反而使企业不愿意在营养方面竞争,因为担心任何改进可能会被竞争者轻易模仿(Moorman et al.,2012);另一种解释是《营养标识和教育法案》的出台增加了营养含量信息的标注,但它也遏制了将饮食与疾病联系起来的营销行为(Pappalardo,2012)。在荷兰和比利时,市场证据表明早餐谷物中的营养标识使产品价格相对上升(Pachali et al.,2022)。在智利,也有类似的营养警告标签规定和广告限制,该法规使消费者转向没有警告标签的产品,进而引发企业供给的变化(Ale-Chilet & Moshary,2022)。

(3)工商初创企业推动法(JOBS 法)。2012 年美国颁布《工商初创企业推动法》(Jumpstart Our Business Startups Act,JOBS 法)解除了对冲基金营销的限制。在这之前企业通过伞式品牌(一种多个产品共享一个共同品牌的营销战术)规避对产品的营销规定。《工商初创企业推动法》通过后对冲基金营销环境对伞形品牌共同基金广告的影响显著减小(Lu et al.,2020)。

3.6.2 法律环境

(1)数字版权管理。随着传统零售商、下载零售商和盗版音乐之间的竞争变动,废除数字版权管理限制的观念逐渐盛行，四大唱片公司正在考虑销售无数字版权管理的音乐（Vernik et al.，2011）。

（2）强制信息披露。信息披露不一定会促进企业竞争。例如，标签上的信息披露并没有刺激企业在营养方面的竞争。同时一旦要求信息披露，公司可以在消费者不知情的情况下在披露前开始降低质量（Moorman et al.，2012）。另外强制信息披露会破坏供应链合作伙伴之间的良性关系（Mittendorf，2022）。

（3）商标权裁决。美国最高法院关于商标权的裁决越积极，会导致商标申请和其他类别的注册申请越多（Krasnikov & Jayachandran，2022）。

3.6.3　法律因素小结

影响微观企业行为的国内外宏观法律环境包括单个法案与整体法律环境两个方面。单个法案方面，无过错服务失败下的客户权利法案、营养标识法案和工商初创企业推动法受到重点关注，分别主要影响了服务恢复策略、营养竞争意愿、对冲基金广告限制。整体法律环境诸如数字版权管理、强制信息披露和商标权的裁决——虽然其变动并没有实际的法条支撑，但对微观企业竞争、法律相关问题都存在影响。此外，营养标识法案作为强制信息披露的一个代表，在以上两方面同时受到关注。宏观法律因素对微观企业的影响研究见表7。

表7　　　　　　　　　**法律因素影响微观企业的研究结论汇总（2011—2022 年）**

因素细分	详 细 结 论
法律法规	（1）无过错服务失败下的客户权利法案 ·企业设计灵活的服务恢复策略来应对政府干预、根据顾客决定进行定向补偿→利润（+）、投诉（−） （2）营养标识法案 ·营养标识法案→企业营养方面竞争意愿（−） ·营养标识法案→将饮食与疾病联系起来的营销行为（−） ·营养标识法案→有营养标识谷物价格（+） ·营养标识法案→消费者转向没有警告标签的产品→企业供给变化 （3）工商初创企业推动法 ·《工商初创企业推动法》通过后，对冲基金的营销环境→伞形品牌共同基金广告的影响（−）
法律环境	（1）数字版权管理 ·废除数字版权管理限制的观念→唱片公司正在考虑销售无数字版权管理的音乐 （2）强制信息披露 ·要求信息披露→公司在消费者不知情的情况下在披露前开始降低质量 ·强制信息披露→供应链合作伙伴之间的良性关系（−） （3）商标权 ·关于商标权的裁决积极程度→商标申请和其他类别的注册申请（+）

（1）因素测量与数据来源。单个法案对微观企业行为的影响方面，既有研究主要运用自然实

法,比较法案颁布前后企业在营销方面的行动与结果。法律环境方面,则主要通过特定的司法行为衡量法律环境的变动。例如,通过衡量美国最高法院对商标权的裁决积极程度,衡量商标权法律执行的松紧程度。

(2)影响模式与路径。宏观法律因素对微观企业行为的影响,由于能够落实在具体的法案或司法行为上,基本是直接的因果关系。例如,营养标识法案的颁布,直接导致企业在营养方面的竞争意愿下降。

3.7 宏观影响微观的异同点、模式、路径

以上讨论了六种宏观环境因素(政治、经济、社会文化、技术、环境、法律)对微观企业行为的影响。这些影响方式在实证研究的常规范式中,包括主效应、调节效应、中介效应和外生条件的影响。其中,中介效应最常见的是宏观因素影响消费端,然后作为中介因素影响生产端路径。

对于不同的宏观环境因素,它们对微观企业的影响方式是多样的。

经济因素、技术因素和环境因素包含上述各种模式的影响。(1)经济因素对企业行为的影响,一方面可以通过直接因果关系的方式实现,比如具体政策产生的影响;另一方面还可以通过调节效应、中介效应、外生条件的影响路径,比如经济环境变动,消费端作为中介将宏观经济变动传导到生产端,共享经济背景作为外生条件对行业产生影响。(2)技术因素对企业行为的影响也有多条路径,包括直接的因果关系(增强现实的使用、在线社区的加入、评论量、转发量等都直接对微观企业行为产生影响)、调节变量(人工智能的个性化调节了消费者对医疗服务的满意程度)、中介变量(在线社区的观看次数、知晓的消费者数量、下单频率等中介了在线社区交流对微观企业的影响,触摸感中介了营销广告中虚拟现实技术对消费者的心理所有权和产品估值的影响)。(3)环境因素对企业行为的影响有直接因果关系(市场份额、客户集中度等直接对企业绩效和利润产生影响)、调节变量(市场不确定性等)、中介变量(比如市场份额对公司利润的影响需要市场力量和质量信号来中介、对广告的影响需要消费者品牌忠诚来中介、媒体报道的有偏放大机制给企业带来损失需要不良轰动效应中介),增长型市场、新兴市场、低收入市场等作为外生条件纳入研究。

政治因素和社会文化因素主要通过直接因果关系和调节效应的方式影响企业行为。(1)政治因素中制度环境、政府行为、政治关系等主要以调节因素的形式出现,制度变革、政策等以因果关系直接影响微观企业行为。(2)社会文化因素对微观企业行为的影响主要是调节效应。例如,文化维度不同的国家,企业的市场行为和消费者的决策方式都会有所不同,不同意识形态的群体也会在购买与使用商品等方面有所不同;另外文化独特性、全球—本地身份认知等作为直接因果关系的自变量对品牌倾向等产生影响。

法律因素的现有研究相对较少,只涉及其直接因果关系的影响,这一方面仍需要深入探讨。

综上,不同的宏观环境因素对于微观企业行为的影响是复杂和多样的,需要综合考虑各种影响的模式和路径。

4. 微观企业行为的宏观效应

所选期刊近十年营销视角宏微观研究文献中，研究微观企业行为对宏观因素产生影响的文章较少，且多为研究宏观因素对微观企业行为影响后进一步探究反向效应。主要是企业的营销战略、战术、经营行为和财务战略在微观层面聚合后，以行业量级对宏观政治、经济、社会文化和环境产生影响。

4.1 营销战略的影响

（1）对宏观政治因素的影响。政府在制定相关税收政策或政策组合时会受行业品牌特征的影响。香烟消费税会导致市场份额向强势品牌转移，因此政府设计香烟增税时会考虑品牌不对称的重要性（Wang et al.，2021）。

（2）对宏观社会文化因素的影响。新兴市场的国内品牌会通过假装自己是外国品牌来对抗负面原产国的刻板印象，当更多的高质量国内品牌回避自己的身份，假装是外国身份时，一个国家的负面原产国形象实际上可能会改善，并最终有利于国家对外文化形象的提升（Zhang，2015）。

4.2 营销战术的影响

（1）对宏观政治因素的影响。企业会根据政府对绿色产品的激励政策灵活变动其营销战术，这导致政府绿色产品激励的实际效果不佳，进而制定政策时将企业的投机营销行为纳入考虑（He et al.，2021）。

（2）对宏观环境因素的影响。由于市场存在不确定性，企业可能不会如实公布自己的新产品开发计划，而是采取多种营销战术混淆市场信息。这样的行为会进一步增加市场的不确定性（Ofek & Turut，2013）。

4.3 企业经营行为的影响

（1）对宏观经济因素的影响。零售商的选择可能会对上游乃至市场、经济产生重大影响。比如，美国零售商在经济收缩期支持自有品牌、扩张期削减自有品牌的做法，进一步助长了经济周期的敏感性（Lamey et al.，2012）。

（2）对宏观环境因素的影响。每个市场参与者反复采取成功和不成功的行动，导致其以无数不可预测的方式改变或变异。市场的自然选择机制会留下幸存率更高的有利突变，丰富的突变进而推动市场增长（Shugan & Mitra，2014）。

4.4 财务战略的影响

对宏观经济因素的影响，企业会在股市泡沫时期不断筹措股本以扩张资产，泡沫结束后这些资产能够带来真正的增长，但这样的行为会不断增加股市泡沫，增加宏观经济的风险（Sorescu，2018）。

5. 结 论

5.1 分析框架与研究结论

基于 PESTEL 模型，本文讨论了宏观环境与微观企业之间的相互影响，并以宏观环境因素影响微观企业行为为主。其中，宏观社会文化、技术、环境对微观企业营销战略、企业经营结果、研究与开发战略的研究众多。诚然，现实中聚合起来的微观企业行为也能对宏观因素产生影响，但是学界对此类影响的讨论较为有限，主要集中在营销战略、营销战术、企业经营结果等对宏观因素的影响。分析框架见图 4。

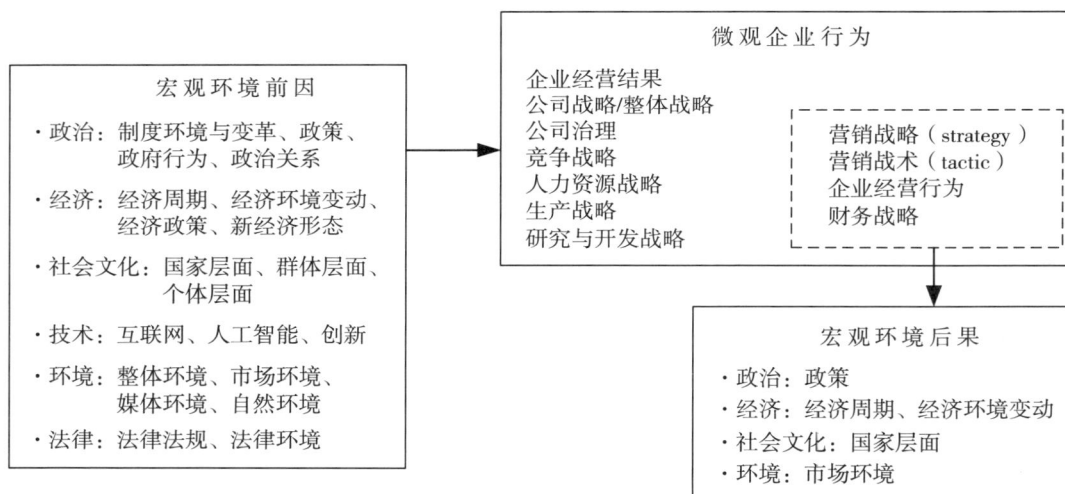

图 4　营销视角宏微观研究的分析框架

政治、经济、社会文化、技术、环境、法律等宏观环境因素会影响一系列微观企业行为。其中比较突出或反直觉的，包括产业政策、制度变革、平等观念、客户集中度、强制信息披露等。这些通常被认为对微观企业行为有利的宏观因素，都有研究发现其对企业营销的负面影响。模糊性与不确定性等通常被认为对企业经营不利的因素，反而在某些条件下对企业有利。

相较于宏观环境影响微观企业行为的广泛研究，微观影响宏观的研究较少。微观企业行为对宏观因素的影响，主要通过行业中多家企业、多个品牌的力量聚合产生。这种影响同样不可小觑。需要注意的是，近十年研究中报告较多的是微观企业行为对宏观因素的不利影响，如企业投机行为影响政策制定，助长市场不确定性、经济周期敏感性等。对于有利影响的研究相对较少，譬如新兴市场企业假扮外国品牌的联合行动，实际上改善了负面原产国形象，推动了市场增长等。

5.2 管理启示

宏观方面，政策制定、经济调整、法律修订等要素变化时，应充分考虑可能会对微观企业造成的影响。宏观调控应更加审慎，多方调研，运用好试点手段，重视宏观变动对微观层面的影响。同时，也应积极回应企业或行业量级出现的变革，通过行政手段、法律手段等对微观层面变革予以回应和保护。

微观方面，企业经营要重视与外部环境之间的交流互通，尤其是面对社会文化、技术、环境等与企业经营息息相关的外部因素发生的变化，积极调整回应。此外，还应重视自身能够向宏观环境施加的影响，弘扬企业家精神，推动技术创新、经济形态创新乃至制度创新，不断增进社会民生福祉。

5.3 未来研究展望

（1）挖掘更多宏微观因素、加强微观影响宏观研究、探索影响机制与边界条件。宏观因素方面，既有国内外营销研究更多关注了社会文化因素、环境因素和技术因素，而对经济因素、政治因素、法律因素等关注较少。微观因素方面，既有研究相当程度上聚焦营销战略（如品牌战略、商品定价、线上销售等）、研究与开发战略（如创新）、企业经营结果（如企业绩效、利润等），未来应关注更多其他微观企业行为。此外，既有的宏微观互动研究主要聚焦于宏观环境对微观企业的影响，且对中介效应和调节效应的关注较少。未来研究应一方面加强从微观到宏观的研究，另一方面更加重视宏微观互动中的机制检验与边界探讨。

（2）重视营销与技术、战略等学科领域的交叉研究。比较国内外研究发现，*Marketing Science* 等国外营销专业期刊所发表的宏微观研究中，有近 40 篇提到了企业经营结果、研究与开发战略、公司战略等交叉研究主题。相对而言，《营销科学学报》等中文营销期刊发表的交叉研究无论在占比和总体数量上均有差距。建议国内营销专业期刊或特刊把握交叉学科研究趋势，鼓励营销学者在技术、公司战略、财务、人力资源等领域开展跨界研究，突破单一领域固有研究范式的局限。

（3）聚焦中国情境，重点关注非正式环境及其与正式环境的互动。目前国内营销领域的宏微观研究仍有相当部分仅将国际研究的理论、方法等置于中国情境中讨论，缺乏对于中国问题的扎根探索与解决。未来可至少从以下两个方面加以完善：百年未有之大变局下的中国正经历深刻变革，为深入探讨宏观制度环境与微观企业营销的互动关系提供了机会。中国特有的市场、政务、法治和人文等营商环境对企业营销战略与结果的影响值得研究。其中，中国特有的文化背景的影响尤其值得关注。比如，中国人特有的集体主义、政治意识形态、社会信任关系等，都是中国社会文化非常鲜明的特征。这种独特的文化氛围，为构建基于中国情境下营销实践的理论创新提供了重要前提。同时，由市场、政务、法治构成的正式环境与人文环境构成的非正式环境之间的互动，将如何影响企业、行业、地区乃至国家等不同范围主体的营销行为与效应，值得进一步深究。

（4）研究阐释党的二十大精神，开展顶天立地的营销研究。党的二十大报告从科技、经济发展、法治、收入、就业、健康、安全等多方面描绘了中国社会未来发展蓝图。对此，营销领域应重点把握宏观环境的如下变化：第一，经济因素中，深入实施区域协调发展战略，营造市场化、法制化、国际化一流营商环境，将在长期为组织营销提供外部环境，当然短期也会带来一定的市场不确定性，营销研究应关注外部环境变化的双刃剑效应。第二，技术因素中，健全新型举国体制，强化科技力量，加快实现高水平自立自强，再次明确了高新技术在经济发展中的龙头地位，未来研究应重视技术变革，特别是人工智能、虚拟现实（VR）、增强现实（AR）等与营销重点相关领域的进展。第三，法治是最好的营商环境。党的二十大报告要求加强重点领域、新兴领域立法，建设现代公共法律服务体系。因此未来应强化探索中国法律实践如《审计法》《工会法》《反垄断法》等法律的颁布与修正对企业营销的影响，为相关法律的完善提供依据。

◎ 参考文献

[1]陈爱贞，赵冬颜. 出口目的地、市场竞争与资本品质量[J]. 中国工业经济，2022(9).

[2]杜楠，张闯，夏春玉. 非对称依赖渠道关系中的契约治理和投机行为：市场不确定性与政府支持的调节作用[J]. 营销科学学报，2015，11(3).

[3]刘英为，汪涛，聂春艳，张伟. 如何应用国家文化原型实现品牌的国际化传播——基于中国品牌海外社交媒体广告的多案例研究[J]. 管理世界，2020，36(1).

[4]沈鹏熠，万德敏，许基南. 人机交互感知的形成能促进顾客采纳行为吗——基于媒介丰富度理论视角[J]. 广东财经大学学报，2022，37(5).

[5]孙立，何佳讯. 国家品牌战略、企业制度性行为与品牌资产——中国乳业市场的证据[J]. 经济管理，2019，41(4).

[6]王新刚，李祖兰. 全球市场产品召回双重标准研究：公平感知偏差视角[J]. 江西财经大学学报，2022(2).

[7]王智新，高天，王若男. 数字创新赋能数字经济发展研究：一个文献综述[J]. 科学管理研究，2022，40(5).

[8]张三保，张志学. 宏观制度环境、CEO 管理自主权与微观企业行为：转型中国的证据[M]. 北京：北京大学出版社，2014.

[9]Aaker, D. A., Keller, K. L. Consumer evaluations of brand extensions[J]. Journal of Marketing, 1990, 54(1).

[10]Amaldoss, W., Shin, W. Competing for low-end markets[J]. Marketing Science, 2011, 30(5).

[11]Anderson, S. J., Lacovone, L., Kankanhalli, S., et al. Modernizing retailers in an emerging market:

Investigating externally focused and internally focused approaches[J]. Journal of Marketing Research, 2022, 59(3).

[12] Aral, S. Identifying social influence: A comment on opinion leadership and social contagion in new product diffusion[J]. Marketing Science, 2011, 30(2).

[13] Banerjee, S., Prabhu, J. C., Chandy, R. K. Indirect learning: How emerging-market firms grow in developed markets[J]. Journal of Marketing, 2015, 79(1).

[14] Bao, W. N., Ni, J., Singh, S. Informal lending in emerging markets[J]. Marketing Science, 2018, 37(1).

[15] Bhagwat, Y., Warren, N. L., Beck, J. T., et al. Corporate sociopolitical activism and firm value[J]. Journal of Marketing, 2020, 84(5).

[16] Borah, A., Banerjee, S., Lin, Y. T., et al. Improvised marketing interventions in social media[J]. Journal of Marketing, 2020, 84(2).

[17] Cachon, G. P., Feldman, P. Is advance selling desirable with competition? [J]. Marketing Science, 2017, 36(2).

[18] Carlson, K. A., Conard, J. M. The last name effect: How last name influences acquisition timing[J]. Journal of Consumer Research, 2011, 38(2).

[19] Chakraborty, I., Kim, M., Sudhir, K. Attribute sentiment scoring with online text reviews: Accounting for language structure and missing attributes[J]. Journal of Marketing Research, 2022, 59(3).

[20] Chen, H. P., Bolton, L. E., Ng, S., et al. Culture, relationship norms, and dual entitlement[J]. Journal of Consumer Research, 2018, 45(1).

[21] Chen, Y. B., Ghosh, M., Liu, Y., et al. Media coverage of climate change and sustainable product consumption: Evidence from the hybrid vehicle market[J]. Journal of Marketing Research, 2019, 56(6).

[22] Dijksterhuis, M. S., Van den Bosch, F. A. J., Volberda, H. W. Where do new organizational forms come from? Management logic as a source of coevolution[J]. Organization Science, 1999, 10(5).

[23] Draganska, M., Hartmann, W. R., Stanglein, G. Internet versus television advertising: A brand-building comparison[J]. Journal of Marketing Research, 2014, 51(5).

[24] Dutt, P., Padmanabhan, V. Crisis and consumption smoothing[J]. Marketing Science, 2011, 30(3).

[25] Eckhardt, G. M., Houston, M. B., Jiang, B. J., et al. Marketing in the sharing economy[J]. Journal of Marketing, 2019, 83(5).

[26] Edeling, A., Himme, A. When does market share matter? New empirical generalizations from a meta-analysis of the market share-performance relationship[J]. Journal of Marketing, 2018, 82(3).

[27] Esteves, R. B., Resende, J. Competitive targeted advertising with price discrimination[J]. Marketing Science, 2016, 35(4).

[28] Fang, E., Palmatier, R. W., Grewal, R. Effects of customer and innovation asset configuration

strategies on firm performance[J]. Journal of Marketing Research, 2011, 48(3).

[29]Freimer, M., Horsky, D. Try it, you will like it—Does consumer learning lead to competitive price promotions? [J]. Marketing Science, 2008, 27(5).

[30]Galbreth, M. R., Ghosh, B., Shor, M. Social sharing of information goods: Implications for pricing and profits[J]. Marketing Science, 2012, 31(4).

[31]Gao, W. H., Ji, L., Liu, Y., et al. Branding cultural products in international markets: A study of Hollywood movies in China[J]. Journal of Marketing, 2020, 84(3).

[32]Grewal, R., Saini, A., Kumar, A., et al. Marketing channel management by multinational corporations in foreign markets[J]. Journal of Marketing, 2018, 82(4).

[33]He, S., Hollenbeck, B., Proserpio, D. The market for fake reviews[J]. Marketing Science, 2022, 41(5).

[34]Hohenberg, S., Homburg, C. Motivating sales reps for innovation selling in different cultures [J]. Journal of Marketing, 2016, 80(2).

[35]Hyodo, J. D., Bolton, L. E. How does religion affect consumer response to failure and recovery by firms? [J]. Journal of Consumer Research, 2021, 47(5).

[36]Jerath, K., Sajeesh, S., Zhang, Z. J. A model of unorganized and organized retailing in emerging economies[J]. Marketing Science, 2016, 35(5).

[37]Josephson, B. W., Lee, J. Y., Mariadoss, B. J., et al. Uncle Sam rising: Performance implications of business-to-government relationships[J]. Journal of Marketing, 2019, 83(1).

[38]Jung, K., Garbarino, E., Briley, D. A., et al. Blue and red voices: Effects of political ideology on consumers' complaining and disputing behavior[J]. Journal of Consumer Research, 2017, 44(3).

[39]Krasnikov, A., Jayachandran, S. Building brand assets: The role of trademark rights[J]. Journal of Marketing Research, 2022, 59(5).

[40]Lu, Y., Mitra, D., Musto, D., et al. Can brands circumvent marketing regulations? Exploiting umbrella branding in financial markets[J]. Marketing Science, 2020, 39(1).

[41]Luangrath, A. W., Peck, J., Hedgcock, W., et al. Observing product touch: The vicarious haptic effect in digital marketing and virtual reality[J]. Journal of Marketing Research, 2022, 59(2).

[42]Mittendorf, B., Shin, J., Yoon, D. H. Information disclosure policy and its implications: Ratcheting in supply chains[J]. Journal of Marketing Research, 2022, 59(2).

[43]Rust, R. T., Rand, W., Huang, M. H., et al. Real-time brand reputation tracking using social media [J]. Journal of Marketing, 2021, 85(4).

[44]Tan, Y. C., Chandukala, S. R., Reddy, S. K. Augmented reality in retail and its impact on sales[J]. Journal of Marketing, 2022, 86(1).

注：因篇幅所限，纳入综述的 164 篇文献未全部列出，感兴趣的读者可来信索取。

Bridging Macro Environment and Micro Firm Behavior: Research Progress in Marketing Area

Zhang Sanbao   Li Kexin

（School of Economics and Management, Wuhan University, Wuhan, 430072）

Abstract：Management studies have been divided into macro and micro domains for a long time, which promotes academic specialization and communication among peers. However, real enterprises integrate influence from both macro and micro aspects. Therefore, a single perspective has been difficult to accurately understand the mechanism. In the past decade, the connection between macro and micro fields has been paid more and more attention, and a series of high-level empirical works have been accumulated. Focusing on this field, this paper systematically reviews the macro and micro empirical studies published in Chinese and English high-level marketing journals from 2011 to 2022 from the macro environment and the micro enterprise level respectively. Firstly, we analyze the influence of macro environment such as politics, economy, social culture, technology, environment and law on micro enterprise behavior. Secondly, the influences of marketing strategy, tactics, business behavior and financial strategy on macro politics, economy, social culture and environment are investigated. Finally, based on the existing research conclusions, an integrated framework is constructed to analyze the macro and micro bidirectional influences, and the future research directions are pointed out from four aspects considerint the existing research deficiencies.

Key words：Macro; Micro; Firm behavior; Macro and micro interaction; China

专业主编：寿志钢

投 稿 指 南

《珞珈管理评论》是由武汉大学主管、武汉大学经济与管理学院主办的管理类集刊，创办于2007年，由武汉大学出版社出版。2017年始入选《中文社会科学引文索引（2017—2018年）来源集刊目录》（CSSCI），2021年《珞珈管理评论》再次入选《中文社会科学引文索引（2021—2022年）来源集刊目录》，2023年，《珞珈管理评论》入选中国人文社会科学期刊AMI（集刊）核心集刊。

自2022年第40辑起，《珞珈管理评论》每2个月出版1辑。

《珞珈管理评论》以服务中国管理理论与实践的创新为宗旨，以促进管理学学科繁荣发展为使命。本集刊主要发表管理学领域有关本土问题、本土情境的学术论文，介绍知识创造和新方法的运用，推广具有实践基础的研究成果。热忱欢迎国内外管理学研究者踊跃赐稿。敬请投稿者注意以下事项：

1. 严格执行双向匿名评审制度；不收取版面费、审稿费等任何费用。

2. 启用网上投稿、审稿系统，请作者进入本网站（http：//jmr.whu.edu.cn）的"作者中心"在线投稿。根据相关提示操作，即可完成注册、投稿。上传稿内容包括：文章标题、中文摘要（300字左右）、关键词（3~5个）、中图分类号、正文、参考文献、英文标题、英文摘要。完成投稿后，还可以通过"作者中心"在线查询稿件处理状态。如有疑问，可与《珞珈管理评论》编辑部（027-68755911）联系。不接受纸质版投稿。

3. 上传文稿为Word和PDF两种格式，请用正式的ＧＢ简体汉字横排书写，文字清晰，标点符号规范合理，句段语义完整，全文连贯通畅，可读性好；全文以10000字左右为宜（有价值的综述性论文，可放宽到15000字，包括图表在内），论文篇幅应与其贡献相匹配。图表、公式、符号、上下角标、外文字母印刷体应符合规范。若论文研究工作受省部级以上基金项目支持，请用脚注方式注明基金名称和项目编号。

4. 正文文稿格式为：（中文）主题→作者姓名→工作单位→摘要→关键词（３~５个）→１引言（正文一级标题）→内容（１.１（正文二级标题）…，１.２…）……→结论→参考文献→（英文）主题→作者姓名→工作单位→摘要→关键词→附录；摘要不超过300字。

5. 来稿录用后，按规定赠予当期印刷物两本（若作者较多，会酌情加寄）。

6. 注释、引文和参考文献，各著录项的具体格式请参照网站投稿指南。

7. 文责自负。作者须郑重承诺投稿论文为原始论文，文中全部或者部分内容从来没有以任何形式在其他任何刊物上发表过，不存在重复投稿问题，不存在任何剽窃与抄袭。一旦发现论文涉及以上问题，本编辑部有权采取必要措施，挽回不良影响。

8. 作者应保证拥有论文的全部版权（包括重印、翻译、图像制作、微缩、电子制作和一切类似的重新制作）。作者向本集刊投稿行为即视作作者同意将该论文的版权，包括纸质出版、电子出版、多媒体出版、网络出版、翻译出版及其他形式的出版权利，自动转让给《珞珈管理评论》编辑部。